suhrkamp taschenbuch 5109

Mit essayistischer Verve und analytischem Scharfsinn schreibt Mario Vargas Llosa über seine Heroen des historischen Liberalismus, über Adam Smith, José Ortega y Gasset, Friedrich von Hayek, Karl Popper, Raymond Aron, Isaiah Berlin und Jean-François Revel. Sie haben ihn mit einer ganz anderen Denkungsart vertraut gemacht, mit einer Denkungsart, die das Individuum stets höher stellte als die »Horde«, die Nation, die Klasse oder die Partei und die die freie Meinungsäußerung immer schon als fundamentalen Wert für das Gedeihen von Demokratie zu verteidigen wusste.

Mario Vargas Llosa, geboren 1936 in Arequipa/Peru, lebt heute in Madrid und Lima. Er ist Schriftsteller, lebenslanger Essayist, kritischer Journalist. Neben zahlreichen anderen Auszeichnungen erhielt er den Friedenspreis des Deutschen Buchhandels und den Nobelpreis für Literatur. Sein Werk erscheint auf Deutsch im Suhrkamp Verlag.

Thomas Brovot lebt als Übersetzer aus dem Spanischen und Französischen (u. a. Juan Goytisolo, Federico García Lorca) in Berlin. Seine Arbeit wurde mehrfach ausgezeichnet, zuletzt mit dem Paul-Celan-Preis.

Mario Vargas Llosa

Der Ruf der Horde

Eine intellektuelle Autobiografie

Aus dem Spanischen von
Thomas Brovot

Suhrkamp

Die Originalausgabe erschien 2018 unter dem Titel
La llamada de la tribu bei Alfaguara, Madrid.

Erste Auflage 2020
suhrkamp taschenbuch 5109

Umschlaggestaltung: Rothfos & Gabler, Hamburg,
nach einem Entwurf von LACASTA DESIGN
Druck und Bindung: CPI books GmbH, Leck
Printed in Germany
ISBN 978-3-518-47109-8

Der Ruf der Horde

Für Gerardo Bongiovanni,
den Förderer der liberalen Ideen und treuen Freund.

Der Ruf der Horde

Nie wäre es mir in den Sinn gekommen, ein Buch wie das vorliegende zu schreiben, hätte ich nicht vor mehr als zwanzig Jahren Edmund Wilsons *Auf dem Weg zum Finnischen Bahnhof* gelesen. Dieses faszinierende Werk erzählt die Geschichte der Entstehung der sozialistischen Ideen von dem Moment an, als der französische Historiker Jules Michelet in einer Fußnote auf Giambattista Vico stieß und, neugierig geworden, Italienisch zu lernen begann, bis zu Lenins Ankunft am Finnischen Bahnhof in Sankt Petersburg am 16. April 1917, wo er sich an die Spitze der Russischen Revolution stellte. Die Lektüre brachte mich auf die Idee zu einem Buch, das für den Liberalismus sein sollte, was der amerikanische Literaturkritiker für den Sozialismus vorgelegt hatte; zu einem Buch, das, beginnend mit der Geburt von Adam Smith 1723 im schottischen Hafenstädtchen Kirkcaldy, die Entwicklung der liberalen Ideen nachzeichnet und ihre bedeutendsten Vertreter porträtiert, jeweils im Rahmen der historischen und gesellschaftlichen Ereignisse, die zur Verbreitung ihrer Ideen in der Welt führten. An mein Vorbild reiche ich bei weitem nicht heran, aber das ist der Ursprung von *Der Ruf der Horde*.

Es mag zunächst nicht so aussehen, aber es ist ein autobiografisches Buch. Es beschreibt meinen eigenen intellektuellen und politischen Werdegang, die Wegstrecke, die mich von meiner Jugend, geprägt vom Marxismus und von Sartres Existenzialismus, zum Liberalismus meiner späteren Jahre führte, wozu auch eine Neubewertung der Demokratie gehörte; die Lektüre von Schriftstellern wie Albert Camus, George Orwell und Arthur Koestler war mir dabei hilfreich. Auch über manche politischen Erfahrungen habe ich mich auf den Liberalismus zubewegt, vor allem aber waren es die Ideen der sieben Denker, um die es hier gehen soll: Adam Smith, José Ortega y Gasset, Friedrich von Hayek, Karl Popper, Isaiah Berlin, Raymond Aron und Jean-François Revel.

Die Politik entdeckte ich als Zwölfjähriger, im Oktober 1948, als in Peru General Manuel Apolinario Odría mit einem Militärputsch den Präsidenten José Luis Bustamante y Rivero stürzte, einen Verwandten meiner Familie mütterlicherseits. Während der acht Jahre unter Odría muss in mir der Hass auf Diktatoren jeder Couleur gewachsen sein, eine der wenigen ehernen Konstanten in meiner politischen Haltung. Die eigentliche gesellschaftliche Problematik jedoch – dass Peru nämlich ein Land voller Ungerechtigkeiten war, in dem eine privilegierte Minderheit die übergroße Mehrheit nach Belieben ausbeutete – kam mir erst 1952 zu Bewusstsein, als ich in meinem letzten Schuljahr die spanische Ausgabe von Jan Valtins *Tagebuch der Hölle* las. Deshalb wollte ich auch nicht auf die Universidad Católica gehen, wie es meine Familie gerne gesehen hätte – im damaligen Peru war sie die Hochschule für Kinder aus besserem Hause –, und ich bewarb mich an der San Marcos, einer öffentlichen, volksnahen und der Militärdiktatur fernstehenden Universität, wo ich, dessen war ich mir sicher, in die Kommunistische Partei eintreten konnte. Als ich 1953 dann mit dem Literatur- und Jurastudium an der San Marcos begann, hatte die Repression unter Odría fast vollständig mit den Kommunisten aufgeräumt, das Führungspersonal wurde eingesperrt, umgebracht oder ins Exil gejagt. Mit der Gruppe Cahuide, in der ich mich ein Jahr lang engagierte, versuchte die Partei sich neu zu formieren.

Dort erhielt ich auch meinen ersten Marxismus-Unterricht, in heimlichen Lesezirkeln, in denen wir José Carlos Mariátegui, Georges Politzer, Marx, Engels, Lenin lasen und heftig über den sozialistischen Realismus diskutierten, über den linken Radikalismus auch, die »Kinderkrankheit im Kommunismus«. Meine große Bewunderung für Sartre, den ich andächtig las, schützte mich vor allzu Dogmatischem – wir peruanischen Kommunisten dieser Jahre waren, wie Salvador Garmendia es nannte, »wenige, aber ausgesprochen sektiererisch« –, und so verfocht ich in meiner Zelle die These, wonach ich an den historischen Materialismus und den Klassenkampf glaubte, nicht aber an den dialektischen Materialismus. Anlass für meinen Genossen Félix Arias Schreiber, mich bei einer dieser Diskussionen als »Untermenschen« zu bezeichnen.

Ende 1954 verließ ich die Gruppe Cahuide, blieb aber, denke ich, weiter Sozialist, zumindest was meine Lektüren betraf, und mit dem Kampf Fidel Castros und seiner »Bärtigen« in der Sierra Maestra und dem Sieg der Kubanischen Revolution in den letzten Tagen des Jahres 1958 erhielt diese Einstellung neuen Schwung. Auf meine Generation – nicht nur in Lateinamerika – hatten die Ereignisse in Kuba entscheidenden Einfluss, es war eine ideologische Zäsur. Viele Menschen sahen, so wie ich, in dem castristischen Unternehmen nicht allein ein heroisches und edelmütiges Abenteuer idealistischer Kämpfer, die mit der korrupten Diktatur Batistas Schluss machen wollten, sondern auch eine Form des Sozialismus, in dem Kritik und Vielfalt erlaubt wären und selbst Andersdenkende ihren Platz hätten. Viele von uns glaubten das, weshalb die Kubanische Revolution in den ersten Jahren auch weltweit eine solche Unterstützung fand.

Als 1962 die Kubakrise ausbrach, war ich als Reporter für den französischen Sender RTF in Mexiko, um über eine von Frankreich organisierte Ausstellung im Chapultepec-Park zu berichten. Also schickte man mich nach Havanna, ich saß im letzten Flugzeug der Cubana, das vor der Blockade noch von Mexiko aus fliegen konnte. In Kuba befürchtete man eine Landung der Marines, und Castro hatte die allgemeine Mobilmachung ausgerufen. Es war ein beeindruckendes Schauspiel. Am Malecón wurden die kleinen, *bocachicas* genannten Flugabwehrkanonen bedient von Jugendlichen, fast noch Kinder, die, ohne einen Schuss abzugeben, unter den Tiefflügen der amerikanischen F-86 ausharrten; Radio und Fernsehen gaben Anweisungen, was die Bevölkerung zu tun hatte, sollte es mit den Bombardierungen losgehen. Das alles erinnerte mich an die aufgeladene, begeisterte Atmosphäre eines freien und hoffnungsvollen Volkes, wie Orwell es in *Mein Katalonien* beschrieb; zu Beginn des Spanischen Bürgerkriegs hatte er sich in Barcelona als Freiwilliger dem Kampf gegen die Putschisten angeschlossen. Ich war zutiefst ergriffen, das alles schien mir dem Ideal eines freiheitlichen Sozialismus zu entsprechen, und ich stellte mich in eine lange Schlange, um Blut zu spenden. Dank dem Kubaner Ambrosio Fornet, in Madrid mein Kommilitone, und der Peruanerin Hilda Gadea, die in Guatemala, als Jacobo Árbenz noch Präsident war, Che Guevara kennengelernt hatte – den sie dann in Mexiko heiratete, wo sie mit ihm eine Tochter bekam –, lernte ich zahlreiche kubanische Schriftsteller kennen, die mit der Casa de las Américas in Verbindung standen, auch mit der Leiterin Haydée Santamaría hatte ich eine kurze Begegnung. Als ich ein paar Wochen später wieder abreiste, sangen die jungen Leute auf den Straßen von Havanna »Nikita, mariquita, lo que se da no se quita« – »Nikita, du Schwuchtel, geschenkt ist geschenkt, wiederholen ist gestohlen« –, weil

Chruschtschow, der sowjetische Parteichef, sich Kennedys Ultimatum gebeugt und die Raketen von der Insel abgezogen hatte. Erst später sollte bekannt werden, dass John F. Kennedy in Geheimverhandlungen offenbar Chruschtschow versprochen hatte, im Gegenzug auf einen Einmarsch in Kuba zu verzichten und die in der Türkei stationierten Jupiter-Raketen abzuziehen.

Meine Identifizierung mit der Kubanischen Revolution reichte bis weit in die Sechzigerjahre, eine Zeit, in der ich als Mitglied eines internationalen Redaktionsbeirats der Casa de las Américas fünfmal nach Kuba flog und die Revolution sowohl in Frankreich, wo ich lebte, als auch in Lateinamerika, wohin ich oft reiste, mit Manifesten, Artikeln und bei öffentlichen Auftritten verteidigte. In diesen Jahren nahm ich meine marxistischen Lektüren wieder auf, und ich las nicht nur die Klassiker, sondern auch Autoren, die sich mit der Kommunistischen Partei identifizierten oder ihr nahestanden, wie Georg Lukács, Antonio Gramsci, Lucien Goldmann, Frantz Fanon, Régis Debray oder Che Guevara, selbst den ideologischen Hardliner Louis Althusser, Professor an der École normale supérieure, der später verrückt werden sollte und seine Frau erdrosselte. Allerdings kaufte ich mir in meinen Pariser Jahren, daran erinnere ich mich noch gut, auch Woche für Woche heimlich die von der Linken meistgehasste Zeitung, den *Figaro*, um den Artikel von Raymond Aron zu lesen, dessen schneidende Analysen des Zeitgeschehens mich so verstörten wie faszinierten.

Ende der Sechzigerjahre brachten mich verschiedene Erfahrungen vom Marxismus ab. Dazu gehörte die Einrichtung der UMAP in Kuba, ein Euphemismus, denn hinter der Fassade der Militärischen Einheiten zur Unterstützung der Produktion verbarg sich nichts anderes als Konzentrationslager, in die man gleichermaßen Konterrevolutionäre, Homosexuelle und gewöhnliche Kriminelle sperrte. Auch meine Reise in die UdSSR

1968 als Gast einer Puschkin-Veranstaltung hinterließ einen bitteren Beigeschmack. Dort wurde mir klar, dass ich als Russe in diesem Land ein Dissident gewesen wäre, ein Paria also, oder ich wäre im Gulag elend verreckt. Für mich war es eine traumatische Erfahrung. Denn Sartre, Simone de Beauvoir, Merleau-Ponty und *Les Temps Modernes* hatten mich davon überzeugt, dass die UdSSR bei allem, was dort schieflief, für den Fortschritt und die Zukunft stand, es war das Land, in dem es, wie Paul Éluard in einem Gedicht schrieb, das ich auswendig kannte, weder Nutten noch Diebe oder Pfaffen gab. Nur war die Armut nicht zu übersehen, die vielen Betrunkenen auf den Straßen, die Apathie allenthalben. Wo immer ich hinkam, war die kollektive Klaustrophobie mit Händen zu greifen, eben weil es keine Informationen gab über das, was im Land selbst und im Rest der Welt geschah. Beim Geld im Portemonnaie mochten die Klassenunterschiede verschwunden sein, aber man musste sich nur umschauen, und es war klar, wie groß die Ungleichheiten in der UdSSR waren, alles war eine Frage der Macht. Einmal fragte ich einen überraschend gesprächigen Russen: »Wer hat hier die meisten Privilegien?«, und er antwortete: »Die unterwürfigen Schriftsteller. Sie haben eine Datscha, da verbringen sie die Ferien, und sie können ins Ausland reisen, das stellt sie weit über das gemeine Volk. Was will man mehr!« Konnte ich ein solches Gesellschaftsmodell weiter verteidigen, wo ich nun wusste, dass ich selbst niemals so hätte leben können? Nicht weniger enttäuscht war ich von Sartre, dem Vordenker, als ich eines Tages in *Le Monde* ein Interview las, das Madeleine Chapsal mit ihm geführt hatte. Darin erklärte er, er verstehe gut, dass die afrikanischen Schriftsteller das Schreiben aufgäben, um zuerst die Revolution zu machen und ein Land aufzubauen, in dem Literatur möglich sei. So wie er auch sagte, angesichts eines verhungernden Kindes vermöge sein Roman *Der Ekel* nichts auszurichten (»*La Nausée* ne fait pas le poids«). Für mich war das ein Dolchstoß in den Rücken. Wie konnte er so etwas behaupten? Hatte er uns nicht eingeredet, Schreiben sei eine Form der Aktion, schreibend würde man Einfluss nehmen auf die Historie? Und auf einmal war die Literatur ein Luxus, den sich nur die Länder erlauben konnten, die den Sozialismus erreicht hatten. Damals las ich noch einmal Camus und musste ihm recht geben. Ich begriff, dass in der polemischen Auseinandersetzung mit Sartre zu den Konzentrationslagern in der UdSSR er, Camus, das Richtige gesagt hatte. Denn wo die Moral sich aus der Politik verabschiedet, beginnt das Morden und der Terror, diese Erkenntnis hätte wahrer nicht sein können. Die ganze Entwicklung findet sich widergespiegelt in einem kleinen Sammelband mit meinen Artikeln aus den Siebzigerjahren über die beiden Denker, erschienen 1981 in Puerto Rico *(Entre Sartre y Camus).*

Mein Bruch mit Kuba, in gewisser Weise auch mit dem Sozialismus, war die Folge des seinerzeit weithin beachteten (und heute kaum noch von jemandem erinnerten) Falls Padilla. Heberto Padilla, Dichter und Aktivist der Kubanischen Revolution – er brachte es bis zum Gesandten des Handelsministeriums –, kritisierte 1970 hier und da die Kulturpolitik des Regimes. Zunächst wurde er von der offiziellen Presse massiv attackiert, dann eingesperrt, die aberwitzige Anschuldigung lautete, er sei ein Agent des CIA. Empört verfassten wir, fünf Freunde, die ihn kannten – Juan und Luis Goytisolo, Hans Magnus Enzensberger, José María Castellet und ich –, in meiner Wohnung in Barcelona ein Schreiben, um gegen diese Ungeheuerlichkeit zu protestieren. Viele Schriftsteller in der ganzen Welt schlossen sich an, darunter Sartre, Simone de Beauvoir, Susan Sontag, Alberto Moravia und Carlos Fuentes. Fidel Castro antwortete persönlich. Er beschuldigte uns, dem Imperialismus zu dienen, und stellte klar, dass wir nie wieder

Kuba betreten würden, »auf unbestimmte und unbegrenzte Zeit« (für alle Ewigkeit also).

Trotz der beleidigenden Kampagne, der ich mich mit meinem Protest ausgesetzt sah, fiel eine große Last von mir ab: Ich musste gegenüber dem, was in Kuba passierte, keine Zustimmung mehr heucheln. Doch brauchte ich noch ein paar Jahre, um mit dem Sozialismus ganz zu brechen und die Demokratie wirklich wertzuschätzen. Es war eine Zeit der Ungewissheit und der kritischen Überprüfung, in der ich nach und nach begriff, dass die »formalen Freiheiten« der sogenannten bürgerlichen Demokratie keine bloße Fassade waren, hinter der die Ausbeutung der Armen durch die Reichen fröhlich weiterging. Sie markierten vielmehr die Grenze zwischen dem, was Menschenrechte, Meinungsfreiheit, politische Vielfalt garantierte, und einem autoritären und repressiven System; einem System, das im Namen der einzigen, von der Kommunistischen Partei und ihren Hierarchen repräsentierten Wahrheit jede Form von Kritik zum Schweigen bringen konnte, dogmatische Parolen durchsetzte und Dissidenten in Lager sperrte, gar verschwinden ließ. Mit all ihren Unvollkommenheiten, und das waren viele, vermochte die Demokratie zumindest qua Gesetz die Willkür einzuhegen, sie erlaubte freie Wahlen und von der Macht unabhängige Parteien und Gewerkschaften.

Meine Entscheidung für den Liberalismus war ein jahrelanger, vor allem intellektueller Prozess. Geholfen hat mir dabei, dass ich seit Ende der Sechzigerjahre in London wohnte, wo ich an der Universität lehrte und auch die elf Regierungsjahre von Margaret Thatcher unmittelbar miterlebte. Sie gehörte der Konservativen Partei an, die Überzeugungen aber, die sie leiteten, waren zutiefst liberal, ihr Instinkt war es ohnehin, in beidem war sie Ronald Reagan recht ähnlich. Das England, in dem sie 1979 zur Premierministerin aufstieg, war ein Land im

Niedergang, die Reformen der Labour Party (wie auch die der Tories) hatten ihm zunehmend die Luft abgeschnürt. Etatismus und Kollektivismus fraßen sich in den Alltag, auch wenn man die bürgerlichen Freiheiten wie Wahlen und das Recht auf freie Meinungsäußerung respektierte. Doch an allen Ecken und Enden wucherte der Staat, Industrien waren verstaatlicht worden, und auch die Wohnungspolitik bewirkte lediglich, dass die Bürger immer abhängiger wurden vom Wohlwollen des Staates. Diese Spielart des demokratischen Sozialismus hatte das Land der industriellen Revolution aller Kraft beraubt, und nun dümpelte es im Mittelmaß dahin.

Margaret Thatchers Regierungszeit (1979-1990) kam einer Revolution gleich, einer Revolution im Rahmen absoluter Rechtsstaatlichkeit. Staatsbetriebe wurden privatisiert, und die britischen Unternehmen erhielten keine finanziellen Unterstützungen mehr, womit sie, wenn sie auf einem freien Markt bestehen wollten, gezwungen waren, sich zu modernisieren. Auch die Sozialwohnungen, die die Regierungen bisher Menschen mit geringem Einkommen zur Verfügung stellten – um ihre Wählerschaft bei Laune zu halten –, wurden an ihre Bewohner verkauft, eine Politik, die Großbritannien zu einem Land der Eigentümer machen sollte. Die Grenzen öffneten sich für die internationale Konkurrenz, und die veralteten Industrien, der Kohlebergbau zum Beispiel, wurden zu Grabe getragen, damit sich das Land erneuern und modernisieren konnte.

All diese Wirtschaftsreformen führten natürlich zu Streiks und trieben die Menschen auf die Straße, der Streik der Bergarbeiter etwa dauerte ein ganzes Jahr. Dabei zeigte Margaret Thatcher einen Mut und eine Überzeugung, wie Großbritannien es seit den Zeiten Winston Churchills nicht erlebt hatte. Zu diesen Reformen, die das Land innerhalb weniger Jahre zum dynamischsten Europas machten, gehörte aber auch die

Verteidigung der demokratischen Kultur und die Bekräftigung der moralischen und materiellen Überlegenheit der liberalen Demokratie über den autoritären, korrupten und wirtschaftlich ruinierten Sozialismus, was schließlich auf die ganze Welt ausstrahlte. Hinzu kam, dass Thatchers Politik zusammenfiel mit der Politik, die zur selben Zeit Ronald Reagan in den USA betrieb. Endlich erschienen an der Spitze der westlichen Demokratien Führungsfiguren ohne Minderwertigkeitskomplexe gegenüber dem Kommunismus, und wo immer sie sich zu Wort meldeten, erinnerten sie angesichts von Gewaltherrschaft und dem wirtschaftlichen Scheitern der kommunistischen Länder an die großen Errungenschaften bei den Menschenrechten, der Chancengleichheit, der Achtung des Individuums und seiner Ideen. Während Ronald Reagan, ein außergewöhnlicher Verbreiter der liberalen Theorien, diese wohl nur in groben Zügen kannte, war »Maggie« Thatcher hier präziser, ideologischer auch. Sie hatte keine Bedenken, sich mit Friedrich von Hayek zu beraten, und sie las Karl Popper, der für sie der größte zeitgenössische Denker der Freiheit war. Ich habe sie damals beide gelesen, und seither sind Poppers *Die offene Gesellschaft und ihre Feinde* und Hayeks *Der Weg zur Knechtschaft* meine Leib-und-Magen-Lektüre.

In ökonomischen und politischen Fragen waren Ronald Reagan und Margaret Thatcher eindeutig liberal eingestellt, in vielen gesellschaftlichen und moralischen Fragen aber vertraten sie konservative, gar reaktionäre Positionen – niemals hätten sie die gleichgeschlechtliche Ehe, die Abtreibung, die Legalisierung von Drogen oder die Sterbehilfe akzeptiert, für mich legitime Forderungen und Bereiche, die der Reform bedurften –, und in diesen Punkten war ich selbstverständlich anderer Meinung als sie. Aber unterm Strich bin ich fest davon überzeugt, dass beide der Kultur der Freiheit einen großen Dienst erwiesen haben. Mir jedenfalls halfen sie, zu einem Liberalen zu werden.

Dank dem Historiker Hugh Thomas, einem alten Freund, hatte ich das Glück, Frau Thatcher persönlich kennenzulernen. Thomas, Berater der britischen Regierung zu Spanien und Lateinamerika, hatte bei sich zu Hause an der Ladbroke Grove ein Abendessen mit Intellektuellen arrangiert, um die Premierministerin mit den Tigern zu konfrontieren (die Linke war natürlich die erbittertste Feindin von Thatchers Revolution). Man setzte sie neben Isaiah Berlin, dem sie sich den ganzen Abend mit größtem Respekt zuwandte. Am Tisch saßen die Schriftsteller V. S. Naipaul und Anthony Powell, die Dichter Al Alvarez, Stephen Spender und Philip Larkin, der Literaturkritiker und Erzähler V. S. Pritchett, der Dramatiker Tom Stoppard, der Historiker J. H. Plumb aus Cambridge, Anthony Quinton, Kanzler des Trinity College (Oxford), und noch jemand, an den ich mich nicht erinnere. Mich fragte sie, wo ich wohnte, und als ich sagte, am Montpelier Walk, betonte sie, dass ich ein Nachbar von Arthur Koestler sei, ihn hatte sie zweifellos gelesen. Das Tischgespräch war für sie eine harte Prüfung, und weder das Feingefühl noch die britische Höflichkeit der anwesenden Intellektuellen konnte deren Kampfeslust verbergen. Der Hausherr, Hugh Thomas, eröffnete das Feuer und fragte Frau Thatcher, ob die Meinung der Historiker sie interessiere und in Regierungsfragen zu etwas nützlich sei. Sie antwortete auf die Fragen in aller Klarheit, ohne sich je einschüchtern zu lassen und ohne jede Pose, meist mit großer Bestimmtheit, manchmal räumte sie aber auch ein, dass sie sich unsicher sei. Als sie nach dem Essen gegangen war, resümierte Isaiah Berlin sehr schön, was die meisten Gäste wohl genauso sahen: »Es gibt keinen Grund, sich zu schämen.« Sehr wohl aber, dachte ich, einen Grund, stolz zu sein auf eine Regierende von solch einem Charakter, hoch gebildet und mit festen Überzeugungen. In den nächsten Tag sollte Margaret Thatcher nach Berlin reisen und zum ersten Mal die Mauer der Schande besuchen. Sie hielt dort eine ihrer bedeutendsten Reden gegen die autoritären Regime und für die Demokratie.

Auch Ronald Reagan habe ich persönlich kennengelernt, bei einem Abendessen in größerer Gesellschaft im Weißen Haus, zu dem mich Selwa Roosevelt eingeladen hatte, damals die Protokollchefin. Sie stellte mich dem Präsidenten vor, und bei dem sehr kurzen Gespräch konnte ich ihn nur fragen, warum er, wo die USA Schriftsteller wie Faulkner, Hemingway oder Dos Passos hätten, als seinen Lieblingsautor immer Louis L'Amour nannte. »Na ja«, sagte er, »er hat sehr schön beschrieben, was so typisch für uns ist, das Leben der Cowboys im Wilden Westen.« In dem Punkt konnte ich ihm weniger folgen.

Beide, Thatcher und Reagan, waren große Politiker, die bedeutendsten ihrer Zeit, und beide trugen auf entscheidende Weise zum Zusammenbruch und Verschwinden der UdSSR bei, dem größten Feind, den die demokratische Kultur je gekannt hat. Dabei hatten sie nichts Charismatisches à la Hitler, Mussolini, Perón oder Fidel Castro, Führerfiguren, die in ihren Reden vor allem an das »Stammesdenken« appellieren. So nennt Karl Popper den Irrationalismus des primitiven Menschen, der in den tiefsten Tiefen aller zivilisierten Menschen nistet. Denn die Sehnsucht nach dieser traditionellen Welt – der Stammesgesellschaft – haben wir nie ganz überwunden, jener Welt, als der Mensch noch untrennbarer Teil der Gemeinschaft war, dem allmächtigen Hexer oder Häuptling untergeben, der für ihn alle Entscheidungen traf, einer Gemeinschaft, in der er sich sicher fühlen konnte und befreit war von Verantwortlichkeiten, aufgegangen in der Gruppe wie das Tier in der Herde oder der Mensch in der Clique, dem Haufen Fans, gewiegt inmitten derer, die dieselbe Sprache sprachen, dieselben Götter verehrten und dieselben Bräuche praktizierten, dabei den Anderen hassend, weil er nicht so war wie man selbst und man ihn verantwortlich machen konnte für alle Katastrophen, die über die Gemeinschaft kommen mochten. Der »Stammesgeist«, Quell des Nationalismus, hat neben dem religiösen Fanatismus die schlimmsten Gräuel in der Geschichte der Menschheit hervorgebracht. In zivilisierten Ländern wie Großbritannien war der Ruf der Stammesgesellschaft, der Horde, vor allem in den großen Spektakeln zu vernehmen, den Fußballspielen oder den Open-Air-Konzerten, wie sie in den Siebzigerjahren die Beatles und die Rolling Stones gaben und bei denen das Individuum von der Masse verschluckt wurde, es war eine vorübergehende Flucht aus der Fron des Alltags, so gesund wie kathartisch. In manchen Ländern, und das nicht nur in der Dritten Welt, war dieser »Ruf«, von der uns die demokratische und liberale Kultur – letztlich die Vernunft – befreit hatte, immer wieder von neuem ertönt, und dahinter standen ebenjene unsäglichen charismatischen Führer, die es immer wieder schaffen, dass die Bürger zur belehnten Masse eines Diktators werden. Genau das ist der Boden, auf dem der Nationalismus gedeiht, und schon in jungen Jahren habe ich ihn verabscheut. Und weil ich ahnte, dass er einhergeht mit der Negierung der Kultur, der Demokratie und jeder Rationalität, war ich in meinen Jugendjahren auch ein Linker und ein Kommunist. In den Jahren aber, von denen ich hier spreche, stand nichts so sehr für eine Rückkehr zur »Stammesgesellschaft« wie der Kommunismus, denn er negierte den Menschen als souveränes und verantwortliches Individuum und verwies ihn auf seine Rolle als Teil einer Masse, noch dazu unter dem Diktat eines Führers, eines religiösen Gurus mit heiligem Wort gewissermaßen, unwiderleglich wie ein Axiom, was den schlimmsten Formen von Demagogie und Chauvinismus neuen Auftrieb gab.

In diesen Jahren las ich wieder und wieder die Denker, um die es hier gehen soll. Viele andere natürlich auch, sie hätten genauso dabei sein können, Ludwig von Mises etwa oder Milton Friedman, der Argentinier Juan Bautista Alberdi und der Venezolaner Carlos Rangel, Letztere außergewöhnliche Beispiele für einen echten Liberalismus auf dem lateinamerikanischen Kontinent. Auch reiste ich damals nach Edinburgh, um am Grab von Adam Smith Blumen abzulegen, und nach Kirkcaldy, weil ich das Haus besuchen wollte, in dem er *Der Wohlstand der Nationen* geschrieben hatte und wo, wie ich feststellte, nichts geblieben war als eine Gedenktafel an einer schäbigen Wand.

Es waren die Jahre, in denen sich meine politischen Überzeugungen herausbildeten. Überzeugungen, die ich seither in Büchern und Artikeln verteidige und die 1987 dazu führten, dass ich in Peru gegen die Verstaatlichung des Bankenwesens protestierte, die Präsident Alan García in seiner ersten Regierungszeit (1985-1990) durchzusetzen versuchte; dass ich die Freiheitsbewegung Movimiento Libertad mitbegründete und mich 1990 für das Bündnis Frente Democrático (Demokratische Front) mit einem Programm um das Präsidentenamt bewarb, das sich vornahm, die peruanische Gesellschaft radikal zu reformieren und in eine liberale Demokratie zu überführen. Nebenbei gesagt: Meine Freunde und ich wurden zwar an den Urnen besiegt, doch viele der Ideen, für die wir in dieser fast drei Jahre andauernden Kampagne gekämpft hatten und von denen hier die Rede sein soll, sind keineswegs untergegangen. Sie haben sich ihren Weg gebahnt und sind heute in Peru Teil der politischen Agenda.

Konservatismus und Liberalismus sind zweierlei Dinge, wie Hayek in einer berühmten Schrift klarstellte. Was nicht heißen soll, dass es zwischen Liberalen und Konservativen keine Übereinstimmungen oder gemeinsamen Werte gäbe, nicht anders als zwischen Sozialdemokraten und Liberalen. Man erinnere sich nur an die große wirtschaftliche und gesellschaftliche Transformation Neuseelands in den Jahren 1984 bis 1993, begonnen von einer Labour-Regierung mit ihrem Finanzminister Roger Douglas und erfolgreich weitergeführt von Ruth Richardson, Finanzministerin in einem konservativen Kabinett. Deshalb ist unter Liberalismus auch nicht eine weitere Ideologie zu verstehen, einer dieser weltlichen Glaubensakte, die für Irrationales und dogmatische Wahrheiten ebenso anfällig sind wie die Religionen, sämtliche Religionen, die primitiven magisch-religiösen und auch die modernen. Unter Liberalen gibt es oft mehr Meinungsverschiedenheiten als Übereinstimmungen, ein anschauliches Beispiel dafür sind die in diesem Buch Porträtierten. Der Liberalismus ist eine Position, die keine Antworten auf alles hat, wie es der Marxismus für sich in Anspruch nimmt, er lässt Abweichung und Kritik zu, Grundlage ist ein kleines, aber unverkennbares Bündel an Überzeugungen. Etwa dass die Freiheit der höchste Wert ist und dass sie weder teilbar ist noch in Teilen zu haben; dass sie eine einzige ist und in einer wahrhaft demokratischen Gesellschaft in allen Bereichen zum Ausdruck kommt, dem wirtschaftlichen, politischen, sozialen, kulturellen. Weil sie genau das nicht verstanden haben, sind alle Regime gescheitert, die in den Sechziger- und Siebzigerjahren allein auf die wirtschaftliche Freiheit setzten, es waren despotische Regime, meist Militärdiktaturen. In ihrer Ignoranz glaubten sie, Marktpolitik könne unter einer repressiven, diktatorischen Regierung erfolgreich sein. Andererseits sind in Lateinamerika aber auch viele demokratische Versuche gescheitert, die die politischen Freiheiten achteten und an die ökonomische Freiheit – den freien Markt – nicht glaubten. Der aber bringt nun mal materielle Entwicklung und Fortschritt.

Liberale sind undogmatisch. Sie wissen, dass die Wirklichkeit komplex ist und dass politische Ideen und Programme sich, sollen sie Erfolg haben, anpassen müssen; dass man die Wirklichkeit nicht starren Konzepten unterordnen darf, sie wären sonst zum Scheitern verurteilt, politische Gewalt wäre die Folge. Natürlich wohnt auch dem Liberalismus eine »Kinderkrankheit« inne, es ist das Eifernde mancher Ökonomen, die wie verzaubert sind vom freien Markt als Allheilmittel für die Lösung sämtlicher gesellschaftlichen Probleme. Gerade ihnen sollte man das Beispiel von Adam Smith ins Gedächtnis rufen, diesem Klassiker des Liberalismus, der sich dafür aussprach, unter bestimmten Umständen Privilegien aufrechtzuerhalten, Unterstützungen und Kontrollen etwa, wenn ihre Abschaffung unmittelbar mehr Nachteile als Vorteile brächte. Diese Toleranz, die Smith gegenüber seinen Gegnern an den Tag legte, ist der vielleicht bewunderungswürdigste Zug der liberalen Lehre: anzuerkennen, dass man womöglich im Irrtum ist und andere recht haben. Eine liberale Regierung muss sich gegenüber der gesellschaftlichen und historischen Wirklichkeit flexibel zeigen und darf nicht glauben, alle Gesellschaften ließen sich in ein einziges theoretisches Schema pressen, es wäre nur kontraproduktiv, Misserfolg und Enttäuschung folgten auf dem Fuße.

Liberale sind keine Anarchisten. Wir wollen den Staat nicht abschaffen, im Gegenteil, wir wollen einen starken und effizienten Staat, was nicht gleichbedeutend ist mit einem sich breitmachenden Staat, der meint, Dinge tun zu müssen, die die Zivilgesellschaft in einem System des freien Wettbewerbs besser kann. Der Staat soll die Freiheit garantieren, öffentliche Ordnung, die Einhaltung des Gesetzes, Chancengleichheit.

Gleichheit vor dem Gesetz und Chancengleichheit bedeuten nicht Einkommensgleichheit, keinem Liberalen käme das je in den Sinn. Es ließe sich auch nur durchsetzen mit einer autoritären Regierung, in einem oppressiven System, das alle Bürger ökonomisch »gleichmacht«. Und schon wäre Schluss mit den verschiedenen individuellen Fähigkeiten, mit Fantasie und Kreativität, mit Konzentration, Sorgfalt, Ehrgeiz, mit Arbeitsmoral und Führungsqualität. Es käme dem Verschwinden des Individuums gleich, seinem Aufgehen in der Stammesgesellschaft.

Nimmt man ein bestimmtes, vergleichbares Level als Ausgangspunkt, ist nichts gerechter, als dass sich die Einkünfte je nach den Beiträgen des Einzelnen zum Nutzen des gesellschaftlichen Ganzen unterscheiden. Es wäre töricht zu ignorieren, dass es unter den Menschen nun mal intelligentere und dümmere gibt, fleißigere und faulere, eifrigere und trägere, solche, die erfinderisch sind oder bloß routiniert et cetera. Und schlicht ungerecht wäre es, wenn im Namen der »Gleichheit« alle denselben Lohn erhielten, ungeachtet ihrer unterschiedlichen Qualifikationen und Verdienste. Alle Gesellschaften, die das versucht haben, haben die individuelle Initiative und die Kreativität erstickt und den einzelnen Menschen in einer grauen Masse verschwinden lassen.

Natürlich steht außer Frage, dass in so ungleichen Gesellschaften wie in den Ländern der Dritten Welt die Kinder wohlhabender Familien unendlich größere Chancen auf Erfolg im Leben haben als die Kinder armer Familien. Gerade die »Chancengleichheit« aber ist ein zutiefst liberales Prinzip, auch wenn manche Cliquen dogmatischer, intoleranter und oftmals rassistischer Ökonomen, die die Bezeichnung liberal missbrauchen – in Peru gibt es sie zuhauf, sämtlich aus dem Dunstkreis Fujimoris –, nichts davon wissen möchten.

Daher liegt Liberalen auch so viel an einem erstklassigen Bildungssystem, das alle jungen Menschen erreicht und sicherstellt, dass jede Generation einen gemeinsamen Ausgangspunkt hat, der spätere Einkommensunterschiede legitimiert: je nach

Talent und Anstrengung, je nach dem Dienst, den der Einzelne der Gemeinschaft erweist. Gerade im Bildungsbereich – Schule, Berufsausbildung, Studium – schaffen Privilegien die größte Ungerechtigkeit. Denn während die einen durch eine gute Ausbildung begünstigt werden, sind andere zu einer rudimentären, oberflächlichen verdammt, einer Ausbildung, die so eben zum Überleben reicht, ihnen aber kaum eine Zukunft ermöglicht. Utopisch ist ein solches System keineswegs. Frankreich etwa hat es in der Vergangenheit mit einem öffentlichen und kostenlosen, der ganzen Gesellschaft zugänglichen Erziehungswesen geschafft, das in der Regel auch noch ein höheres Niveau aufwies als die Privatschulen. Erst die Bildungskrise dort hat zu einem Rückschritt geführt, nicht aber in Skandinavien, in der Schweiz oder in asiatischen Demokratien wie in Japan oder Singapur, wo man eine solche Chancengleichheit erreicht hat, ohne dass es sich negativ auf die gelebte Demokratie oder den ökonomischen Wohlstand ausgewirkt hätte, ganz im Gegenteil.

Chancengleichheit in der Bildung heißt nicht, dass Privatschulen zugunsten der öffentlichen abgeschafft werden sollten. Für den Fortschritt ist es unerlässlich, dass es beide gibt und sie miteinander konkurrieren – das Bessere ist nun mal der Feind des Guten. Im Übrigen stammt der Gedanke des Wettbewerbs unter Bildungsstätten von einem liberalen Wirtschaftswissenschaftler, Milton Friedman. Die von ihm ins Spiel gebrachten »Bildungsgutscheine« haben in den Ländern, die sich der Idee annahmen, zu hervorragenden Ergebnissen geführt, in Schweden etwa, wo den Eltern der Schulkinder eine sehr aktive Rolle bei der Verbesserung des Schulsystems zugestanden wird. Die Bildungsgutscheine ermöglichen den Eltern eine Wahlfreiheit zwischen staatlichen und privaten Schulen, und so wird eine breitere staatliche Förderung in ebenjene Schulen gelenkt, die aufgrund ihrer Qualität am meisten nachgefragt werden.

Nicht vergessen darf man, dass ein Bildungswesen, das einen hohen Standard halten will, bei all den technologischen und wissenschaftlichen Neuerungen immer teurer wird; was auch bedeutet, dass die Zivilgesellschaft dafür ebenso viel Verantwortung trägt wie der Staat. Kinder vermögender Familien von den Kosten für ihre Ausbildung zu befreien ist genauso ungerecht, wie einem jungen Menschen, der das Talent und die Arbeitsmoral mitbringt, aus wirtschaftlichen Gründen den Zugang zu den besten Einrichtungen zu verwehren. Zur Herstellung von Chancengleichheit bedarf es in der Bildung also neben solchen Gutscheinen eines Systems von Stipendien und Beihilfen.

Ein schlanker Staat ist im Allgemeinen effizienter als ein großer – für Liberale eine der Überzeugungen, an denen sich am wenigsten rütteln lässt. Je größer der Staat wird, je mehr Befugnisse er sich anmaßt, desto geringer ist der Spielraum der Freiheit für seine Bürger. Dezentralisierung der Macht ist ein liberales Prinzip, nur so kann die Gesellschaft als Ganzes die verschiedenen gesellschaftlichen und politischen Institutionen wirksam kontrollieren. Verteidigung, Justiz und öffentliche Ordnung sind hier auszunehmen, denn dort gilt das Primat des Staates (nicht in jedem Fall das Monopol); bei allen übrigen wirtschaftlichen und sozialen Aktivitäten wird idealerweise, im Rahmen eines freien Wettbewerbs, die größtmögliche zivilgesellschaftliche Partizipation gefördert.

Im Laufe der Geschichte haben die politischen Gegner sich auf den Liberalismus eingeschossen wie auf keine andere Lehre, haben ihn verachtet und verunglimpft, zuerst die Konservativen – man erinnere sich an die entsprechenden päpstlichen Enzykliken und selbst jüngste Erklärungen der katholischen Kirche, trotz so vieler liberaler Gläubiger –, dann die Sozialisten und Kommunisten, die den »Neoliberalismus« als die Speerspitze des Imperialismus dargestellt haben, als die unbarmherzigste Form des Kolonialismus und des Kapitalismus. Die historische Wahrheit straft solche Diffamierungen Lügen. Denn seit ihren Anfängen steht die liberale Lehre für die am weitesten entwickelte Form der demokratischen Kultur, und in den freien Gesellschaften hat sie auch die größten Fortschritte gebracht: bei den Menschenrechten, der Meinungsfreiheit, den Rechten sexueller, religiöser und politischer Minderheiten, dem Umweltschutz und der Bürgerpartizipation im öffentlichen Leben. Sie ist es, mit anderen Worten, die uns wie keine andere geschützt hat vor dem ewigen »Ruf der Horde«. Es bleibt eine notwendige Aufgabe, und mit diesem Buch möchte ich mein Scherflein dazu beitragen.

Madrid, August 2017

Adam Smith

1723-1790

Über Adam Smiths Kindheit und Jugend wissen wir fast nichts, nur dass er irgendwann im Jahr 1723 in Kirkcaldy geboren wurde, einem schottischen Handelsstädtchen an der Küste zehn Meilen nördlich von Edinburgh. In seinem Leben zog es ihn immer wieder dorthin, und in Kirkcaldy auch sollte er mindestens sechs der zehn Jahre verbringen, in denen er an seinem Hauptwerk schrieb, erschienen 1776: *An Inquiry into the Nature and Causes of the Wealth of Nations (Der Wohlstand der Nationen)**. Seinen Vater, einen Anwalt und Zollrevisor, hat er nicht kennengelernt, vor seiner Geburt war er gestorben; seine Mutter, Margaret Douglas, liebte er abgöttisch. Nicht verbürgt ist die Legende, wonach er mit drei Jahren von einer Zigeunerbande geraubt wurde, eine Entführung, die nur ein paar Stunden dauerte. Er war ein kränkliches Kind, alles andere als anmutig, und noch bevor er für seine Klugheit bekannt wurde, war er es für seine außerordentliche Zerstreutheit. Eines Tages entdeckte ein Kutscher, der mit seiner Postkutsche aus London kam, außerhalb von Kirkcaldy einen einsamen Wanderer mitten auf dem Feld; er hielt die Pferde an und fragte Smith, wohin der Weg ihn führe, und der musste verblüfft zur Kenntnis nehmen,

* In Klammern kursiv gesetzte deutsche Titel entsprechen den deutschsprachigen Ausgaben. Titelübersetzungen, die lediglich dem Verständnis dienen, sind nicht kursiviert.

dass er sich, ohne es zu merken und allein seinen Gedanken hingegeben, so weit von der Stadt entfernt hatte. Und eines Sonntags sah man ihn, noch im Morgenmantel und mit seinem seltsamen, staksenden Gang eines Kamels, durch Dunfermline ziehen, fünfzehn Meilen von Kirkcaldy entfernt; er schaute ins Nichts und sprach mit sich selbst. Jahre später sollten sich die Einwohner von Edinburgh an das Bild gewöhnen, wie dieser alte, leicht hypochondrische Einzelgänger, den alle Welt einen Gelehrten nannte, zu den unmöglichsten Uhrzeiten die Altstadt kreuz und quer durchmaß, verlorenen Blicks und still die Lippen bewegend. Dutzende solcher Anekdoten säumen seinen Lebensweg.

Zwischen 1731 und 1737 besuchte er eine Schule in der Hill Street, in der Nähe seines Zuhauses, und er muss in Latein und Griechisch ein guter Schüler gewesen sein, denn als er mit vierzehn in Glasgow auf die Universität ging, konnte er die beiden Vorbereitungsjahre, die dem Erwerb der klassischen Sprachen dienten, überspringen. Die drei Jahre, die er in Glasgow studierte, waren, gestand er in einem Brief, »die bei weitem sinnvollste, insofern auch glücklichste und achtbarste Zeit meines Lebens«*; in diesen Jahren entdeckte er Newtons Physik und Euklids Geometrie, und mit Francis Hutcheson, einem herausragenden Vertreter der schottischen Aufklärung, hatte er einen Professor in Moralphilosophie, der auf seine intellektuelle Bildung großen Einfluss haben sollte. Nach den Jahren in Glasgow erhielt er ein Stipendium, mit dem er von 1740 bis 1746 am Balliol College in Oxford studierte. Von dem Leben, das er in diesen sechs Jahren führte, wissen wir ebenfalls so gut wie

* Ian Simpson Ross, *Adam Smith. Leben und Werk*, aus dem Englischen von Hans Günter Holl, Verlag Wirtschaft und Finanzen, Düsseldorf 1998, S. 199.

nichts. Seine Biografen nehmen an, dass es ein recht einsames war, denn das politische und kulturelle Klima der Universität wurde bestimmt von einem Jakobitentum, wie es konservativer und reaktionärer nicht sein konnte, für Smith, geprägt vom Presbyterianismus und den (liberalen) Whigs, von keinerlei Wert. Immerhin lernte er auf eigene Faust Französisch und las leidenschaftlich die französische Literatur, seine Lieblingsautoren waren Racine und Marivaux. Das für ihn Bedeutsamste in seinen Oxforder Jahren aber war, dass er das Werk David Humes kennenlernte, vielleicht sogar ihn selbst, eine weitere der großen Gestalten der schottischen Aufklärung. Hume, zwölf Jahre älter als Smith, genoss in Intellektuellenkreisen großes Ansehen, nicht aber unter denen, die in der Universität das Sagen hatten, ihnen galt er als Atheist. Adam Smith erhielt – eines der wenigen Details, die wir aus seinem Leben in Oxford kennen – am Balliol College eine Rüge, als man ihn dabei ertappte, wie er heimlich den *Treatise of Human Nature* (1738) dieses einflussreichen Philosophen las, der später sein bester Freund werden sollte. Auf ihn und auf Hutcheson sang er ein Loblied in seiner *Theorie der ethischen Gefühle* (1759).

Bis heute kursiert die irrige Vorstellung, Adam Smith sei vor allem Ökonom gewesen – man nennt ihn »Vater der Nationalökonomie« –, was ihn mehr als verblüfft hätte. Er selbst betrachtete sich immer als einen Philosophen und Moralisten. Sein Interesse an ökonomischen Fragen wie auch an anderen Disziplinen – so schrieb er etwa einen Aufsatz zur Geschichte der Astronomie, der erst posthum veröffentlicht wurde – ergab sich aus seinem Bestreben, eine »Wissenschaft vom Menschen« zu entwickeln und sich das Funktionieren der Gesellschaft zu erklären.

Umfänglicher wird die Quellenlage, als er sein Studium in Oxford beendet und nach Edinburgh kommt, wo er zwischen

1748 und 1751 dank Lord Kames, auch er eine Persönlichkeit der schottischen Aufklärung, eine Reihe öffentlicher Vorträge hält, die großen Eindruck machen und zu seinem Ruf beitragen. Die Texte dieser Vorträge sind verloren gegangen, man kennt sie aber über die Aufzeichnungen von Studenten, die unter den Zuhörern waren. Der erste ist ein Vortrag über Rhetorik und wie die Sprache entstanden ist, die menschliche Verständigung, für Smith nicht nur eine überlebensnotwendige Tätigkeit, es geht dabei auch um Angemessenheit und Sympathie, um die Fähigkeit, mit Menschen umgehen zu können, um den Gemeinsinn, Pfeiler des gesellschaftlichen Lebens und zugleich sein Mörtel. Zur Demonstration nahm er Beispiele aus der Literatur. Seiner Meinung nach bringt eine klare, direkte und konzise Sprache am besten die Gefühle und Gedanken zum Ausdruck, anders als jener weitschweifige und überladene, für eine erlesene Minderheit charakteristische (und vom 3. Earl of Shaftesbury praktizierte) Stil, der den gewöhnlichen Menschen ausschließe.

In einem anderen seiner Vorträge, über die Jurisprudenz, skizzierte Smith einige der Ideen, die er später weiterentwickeln sollte, ausgehend von David Hume, für den die Einführung des Sondereigentums den Beginn der Zivilisation markiert. Es war ein Thema, für das sich die besten schottischen Intellektuellen jener Zeit begeisterten. Lord Kames zum Beispiel vertrat die Ansicht, der ausgeprägteste Trieb des Menschen sei der, etwas zu besitzen, daraus sei das Privateigentum erwachsen und in gewisser Weise die Gesellschaft selbst. In seinem Buch *Historical Law-Tracts* (1758) teilt er den Ablauf der Geschichte in vier Stufen ein: das Zeitalter der Jäger, das Zeitalter der Hirten, das Zeitalter der Ackerbauern und schließlich das Zeitalter der Händler. Der Austausch von Erzeugnissen innerhalb und außerhalb der eigenen Gruppe wäre demnach der wahre

Motor der Zivilisation gewesen. Regierungen bildeten sich, als den Mitgliedern der Gemeinschaft die Bedeutung des Privateigentums bewusst wurde und sie begriffen, dass dieses geschützt werden musste, wozu es der Gesetze bedurfte und einer Obrigkeit, die für ihre Einhaltung sorgte. Auf Adam Smith hatten diese Gedanken großen Einfluss, er machte sie sich zu eigen und sollte sie später ausweiten und nuancieren. Vielleicht schon in seinen Jahren in Edinburgh gelangte er in Umrissen zu der Überzeugung – sein ganzes Leben sollte sie ihn begleiten –, dass der schlimmste Feind des Eigentums und der Regierung die adligen Großgrundbesitzer waren, jene Aristokraten, die von ihren Pachtgütern lebten und es oftmals schafften, Regierungen, die ihre Macht beschnitten, zu stürzen; für Smith waren sie deshalb schon immer eine Bedrohung für das Recht, für den sozialen Frieden und den Fortschritt. Dank seiner Edinburgher Vorträge sah man den jungen Mann nunmehr als Mitglied jener Bewegung – der schottischen Aufklärung –, die die Ideen, die Werte und die Kultur ihrer Zeit revolutionieren sollte.

Von Edinburgh ging Adam Smith nach Glasgow, wo er dreizehn Jahre blieb – bis 1764 –, zunächst als Professor für Logik und Metaphysik und dann für Moralphilosophie. Von da an wissen wir mehr über seine Person. In Glasgow lebte er zusammen mit seiner Mutter und einer Cousine, Janet Douglas, die sich in all seinen Jahren in Schottland um den Haushalt kümmerten. Sein Leben war geprägt von stoischer, presbyterianischer Genügsamkeit, ohne Alkohol und wahrscheinlich auch ohne Sex – nie hat er geheiratet, von einer Freundin ist auch nichts bekannt, und die Gerüchte, die über manche Romanze im Umlauf waren, haben alle etwas Unwirkliches –, gewidmet allein seinen Studien und der Lehre. Sein Ansehen als Professor war so groß, dass nicht nur James Boswell, der zukünftige

Biograf von Samuel Johnson, sich an der Universität Glasgow einschrieb, um seine Vorlesungen zu hören. Nach dem Zeugnis seiner Schüler las er vom Blatt ab, auch wenn er sich oft von seinen Aufzeichnungen entfernte, um irgendein Thema zu entwickeln oder zu präzisieren, und er verabscheute es, dass seine Studenten mitschrieben, während er sprach (»I hate scribblers« – »Ich hasse Kritzler«). Auch in der Administration machte er eine gute Figur. Er war mit der Leitung der Bibliothek und der Anschaffung von Büchern betraut, zuständig für den Bau neuer Forschungseinrichtungen, und er arbeitete mit in der Verwaltung und der Buchhaltung einer Universität, an der er schließlich zum Dekan gewählt wurde und Prorektor war. Bei all diesen Tätigkeiten verdiente er sich ebenso viel Respekt und Lob wie für seine geistige Arbeit.

Glasgow erlebte in diesen Jahren – nach der Öffnung der Märkte durch den Unionsvertrag mit England – eine außerordentliche Blütezeit, besonders dank dem Handel mit Tabak, den die schottischen Schiffe aus Virginia in den Vereinigten Staaten brachten und dann im Königreich und im übrigen Europa vertrieben. Wie Arthur Herman in seinem Buch über die schottische Aufklärung schreibt, begann Adam Smith sich in dieser Zeit, eben aufgrund der bemerkenswerten Konjunktur Glasgows, für die Handelsgeschäfte der großen Unternehmen zu interessieren. Durch einen Freund, einen der Tabaklords der Stadt, lernte er sie von innen her kennen: »Zu Smiths engerem Bekanntenkreis zählte John Glassford, der ihn über die Geschehnisse in Amerika auf dem Laufenden hielt und seinerseits ein lebhaftes Interesse daran zeigte, wie es mit *Der Wohlstand der Nationen* voranging. Der Bürgermeister von Glasgow, Andrew Cochrane, organisierte einen Political Economy Club, zu dessen Mitgliedern Smith, Glassford und ein weiterer vermögender Tabakhändler gehörten, Richard Oswald. Cochrane leitete auch eine Sondersitzung des Glasgower Stadtrates am 3. Mai 1762, als Professor Smith zum Ehrenbürger der Stadt ernannt wurde.«*

Theorie der ethischen Gefühle (1759)

Das erste Werk, das Adam Smith veröffentlichte, *The Theory of Moral Sentiments* (1759)**, ist das Ergebnis seiner Vorlesungen, die er im Laufe der Jahre hielt, und es zeigt, wie sehr der moralische Aspekt für ihn im Vordergrund stand. In den Thesen, die er darin entwickelt, sind die Ideen seines ehemaligen Lehrers Francis Hutcheson präsent, ebenso die von David Hume, von Rousseau über die Ungleichheit unter den Menschen und die von Bernard Mandeville über die Moral. Das Buch enthält aber auch bereits einen tragfähigen eigenen Gedanken, es ist eine erste Annäherung an diese »Wissenschaft vom Menschen«, von deren Ausarbeitung Smith schon als junger Mann träumte.

Manche Begriffe sind Schlüssel zum Verständnis des Buches – Sympathie (im Sinne von Empathie), Fantasie, Schicklichkeit, der unparteiische Zuschauer –, und die Frage, auf die diese umfangreiche Untersuchung eine Antwort geben will, ist: Wie kommt es, dass manche Gemeinschaften sich halten und mit der Zeit fortentwickeln, statt auseinandergetrieben zu wer-

* Arthur Herman, *The Scottish Enlightenment. The Scots' Invention of the Modern World*, Forth State, London 2001, S. 158. Sofern keine deutschsprachige Ausgabe angegeben ist, erfolgt die Übersetzung von Zitaten nach dem jeweiligen Original.

** Alle Zitate nach der Ausgabe: Adam Smith, *Theorie der ethischen Gefühle*, auf der Grundlage der Übersetzung von Walther Eckstein neu herausgegeben von Horst D. Brandt, Felix Meiner Verlag, Hamburg 2010.

den von Rivalitäten, entgegengesetzten Interessen, Instinkten und egoistischen Affekten? Was ermöglicht die *Soziabilität* des Menschen, diesen Kitt, der die Gesellschaft zusammenhält, so unterschiedlich die Einzelnen und ihre Charaktere auch sind?

Die Menschen machen sich in der Vorstellung einen Begriff voneinander, über ein natürliches Mitgefühl dem Nächsten gegenüber, es nähert die Individuen einander an, was nie passieren würde, wären ihre Handlungen ausschließlich von der Vernunft geleitet. Ein solches Empfinden von Sympathie und die Vorstellungskraft ziehen Fremde an, stellen eine Verbindung zwischen ihnen her, womit der Argwohn überwunden und Solidarität geschaffen wird. Das Bild vom Menschen und von der Gesellschaft, das diesem Buch zugrunde liegt, ist positiv und optimistisch, denn Adam Smith glaubt, dass trotz aller auf der Welt begangenen Gräuel das Gute über das Böse siegt, mit anderen Worten: die ethischen Gefühle. Ein schönes Beispiel für diesen natürlichen Anstand, der die allermeisten Menschen auszeichnet, erscheint auf den letzten Seiten des Buchs: »Einem Menschen zu sagen, daß er lügt, ist die tödlichste von allen Beschimpfungen [...]. Ein Mann, der das Unglück hätte, sich vorstellen zu müssen, daß niemand auch nur ein Wort von dem glaubt, was er sagt, würde die Empfindung haben, daß er aus der menschlichen Gesellschaft ausgestoßen ist, würde vor dem bloßen Gedanken zurückschrecken, sich in die Gesellschaft zu begeben oder vor die Augen der Menschen zu treten, und könnte, wie ich glaube, kaum ein anderes Schicksal haben, als vor Verzweiflung zu sterben.« (S. 554) Vieles hat sich in den Jahrhunderten, seit Adam Smith diese Zeilen schrieb, beträchtlich verändert, und in moralischer Hinsicht haben sich die Menschen zum Nachteil entwickelt, denn es ist kaum vorstellbar, dass heute noch allzu viele in der Lage wären, allein bei der Vorstellung, Mitmenschen könnten sie als Lügner ansehen, so zu erschrecken, dass sie vor Verzweiflung sterben. Aber der das schrieb, war alles andere als naiv: Smiths Analysen des moralischen Verhaltens sind von großer Subtilität und Komplexität, gestützt auf die Überzeugung, dass sich selbst unter den schlimmsten Umständen die Schicklichkeit – *propriety*, im Sinne eines richtigen, gerechten und angemessenen Verhaltens in den zwischenmenschlichen Beziehungen – gegen die Unschicklichkeit durchsetzt: »Als die Natur den Menschen für die Gesellschaft bildete, da gab sie ihm zur Aussteuer ein ursprüngliches Verlangen mit, seinen Brüdern zu gefallen, und eine ebenso ursprüngliche Abneigung, ihnen wehe zu tun. Sie lehrte ihn Freude über deren freundliche Gesinnung, und Schmerz über ihre unfreundliche Gesinnung zu empfinden.« (S. 187)

Es ist ein etwas kurioses, schwankendes, schillerndes und feinsinniges Buch, das einem mal vorkommt wie eine Abhandlung über gute Manieren, mal wie eine psychologische Analyse der Gefühle des Menschen gegenüber seinen Mitmenschen, mal wie ein Handbuch der Soziologie. Tatsächlich ist es eine Studie über die menschlichen Beziehungen und wie sie eine Gesellschaft dazu bringen, dass sie funktioniert, dass in ihrer Mitte eine Grundsolidarität entsteht, die ein Auseinanderfallen verhindert. Ebenso über den moralischen Sinn, der es uns ermöglicht, das Gute vom Bösen zu unterscheiden, das Künstliche vom Echten, das Wahre vom Falschen. Es war Adam Smiths erster Band, in dem er diese »Wissenschaft vom Menschen« skizzierte, die ihn sein Leben lang beschäftigen sollte und die er doch niemals abschloss.

Bei der Beschreibung der Reaktionen und Verhaltensweisen berücksichtigt Smith Armut und Reichtum, gesellschaftliche Vorurteile und die Stellung des Einzelnen in der Gesellschaft, im Allgemeinen aber konzentriert er sich auf die ganz gewöhnlichen Bürger, die für den Normalfall stehen. Über Menschen, die sich der Normalität entziehen und ihr zuwiderhandeln (diese Monster, die Georges Bataille so faszinierten), geht er meist rasch hinweg. Deshalb erscheint die Gesellschaft, wie sie uns in seiner *Theorie der ethischen Gefühle* entgegentritt, hier und da ein wenig idealisiert, sie ist allzu mustergültig und korrekt, schließlich besteht das Leben nicht nur aus normalen Menschen, sondern auch aus unnormalen, aus solchen, die aus der Art schlagen. Der Grund war aber nicht allein, wie Adam Smith die Gesellschaft sah, sondern vor allem seine eigene Wesensart. Zwar gibt es nicht allzu viele Zeugnisse zu seiner Person, doch die wenigen stimmen darin überein, dass er, der Intellektuelle von außergewöhnlichem Format, ein guter Mensch war, von gesunder Lebensweise, bescheiden, einfach, genügsam, überaus korrekt, mit beträchtlichen Anwandlungen von schlechter Laune auch, ein Mensch, der sich ganz und gar der Wissenschaft verschrieb. Immer wieder wunderten die Leute sich über seine Angewohnheit, in Gedanken zu versinken und sich unter egal welchen Umständen von seiner Umgebung abzusondern. Einer seiner Freunde aus der Select Society, einem Debattierclub, der sich in den Wirtshäusern von Edinburgh traf, erzählt, wie die Anwesenden mitten in einer Diskussion über juristische und philosophische Themen auf einmal bemerkten, dass Adam Smith *gegangen* war – er saß noch dort, die Augen fest auf einen Punkt im Leeren gerichtet, dabei leise irgendetwas murmelnd, fern von allem um ihn herum, versunken in seiner eigenen Welt.

In *Theorie der ethischen Gefühle* ist vor allem die Rede von Männern, aber es gibt auch spezifische Merkmale, die Adam Smith in der Frau zu finden glaubt und die sie ihm zufolge vom Mann unterscheiden, so etwa in dieser feinen Differenzierung: »Menschlichkeit ist die Tugend der Frau, Edelmut die des Mannes.« (S. 307) Über weite Strecken analysiert er das

Individuum als solches, doch in den letzten Kapiteln, bevor er einige Systeme der Moralphilosophie noch einmal abschreitet – Plato, Aristoteles, Zenon und die Stoiker, die Epikureer, Cicero –, um sie dem seinen gegenüberzustellen, weitet er die Untersuchung aus auf das Individuum als Teil der Familie, der Nation und schließlich der ganzen Menschheit. Diese Kapitel kündigen bereits einige der großen Themen von *Der Wohlstand der Nationen* an. Sein eindeutiges Stellungbeziehen gegen den Nationalismus zum Beispiel, gegen den Gedanken, dass das Individuum durch das affektive Band zwischen sich und seinem Land diesem, auch wenn es nicht im Recht ist, immer recht geben müsse: »Die Liebe zu unserem eigenen Volke macht uns oft geneigt, das Wohlergehen und das Wachstum eines anderen, benachbarten Volkes mit einer äußerst böswilligen Eifersucht und mit starkem Neid zu betrachten.« (S. 371 f.) Er nennt dies »das niedrige Prinzip nationalen Vorurteils« (S. 372). So hält er zu Frankreich und England dann auch fest: »die innere Wohlfahrt und das Gedeihen des anderen [...] zu beneiden, das ist sicherlich unter der Würde zweier so großer Nationen.« (S. 373) Seine Ablehnung der nationalen Perspektive als etwas Egoistisches, sich über das Andere Erhebende, was schließlich die Willkür rechtfertigt, bringt ihn dazu, den dogmatischen Geist jenes »Parteidoktrinärs« zu verurteilen, der »oft so verliebt« ist »in die eingebildete Schönheit seines bloß vorgestellten Regierungsplanes«, dass er glaubt, »daß er die verschiedenen Glieder einer Gesellschaft mit ebensolcher Leichtigkeit anordnen kann, als die Hand die verschiedenen Figuren auf dem Schachbrett anordnet«. (S. 380) Und er erinnert daran, dass diese Figuren kein anderes »Bewegungsprinzip« kennen als das, was die Hand mit ihnen macht, »daß aber auf dem großen Schachbrett der Gesellschaft jede einzelne Figur ein eigenes Bewegungsprinzip besitzt«, unabhängig von dem, was der Gesetzgeber ihr nach seinem Gutdünken auferlegen will. Zum ersten Mal in der Geschichte weist hier jemand darauf hin, dass die Gesellschaft eine eigene Bewegung haben könnte, je nach ihrer inneren Organisation, und dass diese zu respektieren ist, weil sonst Anarchie droht oder man auf die brutalste Repression zurückgreifen muss, und genau dagegen wendet er sich, wenn er an den »göttlichen Grundsatz Platos« erinnert: niemals gegen das eigene Land Gewalt zu gebrauchen, so wenig wie gegen die eigenen Eltern (S. 379).

Am originellsten an *Theorie der ethischen Gefühle* ist aber vielleicht, dass hier der *unparteiische Zuschauer* erscheint, ein Richter oder Schiedsrichter, den wir Menschen in uns tragen und der, stets eine objektive Position gegenüber unserem Verhalten einnehmend, dieses bewertet, indem er das, was wir tun und sagen, gutheißt oder verurteilt. Diese Instanz wird im Laufe des Buches unterschiedlich bezeichnet: »der große Inwohner« oder »Halbgott in unserer Brust«, »das eigene Gewissen«, »der innere Richter«, »der große Richter und Schiedsherr« über unser Verhalten, »jener Statthalter Gottes in uns« und so weiter. Dabei ist die Identifizierung eines solchen unparteiischen Zuschauers mit dem eigenen Gewissen nicht ganz gerechtfertigt, denn sein Gewissen mag der Mensch in der Hand haben, der unparteiische Zuschauer aber hält Distanz zu dem Subjekt, von dem er ein Teil ist, und nur so, aus dieser Position heraus, kann er völlig unabhängig das von diesem Subjekt Gedachte oder Gesagte billigen oder verurteilen. Eine exakte Projektion der Gottheit auf das Individuum ist es ebenso wenig, denn wie einige von Adam Smiths feinsinnigsten Analysen im Buch zeigen, ist der unparteiische Zuschauer nicht immer so neutral, wie Gott selbst es wäre. Er neigt dazu, sich von der Person erweichen oder zu seiner Begünstigung hinreißen zu lassen, oder er gibt sich übertrieben streng gegenüber seinen Wünschen,

Gefühlen und Affekten, und genauso subjektiv kann er es mit seinen Urteilen übertreiben. In gewisser Weise, darauf weist D. D. Raphael in seinem Buch über Adam Smith hin*, ähnelt dieser unparteiische Zuschauer dem, was Sigmund Freud ein Jahrhundert später in seiner Beschreibung des Unbewussten das »Über-Ich« nennen soll. Und noch einen anderen Daseinsgrund hat dieser unparteiische Zuschauer, er wird schließlich zu einem der Pfeiler der liberalen Lehre: Individualismus genannt. Denn hängt das moralische Verhalten zu einem großen Teil von der jeweiligen Persönlichkeit des Individuums ab, ist dieses die Basiszelle der Gesellschaft, der Ausgangspunkt für die verschiedenen Gemeinschaften, denen der Einzelne seinerseits angehört, nur dass ihn keine dieser Gemeinschaften für sich vereinnahmen oder abschaffen kann, egal ob Familie, Beruf, Religion, soziale Klasse oder politische Partei.

Adam Smith schrieb elegant und klar, und er war empfänglich für gute Literatur (gar bezaubert von Racines *Phädra*) und für die Schönheit, die er nicht nur in Erzeugnissen der Kunst fand, sondern auch in den menschlichen Handlungen und ebenso in der Natur und den Gegenständen. So wecken eine tugendhafte Tat, eine Geste der Großzügigkeit oder ein solidarischer Akt ein Gefühl von Schönheit, vergleichbar dem, was eine schöne Landschaft zu bieten vermag, harmonische Musik oder ein Leben, das in den Bahnen der Behutsamkeit verläuft, der Achtung vor dem Nächsten, der Freundschaft und des untadeligen Verhaltens. Bei seinen Schlussfolgerungen erwähnt er an einer Stelle »jenen allgemeinen Geschmack für Schönheit und Ordnung«, der »ebensowohl durch unbelebte wie durch belebte Objekte erregt wird«. (S. 537)

* David D. Raphael, *Adam Smith*, aus dem Englischen von Udo Rennert, Campus Verlag, Frankfurt am Main/New York 1991, S. 14f.

Theorie der ethischen Gefühle war das Buch, an dem Adam Smith am meisten lag (nie hätte er sich vorstellen können, welche Revolution *Der Wohlstand der Nationen* in der Welt der Ideen, der Politik und der Wirtschaft auslösen würde). Es wurde hoch gelobt von David Hume, von Edmund Burke und, im übrigen Europa, von so großen Denkern wie Kant und Voltaire, dem es den Satz entlockte: »Wir haben nichts Vergleichbares, und ich schäme mich für meine lieben Landsleute.«*

Viel wichtiger aber noch: Durch den beachtlichen Ruf, den er sich erworben hatte, konnte er sich nun von den universitären Verpflichtungen freimachen und eine Stelle antreten, die ihm nicht nur seine Zukunft sichern und erlauben sollte, sich ungehindert dem Schreiben zu widmen, sondern auch die begehrte Reise durch das gebildetste Europa zu machen. David Hume informierte ihn im April 1759, dass Charles Townshend, Stiefvater des jungen, noch in Eton weilenden Herzogs von Buccleuch, diesen nach Glasgow zu schicken gedenke, damit er dort seine Vorlesungen höre. Dazu kam es nicht, doch ein paar Jahre später erhielt Adam Smith von Townshend ein sehr konkretes Angebot: sich des jungen Herzogs – Erbe eines großen Vermögens – als Privatlehrer anzunehmen und ihn auf einer ausgedehnten Bildungsreise durch Europa zu begleiten. Die Bedingungen konnten nicht vorteilhafter sein: ein jährliches Gehalt von 500 Pfund, nach der Reise dann eine lebenslange jährliche Rente von 300 Pfund (wahrscheinlich mehr als das, was er als Professor in Glasgow verdiente). Smith schlug ein, verließ die Universität und ging nach London, wo er den Mann kennenlernte, der für die nächsten drei Jahre zu seinem Schüler werden sollte, damals achtzehn Jahre alt. Das Verständnis und die Zuneigung, die gleich zwischen ihnen aufkeimte, hielt ihr

* Ian Simpson Ross, *Adam Smith. Leben und Werk*, a. a. O., S. 290.

Leben lang. Der junge Aristokrat war aufmerksam und fleißig, respektvoll, liebenswürdig, und immer war er voll der Bewunderung und Dankbarkeit für diesen Lehrer, der ihn zwischen 1764 und 1766 auf seiner Europafahrt begleitete.

Smith kam mit seinem Schüler bald nach Toulouse, wo sie achtzehn Monate blieben. Manches deutet darauf hin, dass er sich dort erste Notizen zu *Der Wohlstand der Nationen* machte. Die zweitgrößte Stadt Frankreichs stand noch unter dem Eindruck der »Affäre Calas«, die aufgrund des Fanatismus und der damit einhergehenden Grausamkeit halb Europa erschüttert hatte. 1761 erhängte sich in der Stadt der Sohn eines protestantischen Händlers. Jean Calas, der Händler, wurde beschuldigt, seinen Sohn erwürgt zu haben, um zu verhindern, dass er zum Katholizismus übertrat. Der arme Calas, verurteilt vom Parlament von Toulouse, wurde im März 1762 aufs Rad gespannt, erdrosselt und auf dem Scheiterhaufen verbrannt. Voltaire nahm diesen Justizskandal zum Anlass für eine jahrelange Kampagne, er verlangte eine posthume Rehabilitierung des Opfers und eine Entschädigung für die Angehörigen. Sein berühmtes Pamphlet, erschienen als *Traité sur la tolérance (Abhandlung über die Toleranz)*, war unter den vielen Büchern und Schriften, die Adam Smith in den zwei Jahren, die er in Frankreich und der Schweiz verbrachte, nach Schottland schickte.

Es war das einzige Mal, dass Adam Smith diese Länder bereiste, und dank der Empfehlungen von Charles Townshend, David Hume und anderen lernte er die Pariser Salons kennen, er besuchte das Theater und ging in Konzerte. Hinweise gibt es auch auf eine Dame, die ihn vor Begeisterung belagerte, während er alles tat, um sich ihrer zu entledigen. Mehrmals besuchte er Voltaire in Ferney und in Paris Philosophen und Schriftsteller wie D'Alembert, Turgot, Helvétius, den Baron d'Holbach, Marmontel und vor allem François Quesnay und die Physiokraten, deren ökonomische Thesen er in *Der Wohlstand der Nationen* harsch kritisieren sollte. Von Quesnay persönlich jedoch, dem er bei mehreren, offenbar überaus polemisch verlaufenen Treffen begegnete, hatte er eine hohe Meinung; einmal sagte er, wenn Quesnay bei Erscheinen des Buches noch gelebt hätte, hätte er es ihm gewidmet. Als der Herzog von Buccleuch erkrankte und dessen jüngerer Bruder starb, mussten sie ihren Aufenthalt in Europa abbrechen. Im November 1766 waren sie zurück in England. Adam Smith sollte sein Land nie wieder verlassen.

Die Arbeit an *Der Wohlstand der Nationen*

Nach der Rückkehr aus Frankreich blieb Adam Smith zunächst ein halbes Jahr in London, bis Mai 1767. Die Weiterfahrt nach Schottland verzögerte sich aufgrund seiner Korrekturen an der dritten Auflage von *Theorie der ethischen Gefühle*, auch nahm er die Gelegenheit wahr, ein wenig in der Nationalbibliothek zu arbeiten. Mit vier großen Bücherkisten fuhr er schließlich nach Kirkcaldy, wo er wieder zusammen mit seiner Mutter und seiner Cousine Janet Douglas lebte. Es waren sechs Jahre, in denen er weit vorankam mit seinem ehrgeizigen Projekt einer Untersuchung der Systeme, die die natürliche und gesellschaftliche Ordnung aufrechterhielten. Schon in jungen Jahren war er der Überzeugung gewesen, dass nur die Vernunft – nicht die Religion – sie begreifen und erklären könne. Jetzt nahm er sich vor, zu beschreiben, wie das Wirtschaftsleben organisiert sein muss, damit der Wohlstand in einer Gesellschaft zunimmt.

Er führte ein spartanisches Leben, konzentriert allein auf seine Studien und das Verfassen des Werks. Nur selten begab er sich in Gesellschaft, machte lange Spaziergänge am Meer, und der Legende nach sah man ihn manchmal in Dörfern auftauchen, die mehrere Meilen von seinem Haus entfernt lagen, außer Atem und in einem Zustand tiefster Versunkenheit, aus dem ihn nur das Glockenläuten einer Kirche oder das Gebimmel einer Schafherde rissen. In seinen Mußestunden widmete er sich der Botanik und klassifizierte die Pflanzen in seinem Garten nach dem Vorbild des schwedischen Naturforschers Carl Linné, dessen Untersuchungen ihn begeistert hatten. Eine seiner wenigen Reisen unternahm er, um an der Geburtstagfeier des Herzogs von Buccleuch teilzunehmen, seines ehemaligen Schülers, der die Tochter des Herzogs von Montagu, Elizabeth, geheiratet hatte. Für ein paar Monate blieb er auf ihrem Schloss, dem Dalkeith Palace nicht weit von Edinburgh.

In seiner bestens ausgestatteten Bibliothek in Kirkcaldy hatte er zwar einen Großteil des zu konsultierenden ökonomischen und politischen Materials zur Hand, doch seinen Briefen, in denen er Freunde im Vereinigten Königreich und in Europa bat, ihm Bücher, Druckschriften und sonstige Informationen zu schicken, können wir entnehmen, wie mühsam die Aufgabe war und wie viele Jahre er an *Der Wohlstand der Nationen* arbeitete.

Im Frühjahr 1773 beschloss er, Kirkcaldy hinter sich zu lassen und nach London zu ziehen, wo er die nächsten drei Jahre verbrachte. Dort beendete er seine Abhandlung. Noch vor der Abreise hatte er sein Testament gemacht. Als literarischen Nachlassverwalter bestimmte er David Hume, dem das Manuskript von *Der Wohlstand der Nationen* geschickt werden sollte, falls ihn vor Abschluss des Werks der Tod ereilte. Auch verfügte er, dass alle seine Schriften zu vernichten seien, mit Ausnahme seiner noch unveröffentlichten Geschichte der Astronomie – sein Freund sollte entscheiden, ob eine Veröffentlichung sich lohnte.

Man könnte meinen, es wären gesundheitliche Gründe gewesen, die ihn zu einer solchen Verfügung bewogen, doch in den siebzehn Jahren, die er noch lebte, hatte er keinerlei sonderliche körperliche Beschwerden. Für die Entscheidung, die Manuskripte im Todesfall zu verbrennen, hat jedenfalls niemand eine überzeugende Erklärung gefunden.

Anders als in Kirkcaldy, wo er in völliger Abgeschiedenheit lebte, nahm er in London rege am gesellschaftlichen Leben teil. Er versammelte sich mit Freunden und diskutierte mit ihnen in den beiden akademischen Vereinen, denen er angehörte – der Royal Society und The Club –, beide von hohem gesellschaftlichem wie intellektuellem Ansehen, ebenso in Privathäusern wohlhabender Bürger, wo er mit einflussreichen Politikern und Geistesgrößen wie Edmund Burke, Edward Gibbon und Samuel Johnson verkehrte. Seine Gesprächspartner fanden ihn im Allgemeinen sympathisch, seine unvermeidlichen Zerstreutheiten nahmen sie mit Humor. Abgesehen von Samuel Johnson, mit dem er offenbar im Streit lag, und aus seiner gewöhnlichen Gutmütigkeit ausbrechend, erregte sich Adam Smith derart, dass er ihn heftig beleidigte. Es ist also nicht überraschend, dass der renommierte Lexikograf und Kritiker von ihm ein recht niederschmetterndes Bild zeichnete, als er sagte, dieser sei »der größte Langweiler, den ich je gesehen habe«, und dass er »höchst unangenehm wird, wenn er etwas Wein getrunken hat, den er ›im Mund blubbern läßt‹«*. Adam Smith äußerte sich nicht weniger abfällig und sarkastisch über den großen englischen Gelehrten und Reisenden.**

* Ian Simpson Ross, *Adam Smith. Leben und Werk*, a. a. O., S. 363.

** Nicholas Phillipson, *Adam Smith. An Enlightened Life*, Yale University Press, London 2010, S. 210 f.

Der Wohlstand der Nationen

Das Buch erschien schließlich am 9. März 1776 unter dem Titel *An Inquiry into the Nature and Causes of the Wealth of Nations*, die erste Auflage von 500 Exemplaren war binnen sechs Monaten ausverkauft. An Tantiemen erhielt Smith vom Verlag dreihundert Pfund. Fast zur selben Zeit erschien in Großbritannien ein weiteres Meisterwerk der westlichen Kultur: *The History of the Decline and Fall of the Roman Empire (Verfall und Untergang des römischen Imperiums)* von Edward Gibbon. Die zweite Auflage von *Wealth of Nations* kam ein paar Jahre später heraus, mit einigen Änderungen, die dritte, 1784, mit zahlreichen Korrekturen und Hinzufügungen. Noch zu Adam Smiths Lebzeiten wurden die vierte (1786) und die fünfte (1789) Auflage herausgebracht, mit weiteren Änderungen, ebenso erschienen Übersetzungen des Werks auf Französisch (es gab drei), Deutsch, Dänisch und Italienisch. In Spanien erschien das Buch 1791 in Auszügen, wurde jedoch beim Santo Tribunal (der Inquisition) angezeigt und im Jahr darauf verboten. Erst drei Jahre später, 1794, erschien in Valladolid eine vollständige Ausgabe.

Bemerkenswert ist das Buch nicht nur aufgrund der Vielfalt an Themen, mit denen Smith sich beschäftigt, als Monument der Kultur seiner Zeit und Zeugnis dessen, was das letzte Drittel des achtzehnten Jahrhunderts an Erkenntnissen auf dem Gebiet der Politik, der Ökonomie, der Philosophie und der Geschichte hervorbrachte. Beachtlicher noch und die Zeiten überdauernd ist seine Entdeckung des freien Marktes als Motor des Fortschritts: ein Mechanismus, den niemand erfunden hat und zu dem die Menschheit allein durch den Handel gelangt ist, durch diesen ständigen Austausch, dem sich die Arbeitsteilung und der Markt verdanken, ein System zur Verteilung von Ressourcen, denn ohne dass sie es sich vorgenommen hätten oder überhaupt davon wüssten, tragen alle Mitglieder der Gesellschaft – Verkäufer, Käufer und Produzenten – dazu bei und befördern so den allgemeinen Wohlstand. Es war in der Tat eine Offenbarung, dass der Durchschnittsmensch, indem er für die Verwirklichung seiner Sehnsüchte und egoistischen Träume arbeitet, dem Wohl der Allgemeinheit dient. Diese »unsichtbare Hand«, die ihn leitet und, ob Arbeiter oder Unternehmer, dazu anhält, mit der Gesellschaft zu kooperieren, war eine revolutionäre Entdeckung und im Wirtschaftsleben zugleich der beste Garant für die Freiheit. Voraussetzung für einen freien Markt ist nun mal, dass es Privateigentum gibt, Arbeitsteilung, dass die Bürger vor dem Gesetz gleich sind und niemand privilegiert wird.

Vor Adam Smith hatte noch keiner mit einer solchen Prägnanz und Klarheit dieses sich selbst erhaltende System erklärt, ein System, das die Nation voranbringt und für das die Freiheit essenziell ist; auch hatte bisher keiner so eloquent dargelegt, dass die ökonomische Freiheit ebenso alle anderen Nationen stärkt und antreibt.

Bei der Lektüre dieser ozeanischen Abhandlung, die sich bis ins Unendliche in Themen und Subthemen auffächert, hat man den Eindruck, dass nicht einmal Adam Smith selbst sich der Bedeutung seiner Entdeckungen bewusst war. Für viele Leser von *Der Wohlstand der Nationen* war es eine verblüffende Erkenntnis, dass weder Selbstlosigkeit noch Nächstenliebe der Motor des Fortschritts ist, sondern vielmehr der Egoismus: »Nicht vom Wohlwollen des Metzgers, Brauers und Bäckers erwarten wir das, was wir zum Essen brauchen, sondern davon, daß sie ihre eigenen Interessen wahrnehmen. Wir wenden uns nicht an ihre Menschen-, sondern an ihre Eigenliebe, und wir erwähnen nicht die eigenen Bedürfnisse, sondern sprechen von ihrem Vorteil.«*

John Maynard Keynes, ein fleißiger, wenn auch nicht eben folgsamer Anhänger Adam Smiths, soll darüber gespottet haben; demnach sei der Kapitalismus der erstaunliche Glaube, dass die schlimmsten Motive der schlimmsten Menschen die besten Ergebnisse in der besten aller möglichen Welten zeitigten. Und dennoch, wie alle großen ökonomisch-sozialpolitischen Denker, die ihm folgten, darunter Marx, musste Keynes am Ende, wenn auch zähneknirschend, akzeptieren, was Adam Smith so zusammenfasste: »Tatsächlich fördert er [der einzelne Mensch] in der Regel nicht bewußt das Allgemeinwohl, noch weiß er, wie hoch der eigene Beitrag ist. Wenn er es vorzieht, die eigene nationale Wirtschaft anstatt die ausländische zu unterstützen, denkt er eigentlich nur an die eigene Sicherheit und wenn er dadurch die Erwerbstätigkeit so fördert, daß ihr Ertrag den höchsten Wert erzielen kann, strebt er lediglich nach eigenem Gewinn. Und er wird in diesem wie auch in vielen anderen Fällen von einer unsichtbaren Hand geleitet, um einen Zweck zu fördern, den zu erfüllen er in keiner Weise beabsichtigt hat.« (S. 371)

Das System, das Adam Smith beschreibt, ist kein geschaffenes, sondern ein spontanes. Es ergab sich aus ganz praktischen Bedürfnissen, die mit dem Tauschhandel der primitiven Völker begannen, weitergingen mit ausgefeilteren Formen des Handels, dem Privateigentum, mit Gesetzen und Gerichten, das heißt mit dem Staat und vor allem der Arbeitsteilung, die der

* Adam Smith, *Der Wohlstand der Nationen. Eine Untersuchung seiner Natur und seiner Ursachen*, aus dem Englischen von Horst Claus Recktenwald, revidierte Fassung, Deutscher Taschenbuch Verlag, München 2003, S. 17. Alle Zitate nach dieser Ausgabe.

Produktivität erst den nötigen Schub verlieh. Für diese spontane Ordnung, wie Hayek sie später nannte, ist die Freiheit das Fundament: die Freiheit des Handels, die Freiheit, als Produzent und als Konsument zu gleichen rechtlichen Bedingungen am Markt teilzunehmen, Verträge zu schließen, zu exportieren und zu importieren, sich zusammenzutun und Unternehmen zu gründen und so weiter. Die großen Feinde des freien Marktes sind Privilegien, Monopole, Subventionen, Kontrollen, Verbote. Das Spontane und Natürliche des Systems nimmt in dem Maße ab, wie die Gesellschaft sich weiterentwickelt und rechtliche Strukturen schafft, die den Markt regulieren. Solange diese Strukturen jedoch, zumindest im großen Ganzen, die Freiheit bewahren, wird das System effizient sein und zu positiven Ergebnissen führen.

Schon wahr, der Markt ist kalt, denn er belohnt den Erfolg und bestraft gnadenlos das Scheitern. Aber Adam Smith war nicht der unmenschliche Eierkopf, den seine Gegner in ihm sahen, um seinen Liberalismus zu attackieren. Im Gegenteil, die Schrecken der Armut ließen ihn alles andere als unberührt, und er glaubte an die Chancengleichheit, auch wenn er diesen Ausdruck nicht benutzte. Um Dummheit und Unwissenheit unter den Arbeitern zu begegnen, zu denen das Mechanische ihrer Tätigkeit führen mochte, hielt er eine gute Lehrzeit für unerlässlich, und für all jene, die es sich nicht leisten konnten, sollte sie vom Staat oder von der Gesellschaft finanziert werden. Auch hier favorisierte er den Wettbewerb und sprach sich für ein öffentliches Bildungswesen neben dem privaten aus.

Adam Smith hätte wohl nie gedacht, dass die Feinde des Liberalismus und des privaten Unternehmertums seinen Theorien einmal vorhalten sollten, sie seien unsensibel und kennten keine Solidarität, denn er war der festen Überzeugung, dass seine Forschung den Armen helfen und dazu beitragen würde, die Armut zu überwinden. »Und ganz sicher kann keine Nation blühen und gedeihen, deren Bevölkerung weithin in Armut und Elend lebt« (S. 68), schrieb er. Über die Reichen seiner Zeit urteilte er streng: »In jedem Erwerbszweig muß die Unterdrückung der Armen letztlich zu einem Monopol der Reichen führen, die äußerst hohe Gewinne machen können, indem sie einen ganzen Geschäftszweig für sich beanspruchen.« (S. 82) Das Monopol verfälscht Angebot und Nachfrage, denn es verleiht einem Fabrikanten oder Händler die Macht, je nach anvisiertem Profit die Preise zu ändern; ist der Wettbewerb ausgeschaltet, nimmt die Qualität des Produkts ab, und der Handel wird, statt einen Dienst zu leisten, zu einer Ausbeutung des Käufers.

Die großen Nutznießer in der Theorie von Adam Smith sind die Konsumenten, die gesamte Gesellschaft, nicht nur die Produzenten, die ohnehin eine Minderheit sind und selbstverständlich das Recht haben, von dem Dienst zu profitieren, den sie oftmals mit viel Talent und großem Wagemut leisten. Dafür aber bedarf es eines fairen Wettbewerbs, ohne jede Bevorzugung, und natürlich muss das Privateigentum respektiert werden.

»Das Eigentum, das jeder Mensch an seiner Arbeit besitzt«, schreibt Adam Smith, »ist in höchstem Maße heilig und unverletzlich, weil es im Ursprung alles andere Eigentum begründet. Das Erbe eines armen Mannes liegt in der Kraft und in dem Geschick seiner Hände, und ihn daran zu hindern, beides so einzusetzen, wie er es für richtig hält, ohne dabei seinen Nachbarn zu schädigen, ist eine offene Verletzung dieses heiligsten Eigentums, offenkundig ein Übergriff in die wohlbegründete Freiheit des Arbeiters und aller anderen, die bereit sein mögen, ihn zu beschäftigen.« (S. 106)

Im Buch wird gleich zu Beginn erklärt, dass das, was die Produktivität am meisten befördert habe, »die Arbeitsteilung« sei. Smith bringt das bekannte Beispiel mit der Stecknadel und den achtzehn verschiedenen Arbeitsgängen, die sich bei ihrer Herstellung ergänzen, das alles mithilfe von Maschinen, zu deren Erfindung die Arbeitsteilung wohl ebenfalls Anlass gegeben habe.

Die Zivilisation entsteht demnach mit dem Bedürfnis der Menschen, zur Befriedigung ihrer Bedürfnisse auf andere zurückzugreifen. Nur stößt die Arbeitsteilung dort an Grenzen, wo auch der Markt begrenzt ist. In einem kleinen Dorf muss ein Bauer nun mal auch die Arbeit eines Schreiners machen, die Arbeit eines Maurers, eines Klempners. In diesem Sinne waren die Städte ein Schritt nach vorn, sie erlaubten es einigen, sich einer Sache zu widmen, und anderen, einer anderen.

Den Ursprung und die Funktion des Geldes erklärt Smith anhand jener primitiven Gesellschaften, die mit der Zeit zu handeltreibenden Gesellschaften wurden. Irgendwann in der geschichtlichen Entwicklung trat an die Stelle des reinen Tauschhandels bei Kauf und Verkauf eine Ware als Vermittlungsinstanz, und dieses Tauschmittel waren nun das Vieh, Muscheln, Stockfisch, Häute oder gegerbtes Leder, schließlich Metalle. So wurde das Geld zum universellen Zahlungsmittel. Münzen hatten zunächst die Menge an Metall, die ihrer Prägung entsprach. Aber »überall in der Welt haben Herrscher und unabhängige Staaten in ihrer Habsucht und Ungerechtigkeit das Vertrauen der Menschen mißbraucht, indem sie nach und nach den ursprünglichen Metallgehalt ihrer Münzen herabgesetzt haben«. (S. 26) So ließen sich Gläubiger einfacher übers Ohr hauen.

Der Wert einer Ware bemisst sich, so Adam Smith, nach der

zu ihrer Erzeugung aufgewendeten Arbeit.* Beim Preis gilt es zu unterscheiden zwischen dem »Realpreis« und dem »Nominalpreis«. Letzterer wird vom Markt bestimmt, je nach Überfluss oder Mangel an Rohstoffen etwa, mit denen die Produkte hergestellt werden. Seine Thesen waren erklärtermaßen wissenschaftliche, doch Gefühle hatten darin ihren Platz. Smith zufolge leisten gut bezahlte Arbeiter mehr, und gerade ihr Wohlstand gewährleistet den sozialen Frieden; zugleich aber beschreibt er auch die unglaubliche Armut in Ländern wie Indien oder China, wo Frauen ihre Kinder töteten, um sie nicht ernähren zu müssen, oder in den schottischen Highlands, wo es nicht selten vorkomme, dass von den zwanzig Säuglingen, die eine Mutter zur Welt bringe, mit Glück zwei überlebten.

Auf eingehende Beschreibungen ökonomischer Sachverhalte folgen historische Schilderungen und soziologische Analysen, manchmal derart weitschweifig, dass man als Leser die Waffen streckt. Doch immer wieder blitzen Gedanken auf, die ein neues Licht werfen. Im zehnten Kapitel des Ersten Buchs zum Beispiel führt Smith die fünf wesentlichen Umstände an, die erklären, wieso bei der einen Erwerbstätigkeit wenig, bei der anderen viel Geld verdient wird, nämlich je nachdem: ob sie angenehm oder unangenehm ist; leicht oder schwierig, das heißt, mit geringen oder hohen Kosten zu erlernen; dauerhaft oder nicht; ob sie mit großer Verantwortung verbunden ist oder nicht; welche Aussichten auf Erfolg bestehen.

* Diesen Gedanken, von Marx später übernommen, kritisieren liberale Ökonomen der Österreichischen Schule wie Mises und Hayek. Ihrer Ansicht nach ist der »Wert« nichts Objektives, wie Smith und Marx glauben, mithin kein »realer« Wert, bestimmt von der Menge an Arbeit, die man für ein Produkt benötigt, sondern etwas Subjektives, abhängig von den Präferenzen der am Markt Beteiligten. Unter liberalen Ökonomen wird dies heftig diskutiert.

Die in Europa durch die Wirtschaftspolitik begründeten Ungleichheiten geben Anlass zu einer harschen Kritik an allen Einschränkungen, Menschen zu beschäftigen; ebenso an den »Zunftordnungen«, die einem Lehrling üblicherweise eine siebenjährige Lehre vorschrieben. Jede Beschneidung der Freiheit – als Beispiel nennt Smith die Gesetze, die es einem Arbeiter verwehrten, sich außerhalb seiner Gemeinde eine Beschäftigung zu suchen – führt zu Ungerechtigkeiten und steht der Schaffung von Arbeitsplätzen entgegen. Beharrlich mahnt er an, dass sämtliche Zunftprivilegien abzuschaffen seien: »Geschäftsleute desselben Gewerbes kommen selten, selbst zu Festen und zur Zerstreuung, zusammen, ohne daß das Gespräch in einer Verschwörung gegen die Öffentlichkeit endet oder irgendein Plan ausgeheckt wird, wie man die Preise erhöhen kann.« (S. 112)

Die ökonomischen Untersuchungen wechseln ab mit historischen Darstellungen, etwa der Entwicklung des Weizenpreises im Laufe des dreizehnten bis sechzehnten Jahrhunderts in Schottland und England im Vergleich mit Holland und Genua oder wie sich die Entdeckung der Gold- und Silberminen in Peru auf den weltweiten Handel mit Edelmetallen ausgewirkt hatte.

Ohne Arbeitsteilung und Bildung von Kapital hätte es keine Entwicklung der produktiven Arbeit gegeben. Das Kapital besteht aus einem fixen und einem zirkulierenden Teil. Zum ersten Teil gehören Maschinen, Land, Räumlichkeiten, in denen der Betrieb untergebracht ist; der andere besteht aus dem Geld, das für Löhne, Steuern und Investitionen aufgewendet wird. Beides zusammen bildet den Reichtum eines Landes. Dabei ist Stabilität eine Grundvoraussetzung für die Entwicklung, denn wo es keine gibt, entziehen die Leute ihr Kapital der Zirkulation und verstecken es.

Sodann erklärt Smith den Produktionsprozess, das Aufkommen der Banken und wie Kredite dem Einzelnen (ob Unternehmer oder Handwerker) die Aufnahme ihrer Geschäfte erlauben, was dazu beiträgt, dass sich eine Gesellschaftsklasse herausbildet. Die Banken helfen den Kaufleuten, das zirkulierende Kapital in fixes zu verwandeln, indem sie ihnen Schuldscheine ausstellen, so dass sie das Geld ausgeben und bewegen können, bevor sie es mit Zinsen zurückzahlen, damals in Höhe von acht Prozent. Er berichtet, wie manche von ihnen, um an einen höheren Kredit zu kommen, das Verbot umgehen, sich zu überschulden; und schildert die Geschichte einer schottischen Bank, die in Konkurs ging, weil sie Schuldscheine an eine Vielzahl von Kaufleuten ausreichte, die schlicht und ergreifend Betrüger waren.

Immer wieder kritisiert Smith den staatlichen Interventionismus, die Verschwendung und die unnützen Ausgaben für »Könige und Minister«, was die ganze Gesellschaft nur ärmer mache. Fundamental in diesen Passagen aber ist sein Lob einer Gesellschaft, die auf einen kleinen und funktionalen Staat zählen kann, denn er lässt die Bürger arbeiten und den Wohlstand anwachsen, was wiederum der Allgemeinheit zugutekommt. Für Smith ist der ideale Bürger fleißig, genügsam, umsichtig, niemals verschwendet er sein Vermögen für Luxusdinge. Der Unternehmer soll denen, die er beschäftigt, als Beispiel vorangehen: »Ist nämlich der Arbeitgeber arbeitsam und sparsam, so ist es höchst wahrscheinlich auch der Arbeitnehmer. Ist der Meister liederlich und unordentlich, so wird der Geselle, der seine Arbeit nach dessen Anleitung verrichtet, auch sein privates Leben an dem Beispiel ausrichten, das dieser ihm gibt.« (S. 515) Das ganze Kapitel atmet Smiths Misstrauen gegenüber dem Staat als einem potenziellen Feind des arbeitenden und gesetzestreuen Bürgers.

In einem anderen Kapitel geht es um die Verzinsung der Darlehen. Smith will sie keinesfalls verbieten – so wie manche Kirchen, die katholische zum Beispiel –, denn solange ordentlich gewirtschaftet wird, ermöglichen solche Darlehen eine größere Kapitalzirkulation, sind also nützlich. Bei einem Gläubiger, der den Kredit bei Vergnügungen und unrentablen Tätigkeiten verschleudert, ist das natürlich nicht der Fall. Ist der Zins aber kein Wucherzins und trägt das Geld aus dem Darlehen Früchte, erfüllt er eine wertvolle Funktion im Markt. Smith führt an, dass in Ländern, in denen man den Geldzins verbot, um den Wucher zu unterbinden, dieser nicht verschwand, sondern in die Illegalität abwanderte, und das Zinsgeschäft wurde heimlich weiterbetrieben.

Die Begriffe benutzt Adam Smith zwar nicht, aber er zeigt auf, wie der Kapitalismus, ohne dass es sein Ziel wäre, den Nationalismus untergräbt, indem er sich, sobald er im eigenen Land keine lohnenden Investitionen findet, über die nationalen Grenzen hinwegbewegt. Das Argument ist von bestechender Logik. Denn ist im eigenen Land der Markt für Investitionen gesättigt, strebt das Kapital nach außerhalb; wie auch umgekehrt, wenn es darum geht, zur Befriedigung des Konsums oder zur Belebung des Binnenhandels all das zu importieren, woran es im eigenen Land fehlt. Natürlich kann das Kapital auch von Ländern angezogen werden, denen es an Kapital mangelt. Das scheint dem Land, aus dem es stammt, so Smith, zwar nicht direkt zugutezukommen, sehr wohl aber indirekt, denn auf diese Weise hat es in größerem Maße teil an Entwicklung und Fortschritt. Mit einem Wort: Der internationale Kapitalismus ist der natürliche Feind des Nationalismus.

Eine wesentliche Handelsaktivität ist die zwischen Stadt und Land. Die einen schicken Rohprodukte, die anderen verarbeitete Erzeugnisse. Ihren Lebensunterhalt und ihren Reichtum bezieht die Stadt vom Land. Was bedeutet, dass die Städte, hätten die Institutionen nicht den natürlichen Neigungen der Menschen entgegengewirkt, nur so weit angewachsen wären, wie die umgebende Landwirtschaft sie hätte unterhalten können. Die ursprüngliche Bestimmung des Menschen war, das Land zu bestellen. Doch die Beziehung zwischen Eigentümern und Pächtern, die für die Nutzung des Bodens bezahlen mussten, hat diesen natürlichen Wunsch verdorben. Pachtbauern haben keine Anreize, in Verbesserungen zu investieren, und so entwickelt sich die Landwirtschaft nicht weiter. Smith kritisiert auch das Erstgeburtsrecht, weil es verhindert, dass Großgrundbesitz nach Vererbung in kleinere Parzellen aufgeteilt wird, und die Sklavenarbeit verurteilt er sowohl aus moralischen wie aus ökonomischen Gründen, denn da Sklaven keinerlei Anreiz haben, sich anzustrengen, ist es die unproduktivste Arbeit überhaupt.

Der Wohlstand der Nationen erklärt die Anfänge der europäischen Städte mit dem Aufkommen des Handels. Besser gesagt, mit den Kaufleuten. Diese wurden von den Grundbesitzern, den *country gentlemen*, verachtet, in England genau wie in Spanien und Frankreich, für sie war der Handel eine schändliche Tätigkeit. Die Könige aber ließen zu, dass die Städte sich formierten, als Gegengewicht zu den Landherren und um der Abgaben willen, die sie von den Kaufleuten erhielten. Dank der Städte nahmen der örtliche und der auswärtige Handel zu, und es entstanden die Manufakturen, die wiederum die Städte stärkten. Der große Lieferant von Rohstoffen für die Fabriken blieb jedoch das Land.

Handel und Manufakturen trugen zur Entwicklung auf dem Land bei, indem sie für die Agrarprodukte einen Markt schufen. Smith macht eine erstaunliche Unterscheidung zwischen dem kühnen Kaufmann, der sich nicht scheut, ins Risiko zu gehen, und dem zaghaften Gutsherrn, der erst lange zögert, bevor er investiert. Der wahre Pionier des Fortschritts ist daher der Kaufmann.

Mit Handel und Gewerbe kamen allmählich auch Ordnung und gute Regierungsführung in die Gesellschaft. Heftig kritisiert Smith die Gutsherren dafür, wie sie die Pachtbauern behandeln und ihr Geld für Luxus und nutzlosen Tand verschwenden, im Unterschied zu den Kaufleuten und Unternehmern, die, angetrieben vom Wettbewerb, in neue Projekte investieren. Der Gutsbesitzer dagegen neigt zum Dasein eines Rentiers.

Je weiter die Städte anwachsen, desto größer werden auch, durch Handel und Manufakturwesen, die mittleren Schichten. Es ist ein großer Schub für die Zivilisation, für Freiheit und Gesetzlichkeit, ein Prozess, der die Gesellschaft transformiert: Handel und Manufakturen werden zur wichtigsten Quelle von Wohlstand, und sie haben ihren Anteil an der Modernisierung der Landwirtschaft wie auch am Verschwinden des feudalen Großgrundbesitzes.

In einer so umfangreichen Abhandlung sind Widersprüche nur natürlich. Adam Smith ist Anhänger des Freihandels, aber er akzeptiert Tarife und Verbote, sofern sie gewährleisten, dass die Beschäftigung angekurbelt wird; oder wenn Importfreiheit Unternehmer zu ruinieren droht, die mit den importierten Produkten nicht konkurrieren können. Ein paar Seiten später dementiert Smith diese These, denn es wird klar, dass die Freiheit, Außenhandel zu betreiben, die effizienteste und für alle beteiligten Länder vorteilhafteste ist, sosehr das nationalistische Vorurteil dagegenhält. Wie sollte es auch für ein Land gut sein, wenn seine Nachbarn arm sind? Das gilt nur, wenn diese Länder gegeneinander Krieg führen. Vom kommerziellen Standpunkt aus gesehen sind reiche Nachbarn gleichbedeutend mit florierenden Märkten für den eigenen Export.

Es folgt eine unerwartete und kuriose Beobachtung, wonach in Ländern, in denen der Wein mangels Trauben eine Rarität ist wie unter den nördlichen Völkern oder in den Tropen, die Trunksucht weiter verbreitet sei als in Weinbauländern wie Spanien, Italien und Frankreich. Und nicht weniger überraschend ist die Behauptung, dass eine Steuer, die aufgrund ihrer Geringfügigkeit nicht zum Schmuggel Anlass gebe, letzten Endes keine Auswirkungen habe.

Die Kapitel über die Kolonien sind überaus erhellend, sie beginnen mit einer historischen Darstellung: In Griechenland und dann in Rom waren die Kolonien, je stärker die Bevölkerung wuchs, eine natürliche territoriale Ausweitung; Portugiesen und Spanier machten sich später, angeregt durch Marco Polos Abenteuer in Asien und auf der Suche nach Gold, auf den Seeweg nach Indien. Kolumbus landet auf einer karibischen Insel und glaubt, er habe das Cipango Marco Polos erreicht. Nach Adam Smith erklärt die Habgier der Menschen, ihre Goldgier, alle übrigen Entdeckungen und die Eroberung der beiden Amerikas. Die Gold- und Silberminen, die sie fanden, waren jedoch eine Enttäuschung, denn das geförderte Edelmetall deckte nicht die Kosten der Investition. Nicht einmal die ergiebigsten Minen Perus (die von Potosí) machten die spanische Krone reich.

Adam Smiths ganze Sympathie gilt den englischen Kolonien in Nordamerika, den zukünftigen Vereinigten Staaten. Sie hätten, eben weil England ihnen mehr Freiheit zur Produktion und zum Handel gegeben habe, sehr viel mehr Erfolg gehabt als die spanischen und portugiesischen Besitzungen, die Lissabon und Madrid unter strenger Kontrolle hielten. Und ein weiteres Mal unterstreicht er, dass Handelsbeschränkungen die heiligsten Rechte der Menschheit verletzen. Und sagt voraus, dass die nordamerikanischen Kolonien aufgrund ihrer

Ausdehnung und bemerkenswerten Freiheit unendlich wohlhabend sein werden. Dabei kritisiert er allein die Vorstellung von Kolonialismus, die er habgierigen Abenteurern zuschreibt, und verweist auf die Brutalität, mit der man seit unvordenklichen Zeiten die Sklaven behandelt. Staatliche Eingriffe, die den freien Wettbewerb zunichtemachten, betont er, seien ein unfehlbares Rezept für wirtschaftlichen Misserfolg.

Kolonialismus ist für Smith nicht nur unmoralisch, sondern auch ökonomisch nachteilig, denn mit ihm geht die Monopolwirtschaft einher, die nur einer kleinen Minderheit zugutekommt und sowohl dem Mutterland wie auch dem Rest der Welt schadet. Das ganze Kapitel ist ein wohlbegründeter Aufruf, sich der Freiheit zu bedienen als des politisch, moralisch und ökonomisch besten Instruments, um einer Gesellschaft Fortschritt zu ermöglichen.

Da Smith kaum damit rechnet, dass England sich seiner amerikanischen Besitzungen begibt, schlägt er eine Union vor, in der die ehemaligen Kolonien dieselben Rechte hätten wie das Mutterland.

Das vielleicht beschämendste Verbot ist für Smith eines, das denjenigen mit einer Geldbuße oder mit Gefängnis bestraft, der einen anderen, in einem britischen Gewerbe Tätigen dazu verleitet, ins Ausland zu gehen, um dort seinen Beruf auszuüben. Damit verletze England auf flagrante Weise ebenjene Freiheit, deren sich das Land rühme.

Smith kritisiert, wenn auch mit großem Respekt, Quesnay und die französischen Physiokraten, für die allein die Landwirtschaft eine Quelle von Einkommen und Wohlstand sei; demnach wären Fabrikanten und Händler eine »unproduktive Klasse«. Doch er zeigt auf, dass Handwerker, Gewerbetreibende und Kaufleute ebenso viel zum Fortschritt beitragen wie die Landwirte. Was ihre Rolle bei der Schaffung von Wohlstand mindert, sind allein die Hemmnisse und Einmischungen ins Handelssystem. Er reiht Beispiel an Beispiel, um zu beweisen, dass ein freier Handel gerecht ist und zu Wohlstand führt; und führt zahllose historische Fälle an – China, Indien, Griechenland und Rom –, um zu veranschaulichen, wie Länder mit der Ausweitung der Freiheit vorankamen und ohne sie zurückblieben.

Von da geht Adam Smith noch einmal tief zurück in die Zeit, als die Menschheit sich aufteilte in Gesellschaften von Jägern, Ackerbauern, später Händlern und Fabrikanten, und untersucht sie im Hinblick auf die Mittel, mit denen sie sich schützten oder die ihnen dazu dienten, die Nachbarn zu überfallen. Bei den Jägern waren alle Mitglieder der Gemeinschaft Krieger und sorgten für sich selbst. In den Ackerbau betreibenden Gesellschaften entstehen die Milizen und später die Heere, die anfallenden Kosten sind jedenfalls höher. Schließlich finanziert der Staat die Verteidigung der Gesellschaft. Eine Armee wird einer Miliz immer überlegen sein (die Geschichte der Revolutionen mag dieser These widersprechen), aber auch die Kosten für den Unterhalt einer Armee steigen, weil die Waffen, zumal seit der Erfindung des Pulvers, sich immer weiter entwickeln. Adam Smith untersucht die Risiken, die ein stehendes Heer für die Freiheit bedeuten.

Dann geht Smith über zum Justizwesen, eine weitere Aufgabe der Regierung. Und er erklärt, wie es dazu kam, dass es der Richter bedurfte, nämlich als Folge des Privateigentums. Jemand muss den Reichtum der Besitzenden, der die Besitzlosen zur Empörung reizt, schützen. Also beauftragt die Gesellschaft Personen mit dem Betreiben der Justiz. In den primitiveren Völkern bezahlten diejenigen die Richter, die sie in Anspruch nahmen, oder sie machten ihnen Geschenke, später übernahm der Staat diese Verpflichtung. Sich auf seine Rechte berufen zu können ist fundamental für eine freie Gesellschaft. Die Richter aber waren anfällig für Korruption, und mit der Justizverwaltung ging es bergab, als man anfing, Anwälte und Gerichtsschreiber nach Anzahl der beschriebenen Seiten zu entlohnen, worauf sie ihre Sätze ausschmückten, um mehr zu verdienen.

Interessant ist auch Smiths Untersuchung zu der Frage, wovon der Klerus seinen Lebensunterhalt bestreitet, dazu der Gedanke, dass in einer Gesellschaft mit vielen unterschiedlichen Kirchen der Fanatismus geringer und der Sinn für Toleranz ausgeprägter ist. Adam Smith selbst war alles andere als ein fanatischer Gläubiger, er schreibt mit objektiver Distanz, ob es um Katholiken geht oder um Protestanten. Manche denken, er sei Atheist gewesen, so sein Freund David Hume. Doch bei aller natürlichen Sympathie für den Presbyterianismus und die schottische Kirche, in der er erzogen wurde, lässt er keine Parteilichkeit erkennen, er bezieht sich nur auf objektive Tatsachen, auch hier tritt sein klarer und offener Geist zutage. Ein Atheist war er sicher nicht, aber vielleicht wohnte in ihm ein Agnostiker, der den Anschein des Gläubigen bewahrte, denn in der Religion sah er eine jener Institutionen, die das Zusammenleben erleichtern und der Gesellschaft zu einer moralischen Ordnung verhelfen.

Er spricht von den Einkommensquellen der Herrschenden oder der Regierung, von den Steuern also, und manche seiner Thesen würden wir heute sozialdemokratisch nennen. Seiner Meinung nach, und in dem Punkt folgt er Lord Kames und Montesquieu, sollten Steuern dazu dienen, die Einkommen auszugleichen, indem man von den Reichen mehr nimmt und von den Armen weniger. Auch sollten keine Steuern erhoben werden, die, sofern zu hoch oder willkürlich festgesetzt, zur Steuerflucht einladen. Dabei geht er mit Steuereintreibern, die die Steuerpflichtigen auspressen, streng ins Gericht.

Der Zehnt, der an die Kirche gezahlt wird, ist für ihn eine

rein negative Steuer, da sie keinerlei Vorteil bringt, weder dem Eigentümer noch dem Pächter, auch nicht dem Herrscher, sondern allein der Kirche (woran man sieht, was für ein lauer Gläubiger Adam Smith war).

Eine eingehende Erörterung der Steuern und ihrer Berechtigung, der verschiedenen Arten und ihrer Erhebung sowohl in Großbritannien wie auch in anderen Ländern veranschaulicht sehr schön seine Position: »Nichts lernt eine Regierung so rasch von einer anderen wie die Kunst, Geld aus den Taschen der Leute zu ziehen.« (S. 739) Weil es ohne Steuern aber nun mal nicht gehe, gelte es möglichst zu vermeiden, dass sie ungerecht seien und die Armen mehr als die Reichen belasteten, da sie sonst nur Schmuggel und Hinterziehung beförderten. Und er nennt Beispiele von Menschen, die, erdrückt von exorbitanten Steuern, die zu zahlen sie gezwungen sind, Straftaten begehen.

Smith untersucht, wie die Länder Schulden machen, um ihre Haushalte oder einen Krieg zu finanzieren, auf welche Weise sie die Schulden begleichen und welche Folgen das für die Wirtschaft hat. Und kommt zu dem Schluss, dass es einer Nation, sobald sie sich an die Verschuldung gewöhnt hat, nahezu unmöglich ist, den einmal eingegangenen enormen Verpflichtungen zu genügen. Scharf verurteilt er die Staaten, die, um das Geschuldete pro forma zu bezahlen, ihre Währungen abwerten, womit sie nur einen meist kleinen Teil begleichen.

Diese knappe Übersicht kann nur eine Vorstellung davon geben, wie ungeheuer ambitioniert *Der Wohlstand der Nationen* ist und mit welcher Fülle und Vielfalt an Themen die Abhandlung aufwartet; und wie eingehend darin, auch wenn die Beschäftigung mit der Ökonomie überwiegt, ebenso philosophische, historische und soziologische Fragen erörtert werden. Adam Smiths Ideen verbreiteten sich zunächst auf den Britischen Inseln, bald auch im übrigen Europa und in Amerika, nach und nach im Rest der Welt. Im neunzehnten Jahrhundert trugen sie ihren Teil dazu bei, dass sich fast der gesamte Westen auf ähnliche Weise formierte. Natürlich haben viele dieser aus dem achtzehnten Jahrhundert stammenden Ideen ihre Wurzeln in einer gesellschaftlichen Wirklichkeit, die sich seither stark verändert hat. Aber es ist nicht nur dahingesagt, wenn man feststellt, dass diese Veränderungen zum großen Teil auf die Entdeckungen und Ideen zurückgehen, die mit diesem kapitalen Werk zum ersten Mal bekannt wurden.

Adam Smiths letzte Jahre

Das Echo, das *Der Wohlstand der Nationen* nach Erscheinen fand, war riesig, aber es kam langsam, und man hat nicht den Eindruck, dass Adam Smith besonders interessiert verfolgte, welche Wellen das Buch schlug. Seine Korrespondenz zeigt, dass er prompt antwortete, wenn Freunde, Denker und Persönlichkeiten aus der Welt der Politik sein Buch kommentierten, es mit Lob oder Kritik bedachten oder ihn um Erläuterungen baten. Nie aber hätte er geahnt, dass seine Gedanken eine solche Verbreitung in der Welt finden und in den folgenden Jahrzehnten das Wirtschaftsleben in den westlichen Ländern in seiner Ausrichtung prägen würden. Zu Hause in Kirkcaldy beschäftigte er sich bereits mit der Arbeit an dem, was für ihn die dritte und entscheidende Studie sein sollte, eine Theorie und Geschichte des Rechts und des Staates, nur konnte er sie nicht mehr beenden. Ebenso wenig wie seinen Essay über die nachahmenden Künste, der, wenn auch unfertig, schließlich posthum erschien.

Als sein bester Freund David Hume schwer erkrankte, nahm

ihn das sehr mit. Schon länger plagten den Philosophen heftige Bauchbeschwerden – ein bösartiger Tumor –, sie sollten zu einer einzigen Qual werden. Im Januar 1776 setzte Hume sein Testament auf, ernannte Adam Smith zu seinem literarischen Nachlassverwalter und vermachte ihm 200 Pfund Sterling. Auch beauftragte er ihn mit der Veröffentlichung einer kleinen autobiografischen Schrift, *My Own Life*, und überließ ihm die Entscheidung, sie zu veröffentlichen oder nicht, desgleichen den polemischen Essay *Dialogues Concerning Natural Religion*, den er Jahre zuvor geschrieben und noch hatte durchsehen können; darin verteidigte er seinen Atheismus ebenso vehement, wie er die etablierten Religionen, vor allem das Christentum, kritisierte. Humes Freunde, die den Essay kannten, waren geteilter Meinung, die meisten aber, so auch Adam Smith, hielten es angesichts des herrschenden Klimas für unklug, ein Buch herauszubringen, das von der Krone absehbar zensiert würde. Smith reiste eigens nach Edinburgh, um Hume zu besuchen. Nach dessen Tod am 25. August 1776 besorgte er dann aber tatsächlich die Herausgabe von *My Own Life* und fügte einige Briefe von Hume bei sowie einen kurzen Text, den er zum Lob seines Freundes verfasst hatte. Damit provozierte er einen kleinen Skandal, denn mit Hinweis auf das Thema Erziehung erlaubte er sich einige Kritik an den religiösen Einrichtungen und besonders an der Universität Oxford, an die er nicht die besten Erinnerungen hatte.

Auf Betreiben des Herzogs von Buccleuch, seines ehemaligen Schülers, und anderer einflussreicher Freunde in Edinburgh wurde Adam Smith 1778 zum Zollkommissar von Schottland ernannt, ein Amt, das der Vater, den er nie kannte, in kleinerem Format in Kirkcaldy innegehabt hatte. Für diese Arbeit erhielt er in der Zeit, die er sie ausübte, etwa 8000 Pfund Sterling, ein kleines Vermögen, das ihm in seinen letzten Jahren ein auskömmliches Leben erlaubte. Seine Biografen halten aber auch fest, dass er immer ein freigebiger Mensch war, der Freunden half und einen Großteil seiner Einkünfte für wohltätige Zwecke ausgab (weshalb er bei seinem Tod nur ein bescheidenes Vermögen hinterließ). Seine Mutter und seine Cousine Janet Douglas holte er in das elegante Haus, in dem er in Edinburgh wohnte, das Panmure House im aristokratischen Viertel Canongate. In diesen Jahren führte er ein intensives gesellschaftliches Leben. Dabei war er alles andere als ein nachlässiger Beamter. Alle Zeugnisse stimmen darin überein, dass er ein fleißiger und verantwortungsvoller Zollchef war, der jeden Morgen ins Büro kam und, außer am Freitag, seinem freien Tag, an allen Sitzungen der Zollkontrolleure teilnahm, Bericht um Bericht schrieb und Vorschläge machte, wie sich der Dienst verbessern lasse. Paradox ist es allerdings schon, dass der größte Verteidiger des freien Handels, den es auf der Welt gegeben hatte, am Ende seiner Tage ein Amt bekleidete, dessen bloße Existenz für die Negierung der Ideen stand, die ihm am teuersten waren.

Bei all den Verpflichtungen verwundert es nicht, dass ihm keine Zeit blieb, den geplanten Band über die Geschichte des Rechts zu schreiben, mit dem er seine Untersuchung zur Entwicklung der Gesellschaft abzuschließen gedachte. Nur zweimal in diesen Jahren nahm er eine Urlaubszeit, die er zum großen Teil damit verbrachte, eine weitere Auflage von *Der Wohlstand der Nationen* vorzubereiten, die schließlich mit zahlreichen Berichtigungen und Ergänzungen erschien. In seinem Haus in Canongate – in das er einen neunjährigen Cousin aufgenommen hatte, David Douglas, seinen künftigen Erben – versammelte er jede Woche seine intellektuellen Freunde, wozu auch der junge Walter Scott gehörte, der davon Zeugnis gegeben hat. Mit Philosophen, Schriftstellern, Naturwissenschaftlern traf er sich auch in der Royal Society von Edinburgh, die er mitbegründet hatte, und dem Oyster Club, ebenfalls von ihm gegründet.

Im Mai 1784 starb seine Mutter, mit neunzig Jahren. Adam Smith, der sie verehrte und fast sein ganzes Leben mit ihr zusammengewohnt hatte, bekundete in einem Brief an seinen Verleger seine tiefe Einsamkeit und Verlassenheit, ohne den Menschen, »der mich gewiss mehr geliebt hat, als jeder andere es je getan hat oder jemals tun wird«*.

1787 erwies ihm seine Alma Mater eine große Ehre: Die Universität Glasgow wählte ihn zum Lord Rektor. Im Jahr darauf starb Janet Douglas, die ihr Leben darauf verwandt hatte, ihm den Haushalt zu führen. Auch diese Nachricht schmerzte ihn tief.

Schon seit Jahren plagte Adam Smith ein Unterleibsleiden, ähnlich wie Hume. Seit jeher litt er unter Verstopfung, und bei seinem letzten Aufenthalt in London unterzog er sich einem kleineren chirurgischen Eingriff, was das Problem aber nicht aus der Welt schaffte, es wurde nur schlimmer. Der Legende nach – seinem Freund Henry Mackenzie zufolge, der am 16. Juli 1790 mit zahlreichen anderen Personen zu einem Abendessen in seinem Haus in Canongate war – verabschiedete er sich von den Freunden, die ihn besuchten, mit folgenden Worten: »Ich bin zwar sehr gern in Ihrer Gesellschaft, meine Herren, aber ich glaube, ich muss Sie jetzt verlassen, um in eine andere Welt zu gehen.«** Gesagt, getan, am nächsten Tag war er tot. Er liegt in Edinburgh begraben, in dem Viertel, in dem er lebte, auf dem Friedhof von Canongate bei der Kirche. Eine einfache Grabinschrift erinnert daran, dass er der Autor von *Theorie der ethischen Gefühle* und *Der Wohlstand der Nationen* war.

* Nicholas Phillipson, *Adam Smith. An Enlightened Life*, a. a. O., S. 262.

** Ian Simpson Ross, *Adam Smith. Leben und Werk*, a. a. O., S. 565.

José Ortega y Gasset

1883-1955

José Ortega y Gasset war einer der intelligentesten und elegantesten liberalen Philosophen des zwanzigsten Jahrhunderts, ein Denker, den die Umstände – der Bürgerkrieg in Spanien, die vier Jahrzehnte franquistischer Diktatur und der Aufschwung der marxistischen und revolutionären Lehren in Europa wie in Lateinamerika – zu Unrecht in die Rumpelkammer verbannt oder, schlimmer noch, entstellt und zu einem Exponenten des konservativen Denkens gemacht haben.

Zwar fasste Ortega y Gasset seine Philosophie nie zu einem Ideenkorpus zusammen, in seinem umfangreichen Werk aber, in all den Essays, Artikeln, Vorträgen und Notizen, entwickelte er einen eindeutig liberalen Diskurs, und das in einem Milieu wie dem spanischen, wo so etwas ungewöhnlich war, um nicht zu sagen »radikal«, eins seiner Lieblingswörter. Es war ein Diskurs, der dem dogmatischen Extremismus der Linken ebenso kritisch begegnete wie dem autoritären, nationalkatholischen Konservatismus der Rechten. Viele seiner Gedanken haben nichts von ihrer Gültigkeit eingebüßt und sind heute, nach dem Bankrott des Marxismus und seiner parasitären Lehren wie auch des exzessiven Ökonomismus, in den sich manch Liberaler verrannt hat, von bemerkenswerter Aktualität.

Nichts veranschaulicht das besser als *La rebelión de las masas (Der Aufstand der Massen)*, veröffentlicht 1930 als Buch und bereits in den Jahren zuvor in Form von Artikeln und Essays erschienen. So war es bei Ortega häufiger: Sein Werk formte sich ausgehend von Vorträgen und kurzen Texten, die er für Zeitschriften und Zeitungen schrieb und später in einem Band versammelte. Schon vor diesem großen, fundamentalen Essay hatte Ortega y Gasset über Themen nachgedacht, die in Spanien und im übrigen Europa eine erhebliche politische Relevanz erlangen sollten, das Wiederaufflammen des Nationalismus etwa oder, in Kunst und Literatur, was er treffend ihre »Entmenschlichung« nannte.

Unabhängigkeitsstreben und Niedergang

Geboren wurde er in Madrid am 9. Mai 1883 als Sohn des Journalisten und Schriftstellers José Ortega Munilla und der Dolores Gasset Chinchilla, Tochter des Eigentümers der liberalen Tageszeitung *El Imparcial*. Er absolvierte die Schule an einem Jesuitenkolleg in Málaga, studierte an der Universität Deusto in Bilbao und promovierte in Madrid an der Universidad Central. 1905 reiste er nach Deutschland, zunächst nach Leipzig und dann nach Nürnberg, München, Köln, Berlin, studierte aber vor allem in Marburg, wo er bis 1907 blieb. 1910 wurde er in Madrid auf den Lehrstuhl für Metaphysik berufen, und nach einem Stipendienaufenthalt in Deutschland, wiederum in Marburg, kehrte er zurück nach Spanien, um die Professur anzutreten. Schon damals tat er sich mit Vorträgen und Artikeln hervor. Seine erklärte Absicht war, »Spanien zu europäisieren« und das Land aus der Isolation, in die es sich sowohl kulturell als auch politisch begeben hatte, herauszuholen; und so polemisierte er gegen einen anderen namhaften Denker, älter als er, Miguel de Unamuno, der neben anderem Unsinn, dessen er sich nicht enthalten konnte, behauptete, das Ziel sollte vielmehr sein, »Europa zu hispanisieren«.

1922 erschien Ortegas erstes Buch, mit dem er Erfolg hatte, *España invertebrada. Bosquejo de algunos pensamientos históricos**, eine Sammlung von zwei Artikelserien, die zuvor in der Madrider Tageszeitung *El Sol* erschienen waren, Thema ist der katalanische und baskische Separatismus (Letzteren nannte er »bizcaitarrismo«).

Ortega hatte immer einen Riecher für die sich anbahnenden politischen und kulturellen Umwälzungen, die er früher wahrnahm als das große Publikum, ob es die »Entmenschlichung der Kunst« war oder der »Aufstand der Massen«, zwei Phänomene, die die westliche Kultur in den Jahren, in denen der Philosoph in seinem Zenit stand, prägen sollten. Oder als er darauf hinwies, dass die Unabhängigkeitsbewegungen in Katalonien und im Baskenland, diesen beiden wichtigen Regionen Spaniens, sich in der Zukunft zu einem der größten Probleme auswachsen würden, mit denen das Land zu kämpfen hätte. Bis heute, ein Jahrhundert später, ist das Problem nicht gelöst, und immer wieder bedroht es die demokratische Stabilität und die wirtschaftliche Entwicklung.

Das Buch über *España invertebrada*, dieses Land »ohne Rückgrat«, fand sofort ein breites Publikum und erlebte in den Monaten und Jahren nach Erscheinen mehrere Auflagen.

Für Ortega ist der katalanische und baskische Separatismus »das größte Übel in unserem heutigen Spanien«**. Aber er sieht in diesen zentrifugalen Tendenzen keine tiefere volkstümliche

* Auf Deutsch unter dem Titel »Aufbau und Zerfall einer Nation« erschienen in: José Ortega y Gasset, *Stern und Unstern. Gedanken über Spaniens Landschaft und Geschichte*, Deutsche Verlags-Anstalt, Stuttgart 1937.

** José Ortega y Gasset, *España invertebrada y otros ensayos,* Alianza Editorial, Madrid 2014, S. 153. Alle Zitate hier übersetzt nach dieser Ausgabe.

Bewegung mit historischen Wurzeln, sondern zwei sichtbare Zeichen für einen langsamen Zerfall des Landes, der bereits vor Jahrhunderten begann, genauer gesagt, als Spanien aufhörte, eine »aktive und dynamische Wirklichkeit« zu sein, und zu einer Gesellschaft ohne Ambitionen noch Illusionen wurde, zu einer »passiven und statischen Existenz wie ein Haufen Steine am Wegesrand« (S. 96).

In diesem Buch formulierte Ortega seine berühmte Definition von der Nation, für ihn »ein anregendes Projekt eines Lebens in Gemeinschaft«, passend zur Definition von Ernest Renan, die er begeistert zitiert und wonach die Nation »ein tägliches Plebiszit« ist (S. 65).

Ortega hält nichts von irgendwelchen nationalistischen Lehren, er ist überzeugt, dass sie ein bloßer Vorwand sind, um der Enttäuschung Ausdruck zu verleihen, die sich in allen Regionen Spaniens ausbreite (das Land sei inzwischen »eine Reihe abgeschlossener Einheiten mehr denn eine Nation«, S. 91). Den Grund sieht er in ebenjenem Niedergang, der alles Integrative aufgelöst hat, was die Regionen rund um Kastilien zusammenband, ein gemeinsames Projekt, dem Spanien in der Vergangenheit seine führende Rolle in der Welt, seine imperiale Macht und Größe verdankte. Dieses Projekt war allerdings nicht die Eroberung, sondern »die Kolonisierung«: »Für mich steht fest, dass es das einzig wahrlich Große war, was Spanien geleistet hat« (S. 138). Auch war die Kolonisierung für ihn nicht das Werk der Monarchie oder des Adels, sondern »des Volkes«, des anonymen, im Volk verwurzelten Spanien und seiner so unbekannten wie heldenhaften Männer, die sich unter schwierigen, oftmals fürchterlichen Bedingungen in eine fremde Welt stürzten, um Land, Menschen, Reichtümer zu gewinnen für Gott, das Imperium und eine Idee von Spanien, die damals heranreifte und auf die ganze spanische Nation ausstrahlte. All das liegt lange zurück. Seither verfällt Spanien nicht nur, sondern verliert sein »Rückgrat«, und es gedeiht der »Partikularismus«, der das ganze Land in Mitleidenschaft zieht. Die sichtbarsten Symptome dieser allgemeinen Krankheit sind der Katalanismus und, im Baskenland, der »bizcaitarrismo«. Und in dramatischem Ton fügt er hinzu: »Schlimmer, als eine Krankheit zu haben, ist es, eine Krankheit zu sein.« (S. 100).

Dieses toxische Übel, mit dem Spanien schon seit fernster Vergangenheit geschlagen ist, findet nun seinen Ausdruck in der intellektuellen und politischen Armut seines Adels, in der Mittelmäßigkeit und Unkultur seiner Politiker und in der Verödung seiner Wissenschaft. Ortegas Kritik am Zustand des Landes ist hart, und in diesem Zusammenhang verurteilt er auch die separatistischen Bewegungen in Katalonien und im Baskenland: »Die nationalistischen Theorien, die politischen Programme des Regionalismus und all die Phrasen ihrer Verfechter sind uninteressant und zum großen Teil künstlich. Aber bei solchen historischen Erscheinungen, die einer Mechanik der Masse gehorchen, ist das Gesagte ohnehin stets bloßer Vorwand, frei erfunden, halbgar, von keinerlei Dauer. Es hat lediglich symbolischen Wert als gestanzter, fast immer inkohärenter Ausdruck tiefer und unsagbarer, im Untergrund der kollektiven Seele wirkender dunkler Gefühle.« (S. 60)

Da ist viel Wahres dran. In den Jahren der franquistischen Diktatur, als jede Art von »Partikularismus« in Spaniens Regionen massiv unterdrückt wurde, schien das Feuer der katalanischen und baskischen Unabhängigkeitsbewegungen zu verlöschen, abgesehen von sporadischen Terrorakten der ETA, der extremistischen baskischen Untergrundorganisation. Ich selbst habe fünf Jahre in Barcelona gelebt, von Anfang bis Mitte der Siebzigerjahre, und in dieser Zeit konzentrierte sich das Engagement der intellektuellen Kreise und der politischen Avantgarden – trotz aller Repression – auf die Wiedererlangung der Demokratie. Die Unabhängigkeitsbewegung kümmerte vor sich hin, verbannt in irgendwelche marginalen traditionalistischen Ecken. Mit dem Übergang zur Demokratie und den Autonomiestatuten begannen jedoch sowohl in Katalonien wie auch im Baskenland, wo die Verantwortung im administrativen, politischen und vor allem schulischen Bereich nun zum großen Teil in diesen Regionen lag, die nationalistischen Kreise an der Macht eine massive ideologische Kampagne. Sie wurde begleitet von Geschichtsfälschungen und einer eifrigen Politik, die es sich zur Aufgabe machte, Katalanisch und Baskisch zu verbreiten und Spanisch in diesen Gebieten abzuschaffen – was mit den Jahren Früchte tragen und das Unabhängigkeitsthema wiederaufleben lassen sollte, heute die größte Bedrohung der Demokratie in Spanien. Ortega y Gasset hatte es prophezeit.

Die Entmenschlichung der Kunst

1925, drei Jahre nach der Veröffentlichung von *España invertebrada*, erscheint ein weiteres bedeutendes Werk von Ortega, ebenfalls eine Sammlung von zuvor in der Presse veröffentlichten Essays: *La deshumanización del arte (Die Vertreibung des Menschen aus der Kunst).*

Das Buch beginnt mit einer steilen These: Die Masse kann mit der neuen Kunst nichts anfangen, weil sie sie nicht versteht. Der Grund liegt auf der Hand, denn die romantische Kunst, die das neunzehnte Jahrhundert so bezauberte, war ebenso wie der Naturalismus allen Menschen zugänglich: mit ihrer überschwänglichen Darstellung des Gefühlslebens, ihren sentimentalen Ergüssen oder ihrem klinischen Blick auf soziale Probleme.

Dagegen erfordern die neuen Tendenzen in der Musik, der Malerei, dem Theater und der Literatur, wo es nicht darum geht, das Leben so zu zeigen, wie es ist, sondern ein »anderes« Leben zu erschaffen, eine geistige Anstrengung – einen Wechsel der Perspektive und überhaupt eine gewandelte Vorstellung von Kunst –, wozu »die große banausische Herde« nicht bereit ist. So hat sich eine scharfe Trennlinie – ein Abgrund – ergeben zwischen der neuen Kunst, ihren Erzeugern und Verteidigern auf der einen Seite und dem Rest der Gesellschaft auf der anderen.

Für Ortega war das, was der Durchschnittsmensch an der romantischen und naturalistischen Kunst der Vergangenheit schätzte, das am wenigsten Künstlerische. Es war diese Projektion eines wahren Lebens, wie es sich in den Opern, Gemälden, Dramen, Romanen zeigte, in der Beschreibung der familiären Aufgaben, amourösen Leidenschaften, historischen Tatsachen und sozialen Probleme, in allem, was das tägliche Dasein ausmachte und worin Zuschauer, Zuhörer und Leser glaubten, ihre eigenen Erfahrungen wiederzuerkennen. Nun denn, kein Künstler neuerer Zeit möchte, dass seine Kunst als Abbild des »wahren Lebens« gilt, im Gegenteil. Sein Bestreben ist es, ein Leben zu erschaffen, das anders ist als das wirkliche, ein vom gelebten Leben getrenntes, in toto hervorgebracht von der Kunst und mit ausschließlich künstlerischen Techniken, einer Metapher zum Beispiel. Es ist, so Ortega, genau das, was in der Musik ein Debussy geschaffen hat (»Debussy reinigte die Musik vom Menschlichen; darum datiert von ihm an die neue musikalische Ära«*), in der Lyrik Mallarmé (seine Dichtung

* José Ortega y Gasset, *Die Vertreibung des Menschen aus der Kunst*, Deutscher Taschenbuch Verlag, München 1964, S. 22. Der gleichnamige Essay in dem Auswahlband wurde übersetzt von Helene Weyl. Alle Zitate nach dieser Ausgabe.

verhindere »jede gefühlsmäßige Resonanz; sie stellt so außerweltliche Figuren vor uns auf, daß es höchster Genuß ist, sie nur zu betrachten«, S. 23), im Theater Pirandello mit seinem Stück *Sechs Personen suchen einen Autor* (»Das hergebrachte Drama mutet uns zu, seine ›Personen‹ für Menschen und ihr Getue für den Ausdruck eines ›menschlichen‹ Schicksals zu nehmen. Hier dagegen gelingt es dem Autor, uns für seine ›Rollen‹, d. h. als Ideen oder pure Schemata, zu interessieren.«, S. 28). In der Literatur nennt er Joyce, Proust und Gómez de la Serna. Und in der Malerei die expressionistischen und kubistischen Bewegungen als ihre Pendants (»Von der Darstellung der Dinge ist man zur Darstellung der Ideen übergegangen: der Künstler verschließt die Augen vor der äußeren Welt und wendet den Blick auf die subjektiven Landschaften seiner Seele.«, S. 28), denn sie vermeiden es, die Wirklichkeit so darzustellen, wie wir sie aufgrund unserer Erfahrung kennen, und schaffen auf diese Weise eine reine und ausschließlich erfundene Realität.

Ortega weist darauf hin, dass es trotz der verschiedensten Bewegungen mit ihren je eigenen Ausprägungen ein paar gemeinsame Nenner in dieser neuen Kunst gibt, von denen alle ihren Ausgang nehmen: Der Mensch wird vertrieben, lebendige Formen werden vermieden, die Kunst wird als ein Spiel betrachtet und alles ironisch grundiert. Jeder Falschheit wird ausgewichen, und man erkennt an, dass die neuen künstlerischen Objekte keinerlei transzendente Bedeutung haben. Es ist eine Kunst ohne Ansprüche, im Gegensatz zur vorangegangenen setzt sie sich weder politische noch gesellschaftliche Ziele, schließlich weiß sie, dass die Kunst auf diesen Feldern nicht operiert und für praktische Fragen im Allgemeinen auch nicht zuständig ist; dass sie jeden Ernst verloren hat und das Publikum lieber unterhalten und zum Lachen bringen möchte, indem sie es zurückschickt in die Unschuld der Kindheit.

In seinem Essay zeigte Ortega mit bemerkenswertem Scharfblick eine Tendenz in der modernen Kultur auf, die, mit Ausschlägen hier und da, in den folgenden Jahrzehnten die ganze westliche Welt erfassen und, zumal in der bildenden Kunst, die Traditionen in nie dagewesener Form negieren und revolutionieren sollte. Die Dritte Welt ließ sich bald anstecken, und innerhalb weniger Jahre hatte sich der ganze Planet diese Vorstellung von der Kunst als einem Spektakel zu eigen gemacht. Die Muster, die Ortega benannte, sollten in den Jahrzehnten nach Erscheinen seines Buchs wiederum gesprengt werden. Bis auf diesem Gebiet eine so große Verwirrung und Banalisierung herrschte, das unter dem Label »Kunst« die kindischsten Experimente und gewaltigsten Betrügereien firmierten, die die Kultur im Laufe ihrer Geschichte gekannt hat. Im »Schluss« seines Essays präzisiert Ortega, dass zwar »nur die Lust, zu begreifen«, ihn zum Schreiben trieb, er dies jedoch in einem »Zustand vorherigen Wohlwollens« tat: »Ich hatte mir vorgesetzt, aus den Werken der Jugend die Absicht herauszuschälen, die das Wichtigste daran ist, und habe mich nicht damit beschäftigt, wie weit sie verwirklicht wurde. Wer weiß, was aus diesem werdenden Stil hervorgehen wird!« (S. 38) Nie hätte Ortega sich ausgemalt, dass die »neue Kunst«, die er so begeistert willkommen hieß, eines Tages derart gefeierte – und mit Millionen von Dollar bewertete – Artefakte hervorbringen würde wie die kolorierten Fotos eines Andy Warhol, die in Formaldehyd eingelegten Haie und diamantenbesetzten Totenschädel eines Damien Hirst oder die bunten Zirkuskugeln eines Jeff Koons.

Der Aufstand der Massen

Der Aufstand der Massen kreist um eine geniale Intuition: Mit der Vorherrschaft der Eliten ist es vorbei; die Massen, ihnen nicht länger unterworfen, sind in das Leben hereingeplatzt und haben die bürgerlichen und kulturellen Werte sowie die gesellschaftlichen Verhaltensweisen durcheinandergewirbelt. Geschrieben in einer Zeit, als der Kommunismus und die Faschismen, der Syndikalismus und die Nationalismen im Aufstieg begriffen waren und mit dem Massenkonsum eine Populärkultur entstand, kam Ortegas Intuition genau im rechten Moment. Früher als andere beschrieb er eines der Hauptmerkmale des modernen Lebens.

Seine Kritik an diesem Phänomen trifft auch insofern einen Nerv, als sie auf der Verteidigung des Individuums beruht, dessen Souveränität er durch den unaufhaltsamen Einfall der Menge – des Kollektivkörpers – in das Leben seiner Zeit bedroht, wenn nicht in vielerlei Hinsicht bereits hinweggefegt sieht. Der Begriff der »Masse« deckt sich für Ortega keineswegs mit dem der sozialen Klasse, und er stellt sich gegen die im Marxismus gebräuchliche Definition. Die »Masse«, die Ortega meint, umfasst Menschen quer durch alle sozialen Schichten, sie macht sie einander gleich, verschmolzen zu einem kollektiven Wesen, darin sie ihre souveräne Individualität aufgeben, um Gemeinschaft zu werden und nichts weiter zu sein als ein Teil des »Stammes«. Die Masse ist bei Ortega eine Gesamtheit von Individuen, die sich entindividualisiert haben und nicht länger freie und denkende menschliche Einheiten sind, sie haben sich aufgelöst in einem Amalgam, das für sie denkt und handelt, mehr aus konditionierten Reflexen heraus – Gefühlen, Instinkten, Leidenschaften – denn aus rationalen Beweggründen. Es sind genau die Massen, die Benito Mussolini in diesen Jahren in Italien bereits an sich band und die sich in den folgenden Jahren immer zahlreicher in Deutschland um Hitler und in Russland um das verehrte »Väterchen Stalin« scharten. Der Kommunismus und der Faschismus, zwei »deutliche Beispiele eines entschiedenen Rückschritts«, wie Ortega sagt, sind typische Beispiele für die Verwandlung des Individuums in einen Massenmenschen. Dieses Phänomen der Vermassung trifft für ihn aber nicht nur auf die Menschenmengen zu, die sich in totalitären Regimen um die Führungsfiguren sammeln. Für ihn ist die Masse auch eine neue Realität in den Demokratien, wo das Individuum immer stärker aufgesogen wird von einer formierten Gruppe, der nun die führende Rolle im öffentlichen Leben zukommt, ein Phänomen, in dem er eine Rückkehr zum Primitivismus (den »Ruf der Horde« gewissermaßen) sieht und auch, verborgen unter dem Mantel der Moderne, zu mancher Form der Barbarei.

Diese beängstigende Vorstellung von einer allseits zunehmenden Hegemonie des Kollektivismus ist die eines liberalen Denkers, der im Verschwinden des Individuums in der Masse einen historischen Rückschritt sieht und eine ernsthafte Bedrohung für die demokratische Kultur.

Das Buch ist auch ein frühes und am Vorabend des Zweiten Weltkriegs überraschendes Eintreten für ein vereintes Europa, in dem die Nationen des alten Kontinents, ohne ihre Traditionen und Kulturen ganz aufzugeben, in einer Gemeinschaft verschmelzen sollten – nicht als Inter-Nation: »Europa wird die Ultra-Nation sein«, schrieb er an anderer Stelle. Nur in einer solchen Union sieht Ortega die mögliche Rettung für einen Kontinent, der die einstige historische Führerschaft verloren hat und sich im Niedergang befindet, während Russland und die USA alles daranzusetzen scheinen, ihn zu überholen. Ortegas kühner Vorschlag im Sinne einer Europäischen Union, die erst Jahrzehnte später Form annehmen sollte, ist einer der Sternmomente im Buch und ein Beweis für die visionäre Klarsicht, mit der sein Autor manchmal aufwartete.

Der Essay postuliert auch ein weiteres glasklares liberales Prinzip. Ein Teil von Europas Niedergang ist dem übermäßigen Anwachsen des Staates geschuldet, der in seinem engmaschigen Netz bürokratischer und interventionistischer Maßnahmen die Initiative und Kreativität seiner Bürger erstickt.

Ortega weist darauf hin, dass eine der Auswirkungen dieses Einbruchs der Massen in das politische und gesellschaftliche Leben eine Verbilligung und Vulgarisierung der Kultur sein wird, die Ersetzung des authentischen künstlerischen Produkts durch die Karikatur oder eine stereotype, mechanische Version, durch schlechten Geschmack, wo immer man hinschaut, durch plattesten Kitsch und Dummheit. Ortega war elitär, sobald es um Kultur ging, aber sein Elitismus war nicht unvereinbar mit seinen demokratischen Überzeugungen, denn er bezog sich hier nur auf die Hervorbringung kultureller Erzeugnisse und ihre Stellung in einem Wertekatalog; was die Verbreitung und den Konsum der Kulturprodukte betraf, war er Universalist und Demokrat: Kultur sollte allen zugänglich sein. Nur war er der Ansicht, dass in der Kultur die ästhetischen und intellektuellen Maßstäbe eben von großen Künstlern und den besten Denkern gesetzt werden sollten; von jenen, die die Tradition erneuert und neue Modelle und Formen geschaffen haben, indem sie eine neue Art einführten, das Leben und seine künstlerische Darstellung zu verstehen. Denn würden die ästhetischen und geistigen Referenzen für das Gesellschaftsganze vom Durchschnittsgeschmack der Masse bestimmt – von Hinz und Kunz also –, wäre das Ergebnis eine brutale Verarmung des kulturellen Lebens und nicht weniger als der Tod der Kreativität.

Ortegas kultureller Elitismus ist nicht zu trennen von seinem Kosmopolitismus, von seiner Überzeugung, dass die wahre Kultur keine regionalen Grenzen kennt und erst recht keine nationalen. Für ihn ist sie ein universales Gut, und ebendeshalb ist sein Denken zutiefst antinationalistisch.

So wie Ortega für den Liberalismus streitet, beharrt er auf dem weltlichen Charakter des Staates in einer demokratischen Gesellschaft (»Die Geschichte ist die Wirklichkeit des Menschen. Es gibt keine andere«, schrieb er 1937 in einem Vorwort für die französische Ausgabe), ebenso auf der tiefen Unvereinbarkeit zwischen dem liberalen Denken und dem Denken eines dogmatischen Katholiken, das für ihn antimodern ist. Die Geschichte steht nicht geschrieben, keine allmächtige Gottheit hat sie im Vorhinein entworfen. Sie ist allein Menschenwerk, woraus folgt: »In der Geschichte ist alles möglich – triumphierender, unendlicher Fortschritt wie periodische Rückläufigkeit.«*

Das mindeste, was sich angesichts dergleichen Thesen und Behauptungen sagen lässt, ist, dass Ortega y Gasset mit diesem Essay eine Kostprobe seines unabhängigen Geists und seiner festen Überzeugungen gab, die ihn in den Stand setzten, den politischen und intellektuellen Zwängen seiner Zeit zu widerstehen. Und es waren Zeiten, das dürfen wir nicht vergessen, in denen die intellektuelle Klasse immer weniger an die Demokratie glaubte, geschmäht gleichermaßen von den beiden Extremen, der faschistischen Rechten wie der kommunistischen Linken, und nicht selten erlag diese Klasse der Versuchung, sich auf eine der beiden Seiten zu schlagen, mit einer deutlichen Präferenz für den Kommunismus.

* José Ortega y Gasset, *Der Aufstand der Massen*, übersetzt von Helene Weyl, Deutsche Verlags-Anstalt, München 2012, S. 80. Alle Zitate nach dieser Ausgabe.

Ortega y Gassets Liberalismus jedoch ist, so ausgeprägt er sein mag, ein partieller. Die Verteidigung des Individuums und seiner souveränen Rechte, der Meinungsvielfalt und eines säkularen Staates, der die Freiheit des Einzelnen nicht erstickt, sondern stimuliert, geht nicht einher mit der Verteidigung der ökonomischen Freiheit, des freien Marktes. Tatsächlich bringt Ortega für diesen gesellschaftlichen Aspekt ein Misstrauen auf, das der Verachtung nahekommt, bisweilen zeigt er gar eine Unkenntnis, die bei einem so neugierigen und für alle Disziplinen offenen Intellektuellen überrascht. Sicher haben wir es hier mit einer generationsbedingten Beschränktheit zu tun, denn genau wie die damaligen lateinamerikanischen Liberalen waren die spanischen Liberalen seines Alters wie Ramón Pérez de Ayala und Gregorio Marañón, mit denen er im Februar 1931 die Partei Agrupación al Servicio de la República (Vereinigung für die Republik) gründen sollte, liberal im politischen, ethischen, bürgerlichen und kulturellen Sinne, nicht aber im ökonomischen. Sein Eintreten für die Zivilgesellschaft, die Demokratie und die politische Freiheit ignorierte einen Kernpunkt der liberalen Lehre, ebenjene, die wir Adam Smith verdanken: dass ohne wirtschaftliche Freiheit und ohne rechtliche Garantie des Privateigentums die politische Demokratie und die öffentliche Freiheit immer eingeschränkt bleiben. Ortega war zwar ein Freigeist, und die an einem Jesuitenkolleg und einer jesuitischen Universität erhaltene katholische Erziehung hatte er hinter sich gelassen; aber sobald es ums Geld ging, um Geschäfte, wirtschaftlichen Erfolg und Kapitalismus, war er nie frei von Geringschätzung, von einem in der katholischen Moral tief verwurzelten Misstrauen, so als würde in diesen Sphären der niederste materialistische Aspekt des menschlichen Tieres zutage treten, gänzlich unvereinbar mit seiner spirituellen und intellektuellen Seite. Daher rühren ohne Zweifel auch die abfälligen Anspielungen, die sich im *Aufstand der Massen* hier und da in Bezug auf die USA finden, »das Paradies der Massen« (S. 121), von Ortega mit kultureller Überheblichkeit als ein Land bezeichnet, das mit seinem rasanten quantitativen Wachstum und der Schaffung einer oberflächlichen Kultur seine besten Eigenschaften opfere. Woraus eine der wenigen Ungereimtheiten des Buchs resultiert: die Behauptung, die USA seien unfähig, aus sich heraus die Wissenschaft so weiterzuentwickeln, wie Europa es vorgeführt habe. Eine Wissenschaft, die Ortega nun mit dem Aufstieg des Massenmenschen im Abstieg sieht.

Es ist tatsächlich ein Schwachpunkt des Buchs. Eine Folge der Vorrangstellung des Massenmenschen im Leben der Nationen sieht Ortega in der Gleichgültigkeit der von Primitivismus und Gewöhnlichkeit geschlagenen Gesellschaft gegenüber den allgemeinen Prinzipien der Kultur, mithin den Grundlagen der Zivilisation. Behauptet sich das Mittelmaß, tritt die Wissenschaft in den Hintergrund, und die Aufmerksamkeit richtet sich auf die Technik, die Wunderwerke, die dieses Nebenprodukt der Wissenschaft hervorbringt, denn ohne Wissenschaft wären weder die Luxusautos mit ihren aerodynamischen Formen noch die Analgetika möglich. Die Vergötterung des von der Technik gefertigten Konsumprodukts ist vergleichbar mit der Haltung des primitiven Menschen in einem afrikanischen Dorf angesichts modernster Industriegegenstände, in denen er, genau wie in den Früchten oder den Tieren, bloße Kreaturen der Natur sieht. Wissenschaft und Zivilisation aber bedingen einander, es ist ein langer historischer Prozess. Deshalb denkt Ortega, dass die USA, so mächtig sie auch sind, niemals über den Stand reiner Technologie hinauskommen. »Ein glänzender Einfall in der Tat, daß Nordamerika, wenn Europa verschwinden sollte, die Wissenschaft *fortführen* könnte!« (S. 86) Es ist dies eine der Fehleinschätzungen in einem Buch voller Prophezeiungen, die sich erfüllt haben.

Im *Aufstand der Massen* kritisiert Ortega den Nationalismus als ein typisches Phänomen dieser zunehmenden Vorherrschaft des Kollektiven oder Massengeschmacklichen über das Individuelle. Und als Mythos weist er den Gedanken zurück, eine Nation konstituiere sich über eine gemeinsame Rasse, Religion oder Sprache. Viel näher ist ihm, wie gesagt, Renans These, wonach eine Nation ein »tägliches Plebiszit« sei, bei dem ihre Mitglieder – mit ihrem Verhalten, der Einhaltung von Gesetzen und der Zustimmung zu den Institutionen – Tag für Tag ihren Willen, eine »Schicksalseinheit« (der Begriff stammt von Ortega) zu bilden, bekräftigen. Eine solche Vorstellung von einer Nation ist flexibel, modern und vereinbar mit seiner Überzeugung, dass Europa bald eine supranationale Einheit sein werde, ein Zusammenschluss der europäischen Nationen in solidarischer Vielfalt, was im damaligen Kontext mit seinen aggressiven Nationalismen, die wenige Jahre später Europa in das Blutbad des Zweiten Weltkriegs stürzen sollten, als utopische Fantasie erscheinen mochte.

1937, sieben Jahre nach der ersten Ausgabe von *Der Aufstand der Massen* und mitten im Spanischen Bürgerkrieg, schrieb Ortega für die englische Ausgabe ein »Nachwort für Engländer«, eine Kritik am Pazifismus. Darin moniert er die im Ausland verbreitete klischeehafte Sicht auf das, was im Innern einer anderen Gesellschaft geschieht. Als Beispiel nennt er die englischen Intellektuellen, die, »bequem in ihren Büros oder Clubs sitzend«, Texte unterzeichnen, in denen die spanischen Kommunisten »Verteidiger der Freiheit« genannt werden, Kommunisten, die Schriftsteller nötigen, Manifeste zu unterzeichnen oder im Radio auf eine Weise zu sprechen, wie es ihren Interessen dient. Aus all dem folgert er, dass die öffentliche Meinung im Ausland in manchen Fällen einer »kriegerischen Einmischung« in die inneren Angelegenheiten eines Landes gleichkommt, mit womöglich tödlichen Folgen für seine Zukunft. Die These lässt sich natürlich nicht aufrechterhalten, denn sie zu akzeptieren hieße, mit dem Argument der nationalen Sicherheit die Aufhebung von Rede- und Meinungsfreiheit zu rechtfertigen. Auch verkennt Ortega hier, dass man, wo es um eine Diktatur geht, im Ausland besser weiß, was im Inneren passiert, da die Zensur die unter dieser Diktatur Lebenden daran hindert, sich ihrer Lage wirklich bewusst zu werden. (Ich weiß noch, wie wir 1958 in einer Pension in der Madrider Calle del Doctor Castelo jeden Abend die Nachrichten auf Radio Paris hörten, um uns auf dem Laufenden zu halten über all das, was die zensierte Presse in Spanien verschwieg oder verzerrte.)

Tatsächlich spiegelt dergleichen abwegige Behauptung das große Unbehagen und die Zerrissenheit wider, mit der Ortega einen Bürgerkrieg erlebte, in dem seiner Meinung nach die europäische Intelligenz die Spanische Republik aus ideologischen Gründen idealisierte und einfach nicht zur Kenntnis nahm, dass es auch auf ihrer Seite Übergriffe und antidemokratische Exzesse gab. Deshalb konnte und wollte er nicht für eine der beiden verfeindeten Seiten Partei ergreifen, zumal er zu dem Schluss kam, dass es weniger ein Kampf zwischen demokratischer Republik und Faschismus war als vielmehr einer zwischen Faschisten und Kommunisten, für ihn auch keine Alternative. Allerdings deuten, auch wenn er es nie öffentlich machte, seine Korrespondenz und Zeugnisse ihm nahestehender Menschen darauf hin, dass er irgendwann Franco und die »Nationalen« für das kleinere Übel hielt. Was nicht heißt, er hätte auch nur die geringste Sympathie für den Faschismus gehegt, das bestimmt nicht, es war einfach eine verzweifelte Wahl. Ein Irrtum, den man ihm später in aller Schärfe vorwerfen sollte und der dazu beitrug, dass die fortschrittlich genannten intellektuellen Kreise zu seinem Werk auf Abstand gingen. Aber wie auch immer, es gibt kein kleineres Übel, wenn einem nur die Wahl bleibt zwischen zwei totalitären Systemen – so als wäre es eine Entscheidung zwischen Aids und Krebs im Endstadium –, und auch Ortega musste dies feststellen, als er 1945, nach dem Zweiten Weltkrieg, in dem Glauben nach Spanien zurückkehrte, mit dem Sieg der Alliierten über den Faschismus wäre es möglich, von innen heraus etwas für die Demokratisierung seines Landes zu tun. Aber er konnte nicht viel ausrichten, lebte in einer Art innerem Exil, fast wie in einer Vorhölle, fern von seinem Lehrstuhl, den man ihm verweigerte, aus nächster Nähe überwacht und sich des Risikos bewusst, dass die Falangisten sein Werk an sich rissen und entstellten, dabei immer mit einem Gefühl von Enttäuschung und des Scheiterns. Kein Wunder, dass er in seinen letzten zehn Lebensjahren nur mehr schlecht als recht über die Runden kam und immer wieder nach Portugal reiste.

Ortega y Gasset und die Republik

Die Ausrufung der Republik hatte Ortega als Beginn einer Ära des bürgerlichen und kulturellen Fortschritts für Spanien freudig begrüßt. Bei den ersten republikanischen Wahlen ließ er sich als Kandidat für die Cortes aufstellen und wurde für die Provinz León zum Abgeordneten gewählt. Im Dezember 1931 erschien im Madrider Verlag Revista de Occidente ein Buch mit Artikeln und Reden von ihm unter dem Titel *Rectificación de la República* (Die Republik verändern). Darin zeigt Ortega seine Begeisterung für das neue System, kritisiert es aber auch und merkt das ein oder andere an, immer jedoch getragen von Solidarität. Seine Beiträge in der Verfassunggebenden Versammlung sowie seine Artikel in der Presse formuliert er in diesem ersten republikanischen Jahr nicht nur in seinem Namen, sondern auch in dem seiner »kleinen Gruppe«, der Agrupación al Servicio de la República. Dabei war diese Gruppe, nebenbei gesagt, gar nicht so klein. Laut Shlomo Ben Ami hatte die Partei zwei Wochen nach ihrer Gründung etwa fünfzehntausend Mitglieder, vor allem Studenten, Professoren und Intellektuelle.* Im Oktober 1932 löste Ortega die Vereinigung mit dem Argument wieder auf, die Republik sei nun »ausreichend konsolidiert«**.

Das Buch enthält auch die Rede, die Ortega am 6. Dezember 1931 im Kino La Ópera in Madrid hielt (»Rectificación de la República«). Darin schlug er mit wohlbegründeten Argumenten die Schaffung einer großen nationalrepublikanischen Partei vor, die das neue Regime verteidigen sollte, und legte einige Korrekturen in der bisherigen Politik nahe. Das Vorhaben, eine große politische Kraft anzuführen, gedieh jedoch nicht, zu extrem waren die Richtungen, die die Republik in den folgenden Jahren einschlug, und zu heftig die Auseinandersetzungen, so dass die Begeisterung von Demokraten wie Ortega für das neue System abkühlte. Am Ende blieb Ernüchterung, zum Ausdruck gebracht in seiner emblematischen Rede mit den Worten: »So nicht, so nicht!«

Seine Vorstellung von einer hell erstrahlenden Republik war ein wenig naiv und idealistisch – »robust, ertragreich und an-

* Shlomo Ben Ami, *The Origins of the Second Republic in Spain*, Oxford University Press, Oxford 1978, S. 44.

** Rockwell Gray, *José Ortega y Gasset. El imperativo de la modernidad,* Espasa Calpe, Madrid 1994, S. 250.

mutig«* sollte sie sein –, seine Ablehnung der Monarchie aber unmissverständlich: Er beschuldigt sie, nur noch »substanzielle Unordnung« zu sein und den »konservativen Schichten« zu dienen, deren »Absentismus« er ebenso heftig tadelt wie die Tatsache, dass sie Geld außer Landes schafften und sich in diesen Momenten, in denen eine neue Nation geschmiedet werde, nicht im mindesten für das Schicksal Spaniens interessierten. Er verkündet, nicht katholisch zu sein, und erklärt, seine liberale und demokratische Natur habe aus ihm einen Republikaner gemacht: »Zur Republik bin ich gekommen wie so viele andere auch, bewegt von der begeisterten Hoffnung, dass unserem Volk mit seiner nationalen Spontaneität endlich, nach Jahrhunderten, erlaubt sein wird, seinem Glück aufzuhelfen und sich selbst zu regulieren, so wie es einem jeden gesunden Organismus zukommt; seine Impulse sanft wieder ins Lot zu bringen, ohne Gewalt von niemandem, auf eine Weise, dass in unserer Gesellschaft jede Person und jede Gruppe authentisch das sein kann, was sie ist, ohne Entstellung ihres aufrichtigen Wesens durch Ausübung von Druck oder Gewährung einer Gunst.« (S. 156)

Mit seiner Vorstellung von der neuen Republik blieb er rhetorisch und recht allgemein – er sprach sich für den Autonomismus aus und gegen den Föderalismus –, nicht im mindesten sah er die Gewalt voraus, mit der der entfesselte Extremismus der Rechten und der Linken das Land überziehen sollte und von der sich die bürgerliche Mitte immer mehr bedrängt sah, dieser Teil der Gesellschaft, der so wie er selbst vom neuen Regime eine Ära des wirtschaftlichen Aufschwungs, der Ruhe und Stabilität erwartete, der Freiheit und des zivilisierten

* José Ortega y Gasset, *Rectificación de la República. Artículos y discursos*, Revista de Occidente, Madrid 1931, S. 63.

Miteinanders der politischen Kräfte. Ortega räumt seine Unkenntnis in Wirtschaftsfragen ein, sein Bauchgefühl aber sagt ihm, dass dies ein absolut zentraler Punkt für den Erfolg oder Misserfolg des neuen Regimes ist. Daher empfiehlt er die Bildung einer Gruppe von Ökonomen, die die Regierung in Wirtschaftsfragen beraten solle. Zur Not, sofern es in Spanien keine geeigneten Fachleute gebe, seien Spezialisten aus dem Ausland zu beauftragen.

Die Höflichkeit des Philosophen

Ortega zu lesen ist immer ein Vergnügen und ein ästhetischer Genuss, so schön und ungezwungen ist sein Stil, immer klar, anschaulich, intelligent, kultiviert, von einem unerschöpflichen Wortschatz und mit ironischen Spitzen, einem breiten Publikum zugänglich. Letzteres ist der Grund, weshalb ihm manche den Status eines Philosophen versagen, sie meinen, er habe es lediglich zum Literaten oder Journalisten gebracht. Mir gefällt der Gedanke, denn würde die Prämisse, auf die sich ihr Urteil stützt, stimmen, wäre die Philosophie überflüssig, und Literatur und Journalismus könnten ihre Funktion locker übernehmen.

Schon wahr, seine Feder spreizt sich manchmal allzu sehr, so wenn er »rigoroso« schreibt statt »riguroso« oder wenn er den Intellektuellen zwei Regeln mit auf den Weg gibt – Einspruch erheben und verführen – und sich dann aus lauter Koketterie und Eitelkeit aufs Verführen kapriziert und den Einspruch vernachlässigt. Doch diese gelegentlichen Schwächen werden mehr als wettgemacht durch die Vitalität und den Witz, den er den Gedanken einzugeben vermochte, Gedanken, die in seinen

Essays oftmals so lebendig auftreten wie die unvorhersehbaren Personen in Balzacs *Menschlicher Komödie*, als Jugendlicher hatte er sie begeistert gelesen. Zur Humanisierung seines Denkens trug dieser Hang zum Realismus gewiss bei, und genau wie in der großen spanischen Tradition der Malerei und der Literatur war er untrennbar verbunden mit seiner Berufung zum Intellektuellen. Die Philosophie, überhaupt die Kultur sollte keine bloße rhetorische Akrobatik sein, keine narzisstische Gymnastik auserwählter Geister. Für Ortega, den »Elitären«, konnte die Aufgabe der Kultur nicht demokratischer sein: sich einzumischen ins Alltagsleben und sich von ihm zu nähren. Lange vor den französischen Existenzialisten mit ihren Thesen zum gesellschaftlichen Engagement der Intellektuellen hatte Ortega sich diese Überzeugung zu eigen gemacht, und in allem, was er schrieb, setzte er sie in die Praxis um. Was nicht heißt, dass er über alles geschrieben hätte. So wirft man ihm zum Beispiel vor, dass er nicht in aller Entschiedenheit zum Ausgang des Bürgerkriegs und zur Franco-Diktatur Stellung genommen hat. Die tieferen Gründe für sein Schweigen habe ich bereits angesprochen.

Ein berühmter Satz von Ortega lautet: »Die Klarheit ist die Höflichkeit des Philosophen«, und an diese Maxime hielt er sich beim Schreiben immer. Ich glaube nicht, dass sein Bemühen um Zugänglichkeit – inspiriert von Goethes Verlangen, »aus dem Dunkel ins Helle« zu streben, von Ortega »luziferischer Wille« genannt – sein Denken ärmer gemacht und es auf die bloße Rolle des Weiterverbreitens reduziert hätte. Im Gegenteil, eines seiner großen Verdienste war, ein Laienpublikum ohne Vorkenntnisse an die großen Themen der Philosophie, der Geschichte und ganz allgemein der Kultur heranzuführen, und das auf eine Weise, dass sie es auch ohne Trivialisierung oder Verrat an diesen Themen verstehen konnten und sich angesprochen fühlten. Natürlich hatte der Journalismus dabei Pate gestanden, auch die Tatsache, dass er immer wieder Vorträge vor einem breiten, heterogenen Publikum hielt, das er erreichen wollte. Er war davon überzeugt, dass das Denken verkümmerte, wenn man es in die Hörsäle oder die akademische Klausur sperrte, ohne Berührung mit dem öffentlichen Raum. Und er glaubte fest daran, dass die Philosophie den Menschen hilft, ihre Probleme zu lösen und der Welt mit Verstand gegenüberzutreten. Deshalb sollte sie auch nicht das exklusive Gut der Philosophen sein, sondern dem Durchschnittsmenschen zur Verfügung stehen.

Nicht nachzulassen in dem Bemühen, sich bei allen Lesern verständlich zu machen, ist eine der kostbarsten Lehren, die Ortega uns mitgegeben hat, und zugleich ist es ein Beispiel für die demokratische und liberale Auffassung von seinem Beruf. Gerade heute erstrahlt dies umso heller, als sich in den unterschiedlichsten kulturellen Bereichen immer mehr irgendwelche Jargons oder hermetischen Spezialidiome durchsetzen, hinter denen sich oftmals nicht wissenschaftliche Komplexität und Tiefe verbirgt, sondern wortreiches Gegaukel und platter Schwindel. Ob wir mit seinen Aussagen und Thesen übereinstimmen oder nicht, eins ist immer gewiss: Ortega trickst nicht, die Transparenz seiner Rede steht dem entgegen.

Sein »luziferischer Wille« hinderte ihn nicht daran, sich kühn vorauszuwagen, so, als er früher als andere die in Gesellschaft und Kunst herrschenden Tendenzen seiner Zeit auf eine Weise deutete, dass es wie Fantasterei anmuten mochte. Die Geschichte aber bestätigte ihn. *Die Vertreibung des Menschen aus der Kunst* und *Der Aufstand der Massen* sind zwei anschauliche, aber nicht die einzigen Beispiele für diese Hellsicht, mit der Ortega die Verhältnisse untersuchte und in ihnen die Kraftlinien erkannte, die die unmittelbare Zukunft bestimmen sollten. Sein Werk ist durchsetzt mit bemerkenswerten Vorwegnahmen und glücklichen Intuitionen.

Was aber war er politisch? Ein Freigeist und Atheist (oder zumindest Agnostiker), ein Zivilbürger, Kosmopolit, Europäer, ein Gegner des Nationalismus und aller ideologischen Dogmen, ein Demokrat. Sein Lieblingswort war »radikal«. Analyse und Reflexion sollten immer an die Wurzel der Dinge gehen, niemals am Rand oder an der Oberfläche verharren. Allerdings hielt er es, wenn es um Politik ging, nicht unbedingt mit der von ihm gepredigten Radikalität. Mit seiner offenen Art und seiner Toleranz anderen Vorstellungen und Haltungen gegenüber war er eindeutig ein Liberaler. Ein limitierter Liberaler, eben aufgrund seiner Unkenntnis der Ökonomie, es war eine Leerstelle in seinem Denken. Und manchmal, etwa wenn er Lösungen vorschlug für Probleme wie den Zentralismus, die Klientelwirtschaft oder die Armut, brachte sie ihn dazu, sich für staatliche Eingriffe auszusprechen, für Voluntarismus und Dirigismus, sämtlich im Widerspruch zu jener individuellen und bürgerlichen Freiheit, die er mit solcher Überzeugung und guten Argumenten verteidigte.

Andererseits war er einer der wenigen spanischen Intellektuellen seiner Zeit, die sich für Lateinamerika interessierten. Nach Argentinien reiste er zum ersten Mal 1916, für fast sechs Monate. Danach kehrte er noch zweimal zurück: 1928, als er auch Chile besuchte, und 1939, als er ins freiwillige Exil ging. Seine Vorlesungen und Vorträge in Buenos Aires wie auch seine Beiträge für die Tageszeitung *La Nación* verhalfen ihm zu großem Ansehen, und er war befreundet mit vielen argentinischen Schriftstellern, darunter Victoria Ocampo; Ortega sei es gewesen, heißt es, der den Namen *Sur* für die berühmte Zeitschrift vorschlug, die Ocampo, unterstützt von Jorge Luis Borges, 1931 herausgab. Seine Essays zur argentinischen Geschichte und Kultur provozierten, wie nicht anders zu erwarten, leidenschaftliche Polemiken, und aus manchen nationalistischen Ecken schlug ihm offene Feindschaft entgegen, was sicher dazu beitrug, dass er 1942 nach Europa zurückkehrte.

Ortega und der Bürgerkrieg

Das Scheitern der Republik und der blutige Bürgerkrieg waren ein Schock für Ortega y Gasset, seine politischen Ideale waren zerstoben. Er hatte den Übergang zur Republik unterstützt und viele Hoffnungen in sie gesetzt, doch das Chaos und die damit einhergehenden Verbrechen entsetzten ihn. Francos Putsch und die extreme Polarisierung, die den Krieg noch beschleunigte, trieben ihn in eine Art ideologische Katakombe. Für ihn war die liberale Demokratie »die politische Form, die den höchsten Willen zur Gemeinschaft verkörpert«*, und sie hatte einen toleranten Geist bewiesen, wie er in der Geschichte ohne Beispiel war, denn der Liberalismus »ist das Recht, das die Majorität der Minorität einräumt«, der »Entschluss, mit dem Feind, mehr noch: mit dem schwachen Feind zusammenzuleben« (S. 78). Aber war eine solche Position mitten in einem Bürgerkrieg überhaupt möglich? Wofür er sich einsetzte – eine aufgeklärte, bürgerliche, freie europäische Gesellschaft, in friedlicher Koexistenz auf der Grundlage des Rechts –, war unwirklich in einem vom symmetrischen Vorrücken der Totalitarismen durchgeschüttelten Europa, Ideologien, die auf ihrem Weg selbst die Grundfesten der Zivilisation, von der er für Spanien träumte, schleiften. Den Zusammenbruch dieser Illusion verwand Ortega nie.

* José Ortega y Gasset, *Der Aufstand der Massen*, a. a. O., S. 77.

Wenn man sich so lange Zeit über das Werk eines Schriftstellers beugt wie ich über das von Ortega, und sei es in täglichen Häppchen, dann wird man auf eine Art mit ihm vertraut – mit seiner Person, meine ich –, dass man nach so vielem Lesen und Wiederlesen den Eindruck hat, man hätte mit ihm privat verkehrt, hätte teilgenommen an seinen Gesprächen mit Freunden, die nach den Beschreibungen Julián Marías' und anderer seiner Schüler höchst eindrucksvoll gewesen sein müssen. Er war offenbar ein ganz außerordentlicher Plauderer, Erklärer, Lehrer. Wenn man seine besten Essays liest, hört man Ortega: seine auf Wirkung bedachten Pausen, den Peitschenhieb eines ungewöhnlichen Adjektivs, den labyrinthischen Satz, der plötzlich, mit der rhetorischen Volte eines Matadors der Sprache, zum Schluss kommt und ein Argument abrundet. Ein echtes Schauspiel.

Auch später noch wurde er von der Linken ziemlich heruntergeputzt. Gregorio Morán zum Beispiel behauptet in seinem Buch über Ortega y Gasset und die Kultur des Franquismus*, er sei während des Bürgerkriegs ein diskreter Komplize der Nationalen gewesen. Dabei stützt er sich auf recht schwache Argumente, etwa dass die beiden Söhne des Philosophen auf der Seite der Aufständischen gekämpft hätten oder dass er mit franquistischen Diplomaten befreundet gewesen sei und mit ihnen Briefe gewechselt habe; dass es ihm mit Unterstützung eines Vertreters der Nationalen in Großbritannien gelungen sei, einen Text in der Londoner *Times* zu veröffentlichen, worin er die europäischen Intellektuellen kritisierte, weil sie für die Republik Partei ergriffen, ohne die spanische Problematik wirklich zu kennen. Nicht ernst nehmen kann man auch das

* Gregorio Morán, *El maestro en el erial. Ortega y Gasset y la cultura del franquismo,* Tusquets Editores, Barcelona 1998.

Gerücht – alles Tratsch –, wonach Ortega sich irgendwann mithilfe eines Dritten dem Caudillo angedient hätte, um für ihn die Reden zu schreiben. So ein Blödsinn! Nie hat man einen glaubwürdigen Beweis vorgelegt, auch in seiner Korrespondenz gibt es nicht den kleinsten Hinweis darauf. Die Wahrheit ist, und Moráns Buch beweist es zur Genüge: Wenn Ortega dem Franco-Regime hätte angehören wollen, hätten die Franquisten, die ihn attackierten oder zum Schweigen brachten und zugleich mehrere Bestechungsversuche unternahmen, ihn mit offenen Armen empfangen. Er hätte sich nur öffentlich zu diesem Regime bekennen müssen. Aber das hat er nicht.

Genauso wenig spricht es gegen ihn, dass er Rente bezog, als er das Pensionsalter erreichte, schließlich hatte er sich dieses Salär mit seiner vieljährigen Arbeit verdient. Aber ohne Zweifel wäre es besser gewesen, er wäre nie nach Spanien zurückgekehrt und im Exil gestorben, oder er hätte eine frontale, unzweideutige Position gegenüber der Diktatur bezogen. Wie viel wirres Zeug über das, was er war, glaubte und verteidigte, hätte er sich erspart, und wie leicht ließe sich dann heute eine politisch korrekte Person aus ihm machen. Aber so wie die Umstände waren, ging es für Ortega bei Ausbruch des Bürgerkriegs nicht darum, für eine Seite Partei zu ergreifen. Die Option, die für ihn die eigentliche war, starb auf dem Schlachtfeld – im Grunde schon vorher, in den Tumulten, den Ermordungen, der politischen Polarisierung zur Zeit der Republik –, und so fand er sich in einem Niemandsland wieder. Trotzdem, sosehr er um die Isoliertheit seiner Position wusste, blieb er ihr bis zu seinem Tod treu. Es war eine illusorische Position in jenen Jahren, als die Gesellschaft auseinanderriss und es keinen Platz mehr gab für Zwischentöne und Mäßigung, nur noch kriegerisches Schwarzweiß. Aber sie war nicht unanständig. Das zivile, republikanische, demokratische und pluralistische System, für das er sich 1930 und 1931 einsetzte, in seiner Partei, im Parlament und in der Presse, es deckte sich nicht im Geringsten mit dem, was man nach dem Sturz der Monarchie in Spanien errichtete. Von einem faschistischen Aufstand hatte er aber auch nicht geträumt, und so verzichtete er während des Kriegs nicht nur darauf, für eine der beiden im Streit liegenden Seiten öffentlich Partei zu ergreifen, sondern schloss sich nachher auch nicht dem von der Siegerseite installierten Regime an.

Wenn Ortega 1945 nach Spanien zurückkehrte, dann in der festen Überzeugung, dass das Ende des Weltkriegs die Franco-Diktatur verändern würde. Er irrte sich, und für diesen Irrtum musste er teuer bezahlen, denn in Spanien lebte er, unterbrochen von langen Fluchten nach Portugal, wie ausgeklammert: verunglimpft von den Ultratraditionalisten des Regimes, die ihm seinen Laizismus nicht verziehen, sich wie eine Katze den Versuchen jener entziehend, die ihn zurückgewinnen, instrumentalisieren und zu einem Proto-Ideologen der Falange machen wollten. Bei diesen Versuchen war man sich für keine Lächerlichkeit zu schade, mit einer Exerzitienwoche zum Beispiel, die die geisteswissenschaftliche Fakultät der Universidad Complutense in Madrid für die »Bekehrung Ortega y Gassets« veranstaltete; oder mit systematischen Kampagnen von der Kanzel herab, auf dass der Philosoph dem Kollegen Manuel García Morente nacheifere, in den allerdings der Heilige Geist gefahren war, denn er schwenkte wieder auf den rechten Weg der Kirche ein. Trotz seiner ängstlichen Natur, die manche Kritiker ihm vorhalten, widerstand Ortega dem enormen Druck – nicht nur dem offiziellen, auch dem Druck von Leuten, die ihn respektierten und die er respektierte –, und mit keiner einzigen Zeile widerrief er jene Ideen, die kurz vor seinem Tod Francos Informationsminister Arias Salgado dazu bewogen, der spanischen Presse folgende groteske Anweisung zu geben: »Angesichts der Möglichkeit des Ablebens von Don José Ortega y Gasset wird die Zeitung, sofern dies eintritt, die Nachricht mit einem Titel über maximal zwei Spalten verbreiten und, falls gewünscht, einen einzigen lobenden Artikel aufnehmen, ohne die politischen und religiösen Irrtümer des Verstorbenen zu unterschlagen. Die Bezeichnung ›Maestro‹ ist in jedem Fall zu streichen.«

Ortegas Irrtümer waren weder die eines Feiglings noch die eines Opportunisten, allenfalls die eines blauäugigen Menschen, der mit seiner Person ein Beispiel geben wollte für eine gemäßigte, reformerische bürgerliche Alternative, und das in einem Moment, als diese nicht die geringste Chance hatte, sich in die spanische Wirklichkeit einzuschreiben. Seine Lauheiten und Zweifel sind nichts, was man ihm vorwerfen müsste, so als hätte er sich damit schuldig gemacht. Sie offenbaren das dramatische Schicksal eines in der Wolle gefärbten Intellektuellen, der so vernünftig wie allergisch auf alle Extreme und alles Intolerante reagierte, auf absolute Wahrheiten und Nationalismen, auf jedes religiöse oder politische Dogma; das Schicksal eines Denkers, der genau deshalb als verzopft galt und aus der Zeit gefallen schien, einer Zeit, in der sich das demokratische Miteinander durch den grausamen Schock des Bürgerkriegs und der darauffolgenden totalitären Nacht verflüchtigte. Es war nicht Ortega allein, sondern die demokratische und liberale Haltung, die mit der Katastrophe des Bürgerkriegs unter die Räder kam. Und jetzt? Sind seine Ideen, von Faschisten und Marxisten gleichermaßen geringgeschätzt, in diesem pluralistischen und freien Spanien, zu dem das Land geworden ist, nicht in vielerlei Hinsicht eine lebendige und überaus aktuelle Wirklichkeit? Statt ihn auszusortieren, auszuradieren, hat die Zeitgeschichte Ortega y Gasset bestätigt als den Denker mit der größten Kohärenz und Ausstrahlung, den Spanien in seiner säkularen und demokratischen Kultur hervorgebracht hat. Als den Philosophen, der noch dazu am besten schreiben konnte.

Es gibt vieles, was heutige Liberale von Ortega y Gasset und seinen Ideen lernen können. Vor allem wiederentdecken, dass der Liberalismus – anders als all jene anzunehmen scheinen, die ihn partout auf ein ökonomisches Rezept reduzieren wollen – zuallererst eine Haltung gegenüber dem Leben und der Gesellschaft ist: gegründet auf Toleranz und Respekt, auf die Liebe zur Kultur und den Willen zum friedlichen Miteinander, auf die entschiedene Verteidigung der Freiheit als höchsten Wert. Einer Freiheit, die Motor des materiellen Fortschritts ist wie auch der Wissenschaft, der Künste und dieser Zivilisation, die das souveräne Individuum überhaupt erst möglich gemacht hat, und dazu gehören seine Unabhängigkeit, seine Rechte und Pflichten, in permanentem Ausgleich mit denen der anderen und gestützt von einem Rechtssystem, das ein Zusammenleben in Vielfalt garantiert. Wirtschaftliche Freiheit ist ein Kernstück der liberalen Lehre, aber keineswegs das einzige. Natürlich ist es bedauerlich, dass viele Liberale aus Ortegas Generation nichts damit anzufangen wussten. Aber nicht weniger schlimm ist es, den Liberalismus auf eine Wirtschaftspolitik zu reduzieren, die den Markt mit minimalen staatlichen Eingriffen am Laufen hält. Wenn man sieht, wie viele Versuche, die Wirtschaft zu liberalisieren, in den letzten Jahrzehnten gescheitert sind, ob in Lateinamerika, in Afrika oder selbst in Europa, dann ist genau das ein schlagender Beweis dafür, dass ökonomische Rezepte für sich allein, so ihnen nicht ein Korpus von Ideen zugrunde liegt, die sie rechtfertigen und für die Öffentlichkeit annehmbar machen, krachend scheitern können. Die liberale Lehre ist, im weitesten Sinne des Wortes, eine Kultur, und Ortega y Gassets Essays reflektieren dies Zeile für Zeile auf scharfsinnige und höchst anregende Weise.

Wäre Ortega Franzose gewesen, wäre er heute so bekannt und vielgelesen wie Sartre, dessen existenzialistische Philosophie vom Menschen als *être-en-situation* er vorwegnahm und in seinen Thesen über den Menschen und seine Lebensumstände in einer besseren Prosa vortrug. Als Engländer wäre er ein zweiter Bertrand Russell, auch der ein großer Denker und zugleich bemerkenswerter Publizist. Aber Ortega war nun mal Spanier, und das zu einer Zeit, als unter den als groß erachteten modernen Kulturen die Kultur von Cervantes, Quevedo und Góngora im Keller hauste (das Bild stammt von ihm). Heute hat sich vieles geändert, und die Türen des exklusiven Clubs öffnen sich für diese vitale Sprache, die er ebenso bereicherte und fortschrieb wie ein Jorge Luis Borges oder ein Octavio Paz. Es ist Zeit, dass die Kultur unserer Zeit José Ortega y Gasset kennenlernt und, so wie er es verdient hat, endlich anerkennt.

Friedrich August von Hayek

1899–1992

Wenn ich die drei modernen Denker nennen müsste, denen ich in politischer Hinsicht am meisten verdanke, würde ich nicht eine Sekunde zögern: Karl Popper, Friedrich August von Hayek und Isaiah Berlin. Alle drei begann ich in den Siebziger- und Achtzigerjahren zu lesen, als ich mich von den Illusionen und Trugschlüssen des Sozialismus verabschiedete und unter den Philosophien der Freiheit nach derjenigen suchte, die die »konstruktivistischen Täuschungen« (ein Begriff von Hayek) am besten unter die Lupe genommen hatte und radikalere Ideen vorschlug, um in der Demokratie zu erreichen, was Kollektivismus und Etatismus versprochen, aber nie eingelöst hatten: ein System, das in der Lage wäre, so widersprüchliche Werte wie Gleichheit und Freiheit, soziale Gerechtigkeit und Wohlstand miteinander in Einklang zu bringen.

Von diesen dreien ist vielleicht keiner so weit und so sehr in die Tiefe gegangen wie Friedrich von Hayek, der alte Meister, geboren praktisch mit dem Jahrhundert (1899) in einer leidlich begüterten Familie in Wien, damals Hauptstadt des österreichisch-ungarischen Kaiserreichs. Er war ein gleichgültiger Schüler, aber gieriger Leser, Wanderer und Bergsteiger bis ins hohe Alter, und seine erste Berufung fand er, noch als Kind und unter dem Einfluss seines Vaters, eines Botanikers, im Anlegen eines Herbariums und in dem Versuch, eine kleine Monografie zu schreiben über eine Orchidee *(Orchis cordigera)*, die er aber nie zu Gesicht bekam. Vielseitig und neugierig, interessierte er sich in seiner Jugend für die Paläontologie, die Evolutionstheorie, das Theater. Als er im Ersten Weltkrieg dann als junger Artillerieoffizier der Armee an der italienischen Front diente, sollte er dank einem Buch von Carl Menger, *Grundsätze der Volkswirthschaftslehre* (1871), seine Leidenschaft für die Ökonomie entdecken, ebenso für die Psychologie. Die Lektüre eines Buchs von Ludwig von Mises, *Die Gemeinwirtschaft. Untersuchungen über den Sozialismus* (1922), zerstreute alle sozialistischen Anwandlungen seiner Jugendjahre und machte ihn zu einem Verfechter des Individualismus, des Unternehmertums und des Marktes. Zwar entschied er sich für die Ökonomie, verlor aber nie das Interesse an der Psychologie, über die er Jahre später, 1952, ein erstaunliches Buch veröffentlichen sollte: *The Sensory Order*.

Von seinem Studium an der Universität Wien, wo er 1921 in Rechtswissenschaft promovierte, blieb ihm immer Carl Menger in Erinnerung, der, wie er sagte, der Erste war, der mit seinen Gedanken zum spontanen Entstehen von Institutionen etwas konzipierte, was später zu einem der Pfeiler seiner ökonomischen und politischen Theorie werden sollte. In seiner Heimat arbeitete er, kaum hatte er das Studium beendet, fast fünf Jahre an der Seite von Ludwig von Mises, auch der ein großer liberaler Denker, an dessen berühmtem Privatseminar er teilgenommen hatte. Von ihm sagte Hayek einmal, er sei »die Person, von der ich am meisten gelernt habe«*. Zwischen März 1923 und Mai 1924 war er mit einem kleinen Stipendium in New York und lebte in diesen fünfzehn Monaten von sechzig Dollar im Monat. Er ließ sich einen Bart wachsen, arbeitete als Assistent von Jeremiah Jenks, Professor an der New York University, und

* *Hayek on Hayek. An Autobiographical Dialogue*, hrsg. von Stephen Kresge und Leif Wenar, The University of Chicago Press, Chicago 1994, S. 68.

las unermüdlich in der New York Public Library. Er war so arm, dass er, wie er später erzählte, nur zwei Paar löchrige Socken besaß, die er wegen der Kälte gleichzeitig anzog.

Zurück in Wien, heiratete er 1926 Hella Berta Maria von Fritsch, aus dieser ersten Ehe gingen zwei Kinder hervor: Christine Maria Felicitas (geboren 1929) und Laurence Joseph Heinrich (geboren 1934). Vor seiner Reise nach New York hatte er sich in eine entfernte Cousine verliebt, Helene Bitterlich, doch während seines Aufenthalts in den USA verlobte sie sich mit einem anderen. Die jugendliche Liebe sollte Jahre später neu erwachen.

1931 folgte er einer Einladung an die London School of Economics, wo er Vorlesungen hielt und 1932 eine Professur antrat, die er bis Ende 1949 bekleidete. Die Studenten hatten zunächst Schwierigkeiten, seinem etwas seltsamen, österreichisch gefärbten Englisch zu folgen, doch wer sich anstrengte, war fasziniert von seinen Vorlesungen. In London lernte er 1935 Karl Popper kennen, mit dem ihn seither, jenseits ihrer philosophischen und bürgerlichen Vorstellungen, eine feste Freundschaft verband; ihm, Popper, sollte Hayek sein Buch *Studies in Philosophy, Politics and Economics* (1967) widmen. Popper seinerseits hatte Hayek ein paar Jahre zuvor *Conjectures and Refutations* (1963) gewidmet, und er war ihm immer dankbar für die Hilfe, die er ihm bei der Suche nach einem Verlag für *The Open Society and Its Enemies* (1945) angeboten hatte oder als es um eine Dozentenstelle an der London School of Economics ging. 1938 erhielt Hayek die britische Staatsbürgerschaft. Später lehrte er an den Universitäten Chicago (1950-1962), Freiburg (1961-1969) und Salzburg (1969-1977). Er war ein wahrer Weltbürger. Hochbetagt, in seinem 93. Lebensjahr, starb er 1992 in Freiburg im Breisgau.

Hayek ließ das Schicksal die größte Belohnung zuteilwerden, nach der ein Intellektueller streben kann: zu sehen, wie die Zeitgeschichte – oder zumindest die Regierungen von Ronald Reagan in den USA und Margaret Thatcher in Großbritannien – einen guten Teil seiner Ideen bestätigte und die seiner Gegenspieler, darunter die Ideen des prominenten John Maynard Keynes (1883-1946), verwarf. Dabei ist die bekannteste und längst zum Gemeinplatz gewordene These jene, die er 1944 in seinem Buch *The Road to Serfdom (Der Weg zur Knechtschaft)* darlegte: Demnach untergräbt eine zentrale Wirtschaftsplanung die Fundamente der Demokratie, Faschismus und Sozialismus werden zu zwei Seiten ein und desselben Phänomens, des Totalitarismus, und ihr Virus kontaminiert jedes System, auch das scheinbar freieste, sobald es den Anspruch erhebt, das Funktionieren des Marktes zu »kontrollieren«.

Hayek und Keynes

Der berühmte Wettstreit der Ideen zwischen Hayek und Keynes, von dem so viel die Rede ist, war im Grunde keiner, auch wenn die beiden 1931, nach Hayeks scharfer Kritik an Keynes' *A Treatise on Money* in *Economica*, der Zeitschrift der London School of Economics, eine kurze, aber heftige intellektuelle Auseinandersetzung hatten. Doch wie Robert Skidelsky betont, der diese Polemik in seinem überzeugenden Aufsatz »Hayek versus Keynes«* beschreibt, gab es trotz aller Differen-

* Robert Skidelsky, »Hayek versus Keynes«, in: *The Cambridge Companion to Hayek*, hrsg. von Edward Feser, Cambridge University Press, Cambridge 2006, S. 82-111. Zu dem Thema gibt es auch ein neueres Buch von Thomas Hoerber: *Hayek vs Keynes. A Battle of Ideas,* Reaktion Books, London 2017.

zen zwischen den beiden einen nicht zu verachtenden gemeinsamen Nenner, den man heute deutlicher erkennt als damals, als praktisch das gesamte relevante ökonomische und politische Milieu Keynes' Ideen teilte. Hayeks radikales Plädoyer wurde nur von einer Minderheit unterstützt, war erst einmal nutzlos, der scheinbar weltfremde Kampf eines Mannes mit festen Überzeugungen gegen die herrschende Kultur seiner Zeit. Aber beide waren liberal, auch wenn Keynes glaubte, dass ein gewisses Maß an staatlichem Eingriff in die Wirtschaft dem Kapitalismus förderlicher sei; Hayek lehnte dergleichen Gedanken ab. Skidelsky zufolge war Hayek, nach der berühmten Unterscheidung, die Isaiah Berlin in seinem Essay über Tolstoi zwischen Füchsen und Igeln macht, der Igel (der eine große Sache weiß) und Keynes der Fuchs (der viele Dinge weiß). Beide waren über die Philosophie zur Ökonomie gekommen, und beide glaubten an den Wert des subjektiven Elements im Geschäft des Geistigen, sie weigerten sich, es dem rein Wissenschaftlichen unterzuordnen. Keiner von ihnen brannte für die Demokratie, und beide waren erklärte Bewunderer von Hume, Burke und Mandeville. Auch sahen beide die westliche Zivilisation in einem prekären Zustand. Nur über die Art und Weise, wie sie zu retten sei, darüber gingen ihre Meinungen auseinander. Zwar kannten sie sich und behandelten einander mit Respekt, aber sie waren keine Freunde und wechselten nur selten mal einen Brief. Keynes las *The Road to Serfdom* 1944, auf dem Weg zur Konferenz von Bretton Woods, und am 28. Juni desselben Jahres schrieb er an Hayek und beglückwünschte ihn, er habe »ein großartiges Buch« geschrieben. »Alle müssen wir Ihnen dafür dankbar sein, dass Sie das Notwendige gesagt haben«, fügte er noch hinzu. »Moralisch und philosophisch bin ich so gut wie einverstanden mit allem, was Sie sagen, und nicht nur einverstanden, es ist ein tief empfundenes Einverständnis.« Doch dann formuliert er seine Kritik: »Sie räumen hier und da ein, dass die Frage bleibt, wo [bei der zentralen Planung] die Grenze zu ziehen wäre [...]. Nur geben Sie uns nichts an die Hand, wo man sie ziehen sollte. Wir beide würden sie sehr wahrscheinlich an unterschiedlichen Stellen ziehen. Meiner Meinung nach unterschätzen Sie die Praktikabilität des Mittelwegs [...].« Zu Letzterem hatte Keynes zweifellos recht: Hayek hasste das Dazwischen, die lauen Wasser, er war ein Mann der Extreme, was auch der Grund war, weshalb er mit seinen Analysen nicht nur ins Schwarze traf, sondern auch mal groben Irrtümern aufsaß. Tatsache bleibt, dass er Keynes bei allen Differenzen immer großen Respekt entgegenbrachte. Und so sagte er es auch Lydia Lopokova, seiner Witwe, als Keynes 1946 starb: Ihr Mann sei »der einzige wirklich großartige Mensch, den ich je gekannt habe und dem meine grenzenlose Bewunderung galt«*.

Die interventionistischen Theorien des brillanten John Maynard Keynes, wonach der Staat das Wirtschaftswachstum ebenso steuern könne und müsse, wie er die Vollbeschäftigung sicherzustellen habe durch Behebung des Nachfragemangels und Korrektur der Exzesse des Laissez-Faire, sollten mit den Jahren (wahrscheinlich sehr viel weitergehend, als Keynes es selber wollte) zu einem unumstößlichen Grundsatz von Sozialisten, Sozialdemokraten, Konservativen und selbst vermeintlichen Liberalen der Alten und der Neuen Welt werden. Sie waren es bereits, als Hayek seinen Weckruf ans große Publikum richtete, in dem er zusammenfasste, was er in seinen akademischen Arbeiten verfochten hatte, seit er sich in den Dreißigerjahren in Österreich zusammen mit Ludwig von Mises für eine Aktualisierung von Adam Smiths klassischem Liberalismus einsetzte.

* Alan Ebenstein, *Friedrich Hayek. A Biography,* Palgrave, New York 2001, S. 344.

Während *The Road to Serfdom* in Großbritannien und den USA eine große Verbreitung fand – der populäre *Reader's Digest* brachte gar eine gekürzte Fassung –, wurde die deutsche Ausgabe im Nachkriegsdeutschland von den westlichen Alliierten verboten, da man die Sowjetunion nicht provozieren wollte. Ein Echo fanden Hayeks Ideen nur in marginalen akademischen und politischen Zirkeln, und ausgerechnet das Land, in dem er das Buch geschrieben hatte, Großbritannien, begann in diesen Jahren seinen Marsch in Richtung Labour-Populismus und Wohlfahrtsstaat, einschließlich Inflation und eines Niedergangs, den erst Jahrzehnte später Margaret Thatchers gewaltige (wenn auch leider nur unvollständige) freiheitliche Radikalkur aufhalten sollte. Doch statt dass *The Road to Serfdom* ihm den Respekt seiner Wirtschaftskollegen eingetragen hätte, war das Buch Anlass, ihn herabzuwürdigen, ein Ansehensverlust, von dem in den folgenden Jahren keine Rede mehr sein sollte, vor allem als er 1974 den Wirtschaftsnobelpreis erhielt.

Wie Mises, Popper oder Berlin kann man Hayek nicht auf eine einzige Disziplin festlegen, die Ökonomie, denn ob Philosophie, Recht, Soziologie, Politik, Psychologie, Wissenschaftstheorie, Geschichte oder Ethik, auf allen Gebieten wartete er mit neuen Ideen auf, und auf allen bewies er eine Originalität und eine Radikalität, wie man sie von anderen modernen Denkern so nicht kennt. Dabei wahrte er immer die höchste Achtung vor der klassischen liberalen Tradition und den strengen Formen wissenschaftlicher Forschung. Zugleich sind seine Arbeiten geprägt von einer fiebrigen Polemik, von Respektlosigkeit gegenüber dem Etablierten, von einer intellektuellen Kreativität, die einhergeht mit einer gewissen kühlen analytischen Strenge, und oft lässt er sich hinreißen zu abenteuerlichen Vorschlägen, 1950 etwa, als er einen Zusammenschluss von Westdeutschland mit den USA anregt, dem später weitere europäische Länder folgen sollten (er dachte vor allem an die skandinavischen). Oder sein nicht minder extravaganter Vorschlag, das staatliche Geldmonopol aufzuheben und das Währungssystem zu privatisieren, eine Idee, die die Regierung von Margaret Thatcher beinahe durch ihren Schatzkanzler Nigel Lawson der Europäischen Union unterbreitet hätte, wie sie in ihren Memoiren erzählt*. Genauso konnte er aber auch im Namen der individuellen Freiheit Dinge verteidigen, die ihm missfielen, so das Recht auf gleichgeschlechtliche Lebensweise, und dabei ließ er sich nie abbringen von einem gewissen Pragmatismus, etwa als er beim Thema freier Verkauf von Schusswaffen die Ansicht vertrat, nur Personen von einem gewissen geistigen und moralischen Niveau sollten diesen Handel betreiben dürfen.

Einige seiner Überzeugungen sind für einen echten Demokraten allerdings schlicht inakzeptabel, etwa dass eine Diktatur, die eine liberale Wirtschaft praktiziert, einer in dieser Hinsicht illiberalen Demokratie vorzuziehen sei. Bei zwei Gelegenheiten ging er so weit zu behaupten, in Chile gebe es unter der Militärdiktatur Pinochets mehr Freiheit als unter der populistischen demokratischen Regierung Allendes mit ihren Verstaatlichungen.** Zu Recht trug ihm das einen veritablen Shitstorm ein, selbst von seinen Bewunderern.

Im April 1947 versammelte sich, zusammengerufen von

* Margaret Thatcher, *The Downing Street Years*, Harper Collins, London 1995, S. 715.

** So in einem Leserbrief an die Londoner *Times* vom 3. August 1978 (»More recently I have not been able to find a single person even in much maligned Chile who did not agree that personal freedom was much greater under Pinochet that it had been under Allende«). Und noch einmal in einem Interview in der Tageszeitung *El Mercurio*, Santiago de Chile, vom 12. April 1981.

Hayek, ein illustrer Kreis von neununddreißig Gelehrten – darunter Karl Popper, Milton Friedman, George Stigler, Ludwig von Mises, Lionel Robbins und Maurice Allais sowie weitere renommierte Wirtschaftswissenschaftler aus den USA und Europa – am Mont Pèlerin bei Vevey am Genfersee, wo sie zehn Tage lang vortrugen und debattierten. So wurde die Mont Pèlerin Society ins Leben gerufen, deren Ziel es war, dem klassischen Liberalismus frischen Wind einzuhauchen und ihn zu verteidigen, erster Vorsitzender war Hayek selbst. Ihr geistiger und politischer Einfluss sollte weitreichend sein.

Gegen Ende des Jahres 1949 ereignete sich in Hayeks Privatleben etwas, was seine Beziehung zu einigen Freunden erheblich auf die Probe stellte, auch zu seinem engsten Freund Lionel Robbins, Kollege an der London School of Economics. Er trennte sich nämlich von seiner ersten Frau Hella und ließ sich in Arkansas scheiden, wo er sich das dort geltende lockere Scheidungsrecht zunutze machte. Danach heirate er in Wien seine Cousine Helene Bitterlich, seine Jugendliebe. Dieser Bruch empörte nicht nur Robbins, der Hayek die Freundschaft aufkündigte und für viele Jahre jede Beziehung zu ihm abbrach. Erst elf Jahre später, auf der Hochzeit von Hayeks Sohn Larry, so Alan Ebenstein, sollten sie sich wieder versöhnen.

Hayeks Opus magnum ist *The Constitution of Liberty (Die Verfassung der Freiheit)*, erschienen 1960 und zwischen 1973 und 1979 erweitert um das dreibändige Werk *Law, Legislation and Liberty (Recht, Gesetz und Freiheit)*. Darin erläutert er mit einer begrifflichen Klarheit, die sich auf ein aus der Praxis gewonnenes enzyklopädisches Wissen stützt, was der Markt ist, nämlich ein nahezu unendliches System von Beziehungen unter den Menschen einer jeweiligen Gesellschaft sowie der Gesellschaften untereinander, um auf diese Weise gegenseitig ihre Bedürfnisse und Wünsche zu kommunizieren und die Produktion und die Mittel, die zu ihrer Befriedigung notwendig sind, zu organisieren. Keiner vor ihm, nicht einmal Mises, hat besser als Hayek die allseitigen Vorteile beschrieben, die dem Menschen dieses Austauschsystem gebracht hat, das von niemandem erfunden wurde, vielmehr entstanden ist und sich vervollkommnet hat aufgrund von Zufällen und vor allem diesem akzidentellen, in die Menschheitsgeschichte hereingebrochenen Phänomen namens Freiheit.

Woher kommt die sozialistische Idee, eine Gesellschaft lasse sich nach einem zurechtgelegten Plan so organisieren, dass Schluss ist mit der Ausbeutung der Armen durch die Reichen und an die Stelle des Klassenkampfes universelle Brüderlichkeit tritt? Sie entstand zur selben Zeit wie der Gedanke, die sozialen Probleme gelte es mit derselben wissenschaftlichen Methode anzugehen, mit der man auch die Natur studiert, für Hayek schon immer eine gewiefte Art, um den »Konstruktivismus« zu rechtfertigen, die Planwirtschaft also, das Gegenteil von Freiheit. Die Vorstellung ist älter als Marx' und Engels' »wissenschaftlicher Sozialismus«, wenn auch ebenfalls ein Produkt des neunzehnten Jahrhunderts, dieses Jahrhunderts der großen ideologischen Konstruktionen und geistigen Hervorbringungen, die sich zum Ziel setzten, die vollkommene Gesellschaft zu schaffen oder, im Vokabular der Zeit, »das Paradies auf Erden«. In seinem 1952 erschienenen Sammelband *The Counter-Revolution of Science. Studies on the Abuse of Reason (Missbrauch und Verfall der Vernunft)* bestreitet Hayek, dass bei sozialen Fragen die wissenschaftlichen Methoden tauglich seien, und er zeigt auf, dass die Vorstellung von sozialistischer Planung ihren wahren Ursprung im Saint-Simonismus hat, einer Lehre, die man mit Fug und Recht als Vorläufer des marxistisch-leninistischen Sozialismus mit seiner Planungsbesessenheit bezeichnen könne.

In diesen Aufsätzen widmet sich Hayek dem Grafen Henri de Saint-Simon, Auguste Comte, Barthélemy Prosper Enfantin und nebenbei auch Charles Fourier, Victor Considerant und Pierre-Joseph Proudhon, mit anderen Worten: Saint-Simonisten, Fourieristen sowie sonstigen Bewegungen und Sekten von Ideologen, die einander nicht grün waren, aber alle die Gesellschaft nach festgelegten Modellen von Grund auf neu errichten wollten. Und so zeichnet er ein munteres, flirrendes Panorama voll kühner ideologischer Fantasien und romanesker Abenteuer, aus denen vor allem die Überzeugung spricht, dass sich die menschliche Wirklichkeit wie ein Werk der Ingenieurskunst gestalten lasse (wir erinnern uns, dass Stalin die Schriftsteller gerne als »Ingenieure der Seele« gehabt hätte). Der Saint-Simonismus will alles beseitigen, was zu Zwist und Ungleichheit unter den Menschen führt: Privateigentum, Markt, Wettbewerb, jene Freiheit also, die für ihn der Quell von Ungleichheit, Missbrauch und Ausbeutung in der kapitalistischen Welt ist. Wissenschaft und Ordnung würden auf diese Weise an die Stelle von Anarchie und Habgier treten. Die gesamte Produktion stünde unter der Aufsicht einer Zentralbank, durch die der Staat seiner wohlwollenden Autorität Geltung verschaffen würde, im Wettbewerb getragen von seinen Ingenieuren, Unternehmern und Fachleuten, den intellektuellen Helden ihrer Zeit, zumal als Absolventen der École polytechnique, einer Hochschule, die die Saint-Simonisten als wahre Fabrik von Genies ansahen. Marx und Engels sollten später recht abfällig hinweggehen über dergleichen »utopischen Sozialismus«. Hayek nun weist nach, dass dieser hochmütige Wahn, die Gesellschaft neu zu erschaffen, um aus einer der Verbesserung zugänglichen eine vollkommene, dem Modell einer Maschine nachgebildete Gesellschaft zu machen (eine Idee, die der marxistische Sozialismus sich schließlich zu eigen machte), eindeutig auf den saint-simonistischen Traum zurückgeht, der den unerschrockenen Grafen in dem Glauben wiegte, die Menschen würden so am Ende die wahre Freiheit erlangen.

Nur für Ignoranten und Marktverächter, die es darauf anlegen, die Wahrheit zu verzerren, um sie besser bestreiten zu können, ist der Markt einzig und allein ein System des freien Austauschs. Hayeks gesamtes Werk ist ein staunenswertes wissenschaftliches und intellektuelles Bemühen darum, aufzuzeigen, dass die Freiheit, zu produzieren und Handel zu treiben, gar nichts bringt ohne eine strikte, das Privateigentum garantierende rechtliche und effiziente Ordnung und ohne eine fähige und zuverlässige, von der politischen Macht unabhängige richterliche Gewalt. Ohne all diese Voraussetzungen ist die Marktwirtschaft bloße Rhetorik, und dahinter geht es weiter mit Korruption und Klientelpolitik, mit der Begünstigung einer privilegierten Minderheit auf Kosten der Mehrheit, weiter mit dem, was wir Liberalen »Merkantilismus« nennen.

Wer aus Naivität oder Böswilligkeit als Beweis für ein Scheitern des Liberalismus die Schwierigkeiten anführt, mit denen Russland und einige der ehemaligen Satellitenstaaten der UdSSR kämpfen mussten, nachdem sie sich aus einem totalitären Regime auf den Weg in eine Demokratie inklusive Marktpolitik gemacht hatten, der kennt Hayek nicht oder hat ihn nicht richtig gelesen. Denn niemand hat so beharrlich wie er darauf hingewiesen, dass Liberalismus nicht darin besteht, die Preise zu liberalisieren und die Grenzen für den internationalen Wettbewerb zu öffnen; es geht vielmehr um die tiefgreifende Reform eines Landes, um Privatisierung und Dezentralisierung auf allen Ebenen, um die Übertragung der wesentlichen ökonomischen Entscheidungen auf die Zivilgesellschaft, auf die souveränen Individuen mit all ihrer Initiative. Wozu auch der Konsens über ein paar Spielregeln gehört, wonach den Konsumenten immer der Vorrang vor den Produzenten gebührt, den Produzenten vor den Bürokraten, dem Individuum vor dem Staat und dem konkreten Menschen im Hier und Jetzt vor dieser abstrakten Idee, mit der Totalitäre jeglicher Couleur ihre Übergriffe rechtfertigen: der künftigen Menschheit.

Der Individualismus ist eine zentrale Größe in der liberalen Philosophie und selbstverständlich auch in Hayeks Denken. Wobei Individualismus nichts zu tun hat mit dieser romantischen Sicht, wonach sich alle bedeutenden historischen Ereignisse wie auch die entscheidenden Fortschritte in Wissenschaft, Kultur und Gesellschaft den Taten außergewöhnlicher Einzelner – den Helden – verdanken. Es bedeutet ganz einfach, dass die einzelnen Personen nicht bloße Epiphänomene der Gemeinschaften sind, denen sie angehören, und dass sie sich auch nicht von diesen formen lassen wie Industrieprodukte von einer Maschine. Das Individuum ist ein souveränes, und auch wenn sich ein Teil dessen, was der Mensch ist, aus dem Milieu erklärt, in dem er geboren wird und sich heranbildet, hat er ein Bewusstsein von Initiative und die Fähigkeit, sie zu ergreifen, und beides emanzipiert den Einzelnen von seiner treusorgenden Herde und erlaubt ihm, je nach Berufung und Talent frei zu agieren, nicht selten auch seiner Umgebung einen Stempel aufzuprägen. Das dem Individuum innewohnende Streben ist die Kraft, die der Marktwirtschaft ihre Dynamik verleiht, nur so wird Fortschritt möglich. Weshalb ihm die keynesianischen Rezepte, wonach dem planenden Staat die Lenkung und Orientierung der Wirtschaft anzuvertrauen sei, wie etwas vorkommen müssen, was ebenjenes »Streben« untergräbt und das Marktgeschehen verzerrt.

Diesem Gedanken liegt eine Vorstellung von Freiheit zugrunde, wie sie zugleich auch das Herzstück der liberalen Lehre ist. Das menschliche Schicksal steht nicht geschrieben, ist kein

Menetekel an der Wand. Individuen und Gesellschaften können geografische, gesellschaftliche und kulturelle Konditionierungen überwinden und die Ordnung der Dinge durch ihr Verhalten ändern, können bestimmte Entscheidungen treffen und sich gegen andere aussprechen, und ebendeshalb, weil ihnen diese Marge an Freiheit immer gegeben ist, sind sie auch verantwortlich für ihr eigenes Schicksal. All das beschreibt Hayek auf bewundernswerte Weise in einem Beitrag, der sich den Ähnlichkeiten zweier Denker widmet, von denen man meinen möchte, sie seien meilenweit voneinander entfernt: »Comte und Hegel«*.

Die Achtung vor dem Gesetz ist bei Hayek untrennbar verbunden mit seinem Glauben an den freien Markt. Dabei unterschied er jedoch immer – und erklärte es mit großer Klarheit in seinem dreibändigen Werk *Recht, Gesetz und Freiheit* – zwischen zwei Ordnungstypen: zwischen »Kosmos«, der spontanen Ordnung, und »Taxis«, der gemachten Ordnung oder Organisation. Der »Kosmos« ist die natürliche Legalität, geschaffen und vervollkommnet durch Gewohnheit und Tradition, ist die Antwort auf das Bedürfnis, eine Ordnung zu schaffen, Streit zu schlichten und Chaos und Gewalt im Herzen einer Gesellschaft zu verhindern; die »Taxis« ist das geplante, von Parlamenten und Gerichten rational sanktionierte Recht, das zuweilen das natürliche bricht und verfälscht und im juristischen Bereich so schädlich sein kann wie in der Ökonomie die Planwirtschaft, was in der Hayek'schen Gedankenwelt gleichbedeutend ist mit Bedrohung der Freiheit.

Der große Feind dieser Freiheit ist der Konstruktivismus, ist *Die verhängnisvolle Anmaßung* (so Hayeks letztes Buch von

* Friedrich A. von Hayek, »Comte und Hegel«, in: *Mißbrauch und Verfall der Vernunft*, Mohr Siebeck, Tübingen 2004.

1988: *The Fatal Conceit*), das Leben der Gemeinschaft aus dem Zentrum irgendeiner Macht heraus organisieren zu wollen, um an die Stelle der Institutionen, die ohne jedweden Vorsatz oder irgendeine Kontrolle entstanden sind (das Gewohnheitsrecht, der »Kosmos«), künstliche Strukturen zu setzen mit dem Ziel, die Produktion zu »rationalisieren«, das Vermögen »umzuverteilen«, einen Egalitarismus aufzuzwingen und das gesellschaftliche Ganze über eine Ideologie, eine Kultur oder Religion gleichzumachen.

Hayeks harsche Kritik am Konstruktivismus macht nicht Halt beim Kollektivismus der Marxisten oder beim Wohlfahrtsstaat der Sozialisten und Sozialdemokraten, nicht bei dem, was Christsoziale das »Subsidiaritätsprinzip« nennen, und auch nicht beim Merkantilismus, dieser degenerierten Form des Kapitalismus mit seinen mafiösen Allianzen von politischer Macht und einflussreichen Unternehmern, die den Markt desavouieren, indem sie Geschenke, Monopole und Pfründen unter sich aufteilen. Nein, nichts spart er aus. Nicht einmal das System, für das er wie kaum ein anderer Zeitgenosse stritt: die Demokratie, die Hayek, der Unnachgiebige, vor allem in seinen letzten Jahren überaus kritisch unter die Lupe nahm, und so beschreibt er ihre Mängel und Deformierungen, von denen eine eben der Merkantilismus sei, eine andere die Diktatur der Mehrheit über die Minderheit. Er verkündete gar, er fürchte um die Zukunft der Freiheit auf der Welt, und das ausgerechnet in den Jahren, als man nach dem Zusammenbruch der kommunistischen Regime feierte, was der Zenit des demokratischen Systems auf dem Erdenrund zu sein schien.

Um dem Machtmonopol, das in offenen Gesellschaften die Mehrheit ausübt, etwas entgegenzusetzen und den Minderheiten eine Teilhabe an der Regierung und den Entscheidungsprozessen zu gewährleisten, ersann Hayek ein komplexes – und für ihn selbst utopisches – System namens »Demarchie«. Demnach würde eine Versammlung, bestehend aus Männern und Frauen in schon reiferem Alter und gewählt für etwa fünfzehn Jahre, über die Grundrechte wachen. Zugleich würde sich ein Parlament, wie man es aus demokratischen Ländern kennt, mit den üblichen Geschäften und den Themen der Tagespolitik befassen.

Ein einziges Mal hatte ich Gelegenheit, mich mit Hayek zu unterhalten, und zwar im November 1979 in Lima anlässlich einer Konferenz über »Demokratie und Marktwirtschaft« – für Peru, damals seit elf Jahren mit einer Militärdiktatur geschlagen, war diese Konferenz wie ein frischer, befreiender Wind. Dabei sagte ich ihm, dass ich beim Lesen seiner Bücher manchmal den Eindruck hätte, einige seiner Theorien wollten die ehrgeizige Illusion verwirklichen, durch den Liberalismus dem anarchistischen Ideal einer Welt ohne Zwang zum Sieg zu verhelfen, einer Welt von reiner Spontaneität, mit einem Minimum an Autorität und einem Maximum an Freiheit, errichtet allein um das Individuum herum. Er schaute mich wohlwollend an und antwortete mit einem spöttischen Zitat von Bakunin, für den er garantiert nicht die geringste Sympathie hegte.

Und dennoch, in gewisser Weise ähneln sich der zauselige Adlige aus dem neunzehnten Jahrhundert mit seinem abenteuerlichen Leben, der alle Ketten sprengen wollte, die den Menschen an seiner schöpferischen Entfaltung hindern, und der methodische, gelehrte Professor mit seinem ruhigen Leben, der kurz vor seinem Tod in einem Interview sagte: »Jeder Liberale sollte ein Agitator sein.« Beiden gemein war das Misstrauen gegenüber einer menschlichen Ratio, die sich zu der Auffassung versteigt, die Gesellschaft lasse sich umgestalten, ohne die spontan entstandenen Institutionen zu berücksichtigen. Und ebenso das unbedingte Vertrauen in diese Tochter des Zufalls und der Notwendigkeit: die Freiheit, das kostbarste Geschöpf, das der Westen der Zivilisation mitgegeben hat, um ihre Probleme zu lösen und die Menschheit anzuspornen zu neuen Taten und Wagnissen.

Die verhängnisvolle Anmaßung

The Fatal Conceit (1988), Hayeks letztes Buch, geschrieben mit weit über achtzig Jahren, ist eines der bedeutendsten Werke des zwanzigsten Jahrhunderts, dazu eines der originellsten und revolutionärsten. Es ist keine ökonomische Abhandlung, sondern eine philosophische und moralphilosophische, verfasst von einem Denker mit einer soliden ökonomischen Bildung, der wie Adam Smith und John Stuart Mill, seine Vorläufer und Meister, niemals glaubte, dass die Ökonomie in der Lage wäre, für sich allein alle Probleme der Menschen zu lösen.

Zentrales Thema des Buchs sind die Zivilisation und der Fortschritt, das, was den Menschen von den anderen Lebewesen unterscheidet, die sich selbst immer gleich sind, Gefangene ihrer Instinkte oder einer unwandelbaren biologischen Prägung und daher unfähig, sich zu entwickeln.

Im Herbst seines Lebens, nach all den Jahren, die er dem Studium, der Forschung und der Lehre gewidmet hat, erklärt Hayek in diesem Buch ohne jede Fußnote auf einfache und jedem einigermaßen gebildeten Leser zugängliche Weise seine Auffassung davon, wie und warum die Menschen im Laufe ihrer vieltausendjährigen Geschichte immer wieder ihre Umgebung und dabei zugleich sich selbst verändert haben, bis sie schließlich die Zivilisation erreichten, wie wir sie kennen, und aus Hayeks Mund heißt das so viel wie: Freiheit, Legalität, Individualität, Privateigentum, Marktwirtschaft, Menschenrechte, Zusammenleben in Frieden. Dass die Zivilisation von niemandem erfunden wurde, dass sie sich nur allmählich und auf eher unerwartete Weise herausgebildet hat, war eine alte Vorstellung von Hayek. So sagte er 1968 in einer Festrede für Leonard Read: »Doch unsere Zivilisation ist in der Tat weitgehend die unvorhergesehene und unbeabsichtigte Folge unserer Unterwerfung unter moralische und rechtliche Regeln, die niemals mit einem solchen Ergebnis im Sinn ›erfunden‹ wurden, sie sind vielmehr gewachsen, weil die Gesellschaften, die sie nach und nach entwickelten, sich Schritt für Schritt gegenüber anderen Gruppen durchsetzten, in denen man Regeln befolgte, die der Entwicklung der Zivilisation weniger förderlich waren.«*

Der Prozess, der dem Menschen erlaubt hat, aus dem animalischen Dasein seiner Vorfahren herauszutreten – dem Höhlenleben, dem Stammesleben – und zu den Sternen wie zur Demokratie zu gelangen, war nach Hayek möglich durch das, was er »spontane Ordnungen« nennt. Ein System, das sich, wie der Name schon sagt, auf unvorhergesehene Weise ergibt, weder geplant noch gelenkt, einer Bewegung großer gesellschaftlicher Einheiten gleich, die ihre Lebensbedingungen zu verbessern suchen und auf diesem Weg bestimmte, einen solchen Wandel befördernde Gerätschaften oder Arten von Beziehungen entdecken, so dass das Leben, das sie führen, ein angenehmeres wird.

Typische Beispiele für eine solche »spontane Ordnung« sind die Sprache, das Privateigentum, das Geld, der Handel, der Markt. Keine dieser Institutionen wurde von einer einzelnen

* F. A. Hayek, *The Fortunes of Liberalism. Essays on Austrian Economics and the Ideal of Freedom*, The Collected Works of F. A. Hayek, Vol. 4, hrsg. von Peter B. Klein, University of Chicago Press 1992, S. 260.

Person, Gemeinschaft oder Kultur erfunden. Sie entstanden auf natürliche Weise und an unterschiedlichen Orten als Folge bestimmter Bedingungen, auf die die Gemeinschaft kreativ reagierte, mehr aus einer Intuition oder dem Instinkt heraus denn aufgrund einer rationalen Überlegung. Die Erfahrung sollte sie später legitimieren, modifizieren oder eliminieren und je nachdem durch andere ersetzen.

Diese spontanen Ordnungen sind für Hayek pragmatische Institutionen, aber auch moralische, denn durch sie haben sich nicht nur die Lebensbedingungen – die materielle Wirklichkeit – entwickelt, sondern auch die Gewohnheiten und Verhaltensweisen gegenüber den Mitmenschen, der Gemeinsinn, die Ethik. Anders gesagt, mit dem Aufkommen von Handel, Verträgen, Legalität, Kommunikation und Dialog hat der Mensch sich entbarbarisiert; hat die Bestie in sich ausgetrieben und an ihre Stelle den respektvollen Bürger gesetzt, der solidarisch ist mit den anderen, ob sie so sind wie er oder verschieden. Nach Hayek ist der Schlüsselfaktor der Zivilisation nicht die Vernunft, auch nicht die Erkenntnis – immer fragmentarisch, unvollständig, verstreut –, sondern die Unterwerfung beider unter eine Tradition, die aus der gesammelten Erfahrung schöpft.

Nicht alle spontanen Ordnungen sind gut, das versteht sich. Im langen Prozess der Zivilisation haben die Menschen diejenigen gewählt, die tatsächlich zum Fortschritt beitrugen, und aufgegeben, was den Fortschritt erschwerte. Dabei war, wenn es an die Auswahl ging, die Erfahrung die große Meisterin und Ratgeberin. Ebenso die Religionen, die den gesellschaftlichen Gruppen halfen, den positiven oder negativen Charakter der von der »spontanen Ordnung« geschaffenen Institution klarer zu begreifen. All das natürlich, ohne sich dem Anspruch irgendeiner Religion, eine letzte und endgültige Wahrheit auszusprechen, wie sie im Laufe der Geschichte so viel Blut gekostet hat und heute noch kostet, zu beugen. Hayek, ein erklärter Agnostiker, der den vom Christentum postulierten Anthropomorphismus Gottes nicht akzeptieren mochte, sah die positive Rolle der Religionen strikt historisch und gesellschaftlich.

Der große Gegner der Zivilisation ist nach Hayek der Konstruktivismus der »Sozialingenieure«, der Anspruch, ein wirtschaftliches und politisches Modell im Kopf auszuarbeiten und es der Wirklichkeit einpflanzen zu wollen. Aber das ist nur gewaltsam möglich – mit einer Gewalt, die in Diktatur ausartet –, und wo immer man es versucht hat, ist es gescheitert. Die Intellektuellen (mit ein paar Ausnahmen natürlich, angefangen bei ihm selbst) waren für Hayek geborene Konstruktivisten und ebendarum große Feinde der Zivilisation. In der Regel glauben sie nicht an den Markt, dieses unpersönliche System, das innerhalb einer Ordnung die individuellen Initiativen miteinander verbindet und Beschäftigung schafft, Reichtum, Chancen, den menschlichen Fortschritt. Da der Markt ein Produkt der Freiheit ist, sind die Intellektuellen oft die größten Feinde ebendieser Freiheit. Sie sind der Überzeugung, man müsse nur ganz rational ein gerechtes und ausgleichendes Gesellschaftsmodell entwerfen, schon lasse es sich der Wirklichkeit überstülpen. Daher der Erfolg des Marxismus im intellektuellen Milieu. Für Hayek ist ein solcher Glaube »Ausdruck intellektueller Hybris, mithin das Gegenteil von intellektueller Demut, die das Wesen des echten Liberalismus ausmacht, denn voller Ehrfurcht achtet er die spontanen gesellschaftlichen Kräfte, durch die das Individuum Dinge schafft, die größer sind, als ihm bewusst ist.«* Die praktische Folge eines solchen Glaubens ist der Sozialis-

* Eröffnungsvortrag auf der ersten Tagung der Mont Pèlerin Society am 1. April 1947, in: F.A. Hayek, *The Fortunes of Liberalism*, a.a.O., S. 244.

mus (den Hayek gleichsetzt mit Planwirtschaft und staatlichem Dirigismus), ein System, das zu seiner Durchsetzung Schluss machen muss mit Freiheit, Privateigentum, Vertragstreue und unabhängiger Justiz und zwangsläufig die individuelle Initiative einschränkt. Das Ergebnis ist Ineffizienz in der Produktion, Korruption und Gewaltherrschaft.

Hayeks Vorstellung von der Zivilisation ist seit seinem Tod zunehmend obsolet geworden. Die Ideen, die für ihn eine so wichtige Rolle im Leben der freien Nationen spielten, haben erheblich Schaden genommen, und in jüngerer Zeit sind die Bilder in den Mittelpunkt gerückt. In gewisser Weise sind nun statt der Bücher die Bildschirme die erste Quelle der Erkenntnis und der Information für das, was man öffentliche Meinung nennt.

Der Weg zur Knechtschaft

Die grundlegenden Ideen für *Der Weg zur Knechtschaft* – ein weiteres der großen Plädoyers für die Freiheit im zwanzigsten Jahrhundert, auf Englisch erschienen 1944 *(The Road to Serfdom)* – hatte Hayek bereits 1933, wie man einem Bericht entnehmen kann, den er in diesem Jahr über den Aufstieg des Nationalsozialismus in Deutschland schreibt. So sieht er trotz aller gegenseitigen Feindschaft zwischen Kommunismus und Faschismus einen gemeinsamen Nenner: den Kollektivismus. Es ist der beiden gemeinsame Hass auf den Individualismus und auf das liberale Denken mit seiner Achtung des Privateigentums, der Koexistenz unterschiedlicher Ideen und Glaubensrichtungen in der Mitte einer demokratischen Gesellschaft, der freien Presse, der Marktwirtschaft und der politischen Freiheit.

Garanten für die politische Freiheit sind für Hayek aber allein Individualismus, Privateigentum und Marktkapitalismus. Ihre Verneinung führt früher oder später zu wirtschaftlichem Misserfolg, zu Diktatur und Totalitarismus. Der Gedanke, dass es eine grundsätzliche Ähnlichkeit zwischen Nationalsozialismus, Faschismus und Kommunismus gibt, war 1933, als Hayek ihn zum ersten Mal skizzierte, revolutionär. Allerdings verkannte er im Falle Deutschlands die Bedeutung des Nationalismus und des Rassismus, diesen aberwitzigen Glauben, die arische Rasse sei den anderen überlegen und daher berechtigt, sie gewaltsam zu unterjochen. In diesem Punkt gab es auch einen substanziellen Unterschied zum kommunistischen Kollektivismus, der den »proletarischen Internationalismus« beschwor, aber weder spekulative Vorurteile zu einer angeblichen rassischen Überlegenheit schürte noch die Juden als mindere Rasse diskriminierte oder sie vernichten wollte.

Hayeks Kritik an der Planwirtschaft – die für ihn nicht nur ein zum Scheitern verurteilter Versuch ist, ökonomische Kontrolle über die Gesellschaft auszuüben, sondern eben auch ein Prozess, der unweigerlich zum Verschwinden der Freiheiten und zur Errichtung einer Diktatur führt – ist von schneidendem Scharfsinn. In ihrer Radikalität war das neu, es war die logische Folge seines Misstrauens gegenüber den großen rationalen Konstruktionen zur Transformierung der Gesellschaft wie auch seiner Verteidigung der »spontanen Ordnungen«, des freien Markts und des Wettbewerbssystems etwa, die beide im Westen, so sah er es, den Prozess der Modernisierung in Gang gesetzt hatten.

Hayek weist sehr klug darauf hin, wie sich in den westlichen Demokratien der Gedanke der Planwirtschaft einen Weg gebahnt hat, ohne dass ihren Beförderern die politischen Folgen klar waren: die Beschneidung der Freiheiten in allen Bereichen, nicht nur in der Wirtschaft, auch in der Politik, der Kultur, für jeden Einzelnen. Deshalb widmet er sein Buch den »Sozialisten in allen Parteien«, jenen also, die, auch wenn sie sich für Gegner der Sozialisten halten, eine interventionistische, die Demokratie über kurz oder lang womöglich zerstörende Wirtschaftspolitik akzeptieren. Hayek nennt als Beispiel H. G. Wells, einen entschiedenen Verfechter der zentralen Planung, der gleichzeitig ein Buch über die Menschenrechte schrieb: »Die Persönlichkeitsrechte, die Wells zu konservieren hofft«, mahnt Hayek, »würden unweigerlich die von ihm ersehnte Planwirtschaft blockieren.«* Sein Fall ist das Gegenteil von Max Eastman, dem ehemals prominenten Freund des Kommunismus und der UdSSR, der, nachdem er das Land besucht und mit eigenen Augen gesehen hatte, wie groß die Diskrepanz zwischen kollektivistischer Utopie und Realität war, zu dem Schluss kam, dass »die Institution des Privateigentums eine der Hauptvoraussetzungen für jenes begrenzte Maß von Freiheit und Gleichheit ist, die Marx gerade durch Abschaffung dieser Einrichtung ins Ungemessene zu steigern hoffte«. (S. 139)

Man mag an Hayeks Thesen manches bekritteln. So ist der Rechtsstaat, den er mit soliden Argumenten verteidigt, eine sanfte Form der Planung, denn er lenkt die gesellschaftlichen und wirtschaftlichen Aktivitäten in eine bestimmte Richtung und setzt ihnen gewisse Grenzen. Diese Art von Planung – die Legalität – ist unerlässlich, vorausgesetzt natürlich, dass das Privateigentum und der freie Wettbewerb respektiert werden und der staatliche Interventionismus auf das unabdingbare Minimum beschränkt bleibt, die Sicherheit der Bürger und ihr friedliches Zusammenleben müssen schließlich gewährleistet

* Friedrich A. Hayek, *Der Weg zur Knechtschaft*, Olzog Verlag, München 2003, S. 116. Alle Zitate nach dieser Ausgabe.

sein. Dieses »Minimum an Befugnissen« variiert von Land zu Land und auch von Zeit zu Zeit.

Ein Thema, das Hayek weder in *Der Weg zur Knechtschaft* noch in einem anderen Werk direkt anspricht, zumindest nicht in der Bedeutung, die sie in unseren Tagen erlangt hat, ist die Korruption. Sie ist eins dieser Phänomene, die den Rechtsstaat und ganz allgemein das Funktionieren einer Demokratie – wie auch die freie Marktwirtschaft, versteht sich – am meisten schwächt. Das maßlose Anwachsen des Staates leistet der Korruption Vorschub, so viel steht fest. Der Grund aber, weshalb sie mittlerweile ein solches Ausmaß erreicht hat – und betroffen sind gleichermaßen entwickelte wie unterentwickelte Länder, demokratische wie autoritäre –, ist vielleicht zuallererst der Zerfall der moralischen Werte, ob gestützt auf eine Religion oder rein weltlicher Natur. Es sind genau die Werte, die früher einmal der Legalität zu ihrer Kraft verhalfen und die heute, da nur noch von einer Minderheit getragen, so schwach sind, dass sie Gesetzesübertretungen aus Gewinnsucht nicht verhindern, sondern noch befeuern. Die Finanzkrise, die 2008 die USA und Europa erschütterte, rührt zu einem nicht geringen Teil von diesem Profitstreben her, das Banken und Unternehmen zu plumpen Gesetzesverstößen verleitete, was wiederum den wirtschaftlichen Kollaps beschleunigte und sie ruinierte, so dass sie am Ende mit öffentlichen Geldern gerettet werden mussten, dem Geld ihrer Opfer also. Natürlich hat das alles dem Kapitalismus und der Marktwirtschaft enormen Schaden zugefügt und gleichzeitig dem, was ein moribunder Kollektivismus zu sein schien, neue Lebenskraft eingehaucht. Man darf sich daher ruhig auf den alten Gedanken der Gründerväter des Liberalismus besinnen, wonach dieser ohne feste moralische Überzeugungen (für Adam Smith waren sie untrennbar verbunden mit der Religion) nicht funktioniert.

Sowohl in *Der Weg zur Knechtschaft* wie auch in anderen seiner Bücher benutzt Hayek das Wort *Sozialismus* in einer Bedeutung, die sich mit *Kommunismus* vermischt: einem Konzept, das Kollektivismus bedeutet, Wirtschaftslenkung, oder Planwirtschaft, Verschwinden von Freiheiten und politischem Pluralismus, Totalitarismus. Aber warum macht er keinen Unterschied zwischen dem marxistisch-leninistischen Sozialismus und diesem demokratischen Sozialismus, für den zum Beispiel die englische Labour-Partei stand? Er hätte ihn sich doch aus der Nähe anschauen können, schließlich lebte er in den Jahren des Zweiten Weltkriegs, als er an dem Buch schrieb, in England.

Der Grund ist sehr einfach und wird in *Der Weg zur Knechtschaft* erklärt. Hayek glaubte – es war einer seiner großen Irrtümer –, zwischen totalitärem und demokratischem Sozialismus gebe es eigentlich keinen Unterschied, beides sei eine große Illusion, die Unterscheidung etwas Vordergründiges und Vorläufiges, in der Praxis laufe es ohnehin auf die totalitäre Variante hinaus. Für Hayek setzt jeder Sozialismus, allein indem er Planwirtschaft betreibt, automatisch einen Mechanismus in Gang, der über kurz oder lang den politischen Pluralismus und die Freiheiten beseitigt, ob die Planenden es wollen oder nicht.

Schon wahr: Schaltet eine Regierung den Wettbewerb in der Wirtschaft aus, ohne eine Alternative zuzulassen, bleibt ihr früher oder später nichts anderes übrig, als Zwang auszuüben, um ihre Politik gegen alle Kritik durchzusetzen. Genau so war es in der Sowjetunion, wer wollte das bestreiten. Nur übersah Hayek, dass ein nicht unerheblicher Teil der Sozialisten – die die Freiheiten bewahren wollten und zu den Kommunisten auf Distanz gegangen waren – längst Abschied nahm von der Planwirtschaft. Markt, Wettbewerb und Privatwirtschaft sollten respektiert und Gleichheit hergestellt werden über eine Umverteilung, über fiskalische Maßnahmen und soziale Institutionen wie Krankenkassen, über Beihilfen. So machten es die schwedischen Sozialisten, überhaupt die sozialdemokratischen Parteien in Europa. Tatsächlich ist in vielen westlichen Ländern diese Art demokratischer Sozialismus ja eben ein solcher, weil er kein Sozialismus im traditionellen Sinne mehr ist, er ist dem Liberalismus sehr viel näher als dem Marxismus. Dass Hayek dies nicht anmerkt und alle Sozialismen in seiner harten Kritik an der Planwirtschaft und ihren Betreibern über einen Kamm schert, führt leicht zu einer Verwirrung, die ihn als borniert dastehen lässt, und genau das war er nie.

Das Buch *Hayek on Hayek* von 1994 ist ein schöner Beweis für die Meinungsvielfalt unter Liberalen, sobald es um ökonomische Themen geht. Ebenso für die Unvereinbarkeit dieser Lehre mit jeder Form von Dogmatismus und Fanatismus.

Nach allgemeiner Vorstellung sind Hayek, Mises und Friedman drei liberale Ökonomen, und das sind sie ohne Zweifel. Was aber nur heißt, dass es zwischen ihnen mehr Verbindendes als Trennendes gibt. Ihre Divergenzen sind jedoch erheblich, und keiner brachte sie so klar zum Ausdruck wie Hayek mit seiner für ihn so typischen, zuweilen erschreckenden Offenheit.

Er war ein großer Bewunderer von Ludwig von Mises (1881-1973), mit dem er kurz nach seiner Promotion als junger Mann in Wien zusammengearbeitet hatte. Wie bereits erwähnt, sagte er von ihm, er sei die Person, von der er am meisten gelernt habe, auch wenn Mises nie sein Professor war. 1921 empfahl er Hayek für eine Stelle im österreichischen Staatsdienst, und in den folgenden acht Jahren waren sie sich sehr nahe. Hayek erkennt dankbar an, dass Mises ihm Aufgaben und Verantwortlichkeiten übertrug, mit denen er Erfahrenere hätte betrauen können. Außerdem nahm Hayek an dem »Privatseminar« teil, das Mises seit 1920 alle zwei Wochen in seinem Büro in der Wiener Handelskammer gab. Man versammelte sich um sieben

Uhr abends in einem geräumigen Zimmer, in das etwa zwei Dutzend Personen passten, und erörterte Themen der Nationalökonomie, der Sozialphilosophie, der Soziologie, der Logik und der »Erkenntnistheorie der Wissenschaften vom menschlichen Handeln«. Dabei verteilte Mises an die Teilnehmenden Schokolade. Alle kamen freiwillig, als Schüler, und waren am Ende seine Freunde. Um zehn Uhr ging man in ein italienisches Restaurant essen, und manche zogen danach noch ins sogenannte »Künstler-Café«, wo sie bis tief in die Nacht weiterdiskutierten.* Zusammen mit Mises gründete Hayek das von ihm konzipierte Österreichische Institut für Konjunkturforschung, wo auch seine Frau eine Anstellung fand.

Ihre Differenzen, so Hayek, zeigten sich deutlich 1937, als er mit einem Aufsatz über die Ökonomie des Wissens Mises davon zu überzeugen versuchte, dass er falschliege mit seiner Aussage, die Markttheorie sei apriorisch. Apriorisch, so Hayek, sei nur »die Logik der individuellen Handlung«. Und weiter sagt er, dass Mises, so empfindlich er sonst auf Kritik seiner Schüler reagierte, immer so tat, als hätte er die in diesem Aufsatz formulierte Kritik nicht mitbekommen.

Und er fügt hinzu, dass er, auch wenn er ein ebensolcher Agnostiker sei wie Mises, dennoch glaube, dass das liberale Denken durch geistige Anstrengung allein, ohne eine »moralische Tradition« (was so viel heißt wie eine religiöse, zweifellos christliche), nicht möglich gewesen wäre.

Außerdem beschuldigt er Mises, ein Utilitarist zu sein, ein strikter Rationalist, der glaube, alles lasse sich lösen, wie es einem gerade gefällt (»we can arrange everything according to our pleasure«). Und er beharrt darauf, dass ein »strikter Rationalist« genauso im Irrtum ist wie ein Sozialist.

* So erzählt es Alan Ebenstein in *Hayek. A Biography*, a. a. O., S. 42.

Zu Milton Friedman (geboren 1912, also ein paar Jahre jünger als Hayek) sagt er, sie seien in allem einer Meinung außer in der Geldpolitik. Und er wirft ihm vor, von der Methodik her ein »logischer Positivist« zu sein. Dafür gesteht er ihm zu, ausgezeichnet erläutern zu können. Und bedauert, Friedmans *Essays in Positive Economics* nicht einer gründlichen Kritik unterzogen zu haben, da er diese Aufsatzsammlung für »ein gefährliches Buch« halte.* Friedman stichelt zurück. Im Gespräch mit Hayeks Biograf Alan Ebenstein sagt er, er sei ein großer Bewunderer Hayeks, »außer in ökonomischen Fragen«, und auch wenn er *The Road to Serfdom* für »eines der großartigsten Bücher unserer Zeit« halte, erscheine ihm die Theorie des Kapitals, wie Hayek sie in *Prices and Production* ausführe, schlicht unlesbar.**

Ist das kein schlagender Beweis dafür, dass im Liberalismus die verschiedensten Strömungen Platz haben und dass Liberale, egal wie klug sie sein mögen, auch nur Menschen sind, anfällig für Neid, Eitelkeiten und Zimperlichkeiten, nicht anders als die übrigen Sterblichen?

In *Der Weg zur Knechtschaft* hebt Hayek ein Thema hervor, das in nuancierter und präzisierter Form in vielen seiner späteren Schriften wiederkehrt: wie manche demokratische Regierung oder politische Partei in der besten aller Absichten und im Glauben, sie hätte eine klare nichtautoritäre Ausrichtung, aus lauter Ignoranz die ökonomischen Fundamente der offenen Gesellschaft untergräbt. Ihre Eingriffe in die Wirtschaft geben vor, gemäßigt zu sein und zu moralisch gerechtfertigten Ergebnissen zu führen. Sie sollen die Exzesse des Marktes eindämmen und eine Chancengleichheit schaffen, die den Armen

* *Hayek on Hayek. An Autobiographical Dialogue*, a. a. O., S. 144f.

** Alan Ebenstein, *Hayek. A Biography*, a. a. O., S. 81.

dieselben Vorteile bietet, wie die Reichen sie genießen; sollen verhindern, dass es zu wirtschaftlichen Unwuchten kommt, die so groß sind, dass sie zu Ausbrüchen gesellschaftlicher Gewalt führen; und vor allem sollen sie der arbeitenden Bevölkerung eine sichere Beschäftigung und Entlohnung garantieren. Doch im Namen dieser Sicherheit hat man in vielen Ländern einen wirtschaftspolitischen Interventionismus gerechtfertigt, der die Freiheit immer weiter abgebaut hat. Nach Hayek wohnt dem Staatsinterventionismus eine Eigendynamik inne, die, einmal in Gang gesetzt, nicht mehr aufzuhalten oder zurückzudrehen ist und die Planer zwingt, sich immer stärker in den freien Verkehr von Menschen und Gütern einzumischen. Bis es mit diesem Verkehr ein Ende hat und er ersetzt wird durch ein System, in dem der Staat nicht nur die Preise der Erzeugnisse festlegt, sondern sie auch produziert, vermarktet und selbst noch die Anzahl der Arbeiter bestimmt, über die jede Industrie verfügen darf. Auf diese Weise schwindet die Freiheit, bis sie sich im Wirtschaftsleben komplett verflüchtigt hat. Ihr Verlust ist für Hayek der Anfang vom Ende aller Freiheiten, der verhängnisvolle Weg in den Autoritarismus. So wie 1933, als in Deutschland Hitler an die Macht kam – die Demokratie war längst angenagt von der Einmischung des Staates in die Wirtschaft, es bedurfte nur noch des politischen Fußtritts.

Ein weiterer Faktor, den Hayek in seinem beharrlichen Kampf gegen den Staatsinterventionismus nicht in Rechnung ziehen konnte, ist der Terrorismus. Es gibt ihn seit Urzeiten, doch hat er solche Ausmaße angenommen und in den letzten Jahren – in New York, Paris, Madrid, London, Brüssel, Barcelona – zu solchen Katastrophen geführt, dass in den modernen Gesellschaften das Gefühl von Unsicherheit und die Angst vor einer neuen, vom fanatischen Islam ausgelösten Apokalypse immer größer wird. Eine Folge ist, dass die Öffentlichkeit wieder nach dem Staat ruft. Für sie ist er die einzige Institution, die die Gesellschaft als Ganzes vor dieser Gefahr bewahren kann, was wiederum dazu führt, dass die Menschen weniger abgeneigt sind, einen »großen« Staat zu akzeptieren, und staatliche Eingriffen in ihr Leben wie auch in die Wirtschaft mit Wohlwollen sehen, schließlich ist es ein Zeichen des Willens, die Bürger zu schützen.

Eines der brillantesten Kapitel in *Der Weg zur Knechtschaft* ist das elfte: »Das Ende der Wahrheit«. Es ist kein ökonomisches, sondern ein politisches, philosophisches. Thema ist die grundlegende Funktion der Lüge und wie sie in totalitären Regimen zur Wahrheit wird. Dabei unterscheidet Hayek zwischen Regierungen, die lediglich an der Ausübung ihrer autoritären Macht interessiert sind (und oftmals rauben), und solchen, denen es (auch wenn sie ebenfalls rauben) um die Ideen geht, die sie für absolute Wahrheiten halten, weshalb sie alles daransetzen, sie den Menschen einzuimpfen. Wie das gelingt? Indem man ihnen durch Propaganda weismacht, es seien ihre eigenen Vorstellungen, schon immer habe das Volk sich danach gesehnt, auch wenn es ihm selbst gar nicht bewusst war, aber nun erlaubt ihm das Regime mit seinem pädagogischen Eifer, das alles klar und deutlich zu erkennen. Was sich als umso zwingender darstellt, sobald erst alle Ideen, die den vom Regime zur Rechtfertigung seiner Politik vorgebrachten entgegenstehen, aus der Welt geschafft sind – ohne Möglichkeit, sich Gehör zu verschaffen, in den Medien zensiert, von den Lehrplänen gestrichen, verurteilt in Hörsälen, Büchern, Zeitschriften und Zeitungen, im Radio, im Fernsehen. So wird die offizielle »Wahrheit« – des Marxismus-Leninismus, des Nationalsozialismus, des Faschismus, des Maoismus, des Dschihadismus – inthronisiert und zu mehr als einer bloßen Idee, es ist die ganze kulturelle Atmosphäre, die Luft, die alle Disziplinen und Erkenntnisse durchweht, in den

Wissenschaften, im technischen Bereich, in der Kunst. Ideologie und Religion werden so zu den beiden Seiten ein und derselben Medaille, und genau wie in der Theologie wird Wissen zu einem Glaubensakt. Für Hayek ist das eine unvermeidliche Folge von Planung. Und die kann sich niemals allein auf die Wirtschaftspolitik beschränken, ihre innere Dynamik zwingt sie, darüber hinauszugehen und sämtliche gesellschaftlichen Aktivitäten zu kontrollieren und zu lenken, einschließlich der geistigen, der Gedanken. Und nicht nur die ökonomischen Folgen sind katastrophal, es führt auch zu einer Entstellung und Pervertierung der Wahrheit, die nicht länger etwas Unabhängiges ist, ein Ergebnis wissenschaftlicher oder geistiger Beschäftigung. Sie wird zu einer fabrizierten Wahrheit – meist einer politisch zurechtgeschneiderten Lüge, die sich als Wahrheit ausgibt –, und die offiziellen Organe verbreiten sie so lange, bis sie alle Bereiche durchdrungen hat, selbst so abstrakte wie die Mathematik oder die Metaphysik. Was Hayek hierzu schreibt, bringt es auf den Punkt: »In jeder Gesellschaft dürfte die Gedankenfreiheit nur für eine kleine Minderheit von Bedeutung sein. Das heißt aber nicht, daß irgendeiner dazu berufen ist oder die Macht dazu haben sollte, diejenigen auszuwählen, denen die Gedankenfreiheit vorbehalten bleiben soll. Unter keinen Umständen kann irgendeine Gruppe sich deshalb anmaßen, das Denken und den Glauben der Menschen bestimmen zu wollen.« (S. 207)

Die Verfassung der Freiheit

Hayeks bedeutendstes Werk, *The Constitution of Liberty* (1960), dem man als eine Art Erweiterung auch *Law, Legislation and Liberty* (1973-1979) hinzufügen sollte, ist keine einfache Lektüre. In seinen Schriften war Hayek präzise, überzeugend, doch seinem intellektuellen Genius mangelte es an Anschaulichkeit in der Darstellung, an Witz und Eleganz. Alles ist kompakt und ein wenig steif, und manchmal, so auch in dieser außergewöhnlichen Abhandlung, verheddert er sich in seinen Darlegungen, was dem Verständnis seiner Gedanken nicht eben zuträglich ist (einer der Gründe ist zweifellos, dass seine Muttersprache Deutsch war und er viele seiner Bücher, so auch *Die Verfassung der Freiheit*, auf Englisch schrieb). Die Argumente sind oft unterlegt mit lähmenden Fußnoten, so dass man schnell den roten Faden verliert. Und seine weitgespannte ökonomische Bildung verleitet ihn immer wieder, in eine solche Gelehrtheit zu verfallen, dass die Hauptgedanken ins Kleinteilige ausfransen, wie man es von nicht wenigen großen Gelehrten kennt. Und trotzdem, das Buch ist ein Meisterwerk, eine der intellektuellen Säulen des zwanzigsten Jahrhunderts, unverzichtbar, um die Kultur der Freiheit zu verstehen.

Die Arbeit an dem Buch muss Hayek enorme Mühe gekostet haben. Als er es beendete, war die Erschöpfung so groß – und sicherlich auch die nervliche Anspannung, die es für ihn bedeutete, mit dem Zigarettenrauchen aufzuhören –, dass er in eine Depression fiel, unter der er fast ein Jahr lang litt. Später sagte er im Scherz, er habe versucht, seinen Gemütszustand pfeiferauchend aufzuhellen. Das schaffte er aber erst, als er lernte, die Zigarette durch Schnupftabak zu ersetzen.

Die Verfassung der Freiheit war, so Hayeks ursprüngliche

Absicht, gedacht als eine Studie über die Anfänge der Freiheit – den Beginn der modernen westlichen Zivilisation – und die Art und Weise, wie diese Freiheit sich durch Traditionen, Gebräuche und Gesetze konsolidierte, bis sie alle Äußerungen des gesellschaftlichen Lebens durchdrungen hatte: die Wirtschaft, die Politik, die Kultur, die Religion, die Familie, die Arbeit, den souveränen Einzelnen, das Private und das Öffentliche. Das löst das Buch auch ein, letztlich aber ist es vor allem, was Hayek im dritten Teil entwickelt, überschrieben mit »Freiheit im Wohlfahrtsstaat«: wie diese Freiheit zurückging und der Interventionismus sich mit dem Aufstieg des Wohlfahrtsstaates ausweitete. Hayeks Beispiele stammen fast immer aus Großbritannien, auch wenn er sich hier und da auf Deutschland und die USA bezieht. Mit reichhaltigen Belegen und soliden Argumenten untersucht er, wie durch zunehmenden Etatismus und Kollektivismus dem Individuum seine Verantwortlichkeiten entrissen werden, wie der Rahmen seiner Freiheit beschnitten wird und der Staat sich immer mehr Entscheidungen herausnimmt in Dingen, die erst einmal das Privatleben betreffen. Diese Form von Verstaatlichung erfolgt in den freien Ländern auf diskrete Weise, manchmal unsichtbar und oft mit der Zustimmung jener, denen dieser Rahmen individueller Freiheit genommen wird, moralisch halten sie die Maßnahmen gar für nützlich oder gerechtfertigt. Hayek analysiert sorgfältig alle Bereiche, in denen sich dergleichen allmähliche Verstaatlichung im Leben der Menschen zeigt: bei der Arbeit, in der Gesundheitspolitik, der Geldpolitik, in Erziehung und Forschung, im Wohnungswesen, in der Landwirtschaft und so weiter.

Sozialversicherung und Krankenversicherung, früher einmal privat und nun weltweit immer mehr eine staatliche Leistung, sind ein typisches Beispiel dafür, wie man trotz bester Absicht unmöglich zu lösende Probleme schafft, denn oft ist die Finanzierung dieser Leistungen für die Regierungen gar nicht zu stemmen. Und mit Maßnahmen wie der progressiven Besteuerung – *progressive taxation* –, eingeführt, um allzu große Ungleichheiten zu korrigieren und der Chancengleichheit aufzuhelfen, erzielt man manchmal nur kontraproduktive Effekte, wenn auf diese Weise Investitionen und unternehmerische Kreativität abgewürgt, der Wettbewerb ausgeschaltet und die Türen aufgestoßen werden zu einer Kontrolle der Wirtschaft, was die Nation ärmer macht und die Menschen in eine staatsfixierte Lethargie treibt.

Im 21. Kapitel (»Der währungspolitische Rahmen«), ebenfalls brillant und luzide, wendet sich Hayek den negativen Phänomenen Inflation und Deflation zu (die Inflation hält er auf lange Sicht für schädlicher) sowie den in einer freien Gesellschaft beschränkten Möglichkeiten des Staates, sie über eine Notenbank zu bekämpfen. Und er erklärt, dass es kein Zufall ist, dass eine inflationistische Politik immer von denen befürwortet wird, die mehr staatliche Lenkung wünschen, etwa mit dem Argument, so lasse sich Vollbeschäftigung erreichen: »Jene, die die Freiheit erhalten wollen, sollten jedoch anerkennen, daß die Inflation wahrscheinlich der wichtigste Einzelfaktor in jenem circulus vitiosus ist, in dem jede Regierungsaktion immer mehr staatliche Lenkung notwendig macht.«*

Hayek erklärt die Ungleichheit und verteidigt sie, dabei wendet er sich gegen den alten demokratischen Glauben, wonach »alle Menschen gleich geboren« seien. Was keineswegs heißt, dass Hayek einem diskriminierenden Umgang der Menschen untereinander das Wort redete, im Gegenteil, er betont die un-

* F. A. von Hayek, *Die Verfassung der Freiheit*, J. C. B. Mohr (Paul Siebeck), Tübingen 1983, S. 424f.

bedingte Notwendigkeit, dass alle Menschen »vor dem Gesetz« gleich sind. Nur sorgt diese »Gleichheit vor dem Gesetz« eben auch dafür, dass die Unterschiede, die aus den Ungleichheiten unter den Menschen resultieren, hervortreten, sobald es um Talent geht, Ehrgeiz, Arbeitsleistung, Erfindungsgabe, Fantasie, Bildung et cetera. In einer freien Gesellschaft bedeuten diese Unterschiede jedenfalls auch eine unterschiedliche Beteiligung an der Produktion und an den Erträgen, die der Einzelne mit seiner Arbeit für die Gesellschaft erwirtschaftet. Entspricht das unterschiedliche Einkommensniveau dem ungleichen Beitrag zur Produktion, berührt das also nicht das Prinzip der Gleichheit vor dem Gesetz, die unterschiedlichen Beiträge werden nur auf eine Weise entlohnt, die billig und gerecht ist.

Außerdem ist die Ungleichheit, die aus diesem System erwächst, ein wichtiger Stimulus für die Gesellschaft als Ganzes wie auch für die einzelnen Individuen, denn sie etabliert Standards oder Spitzen, denen man nacheifern kann, indem man über sich hinauswächst.

Für die unterentwickelten Länder, so Hayek, ist es ein Glück, dass die westlichen Länder auf diese Weise prosperiert haben und vorangekommen sind, so haben sie ein Modell, dem sie folgen können, und die Länder der Ersten Welt können sie in ihrem Kampf für den Fortschritt unterstützen. Sehr viel schlechter wäre es gewesen, wenn der Fortschritt des Westens begrenzt geblieben wäre, ausgehebelt durch eine egalitäre Gerechtigkeit, die ihn in der Unterentwicklung gehalten und gezwungen hätte, das Vorhandene zu verteilen. Aber Armut zu verteilen macht niemanden reich, es trägt nur dazu bei, die Armut zu verallgemeinern. Die Freiheit, will Hayek uns sagen, ist nicht zu trennen von einer gewissen Ungleichheit. Dabei soll diese, um ethisch akzeptiert zu werden, nur die Unterschiede in Talent und Anstrengung widerspiegeln, keinesfalls darf sie die Folge eines Privilegs oder einer bestimmten Form von Diskriminierung oder Ungerechtigkeit sein.

Nicht immer legt Hayek die Sicherheit an den Tag, mit der er im Allgemeinen seine Themen behandelt und zu einer Schlussfolgerung gelangt. Eine solche Ausnahme ist das 24. Kapitel über Erziehung und Forschung. Im Prinzip akzeptiert er die Existenz eines öffentlichen Bildungswesens, zugänglich für Menschen aus sozialen Schichten, denen Bildung sonst versagt bliebe, damit sie später arbeiten, ihren Lebensunterhalt verdienen, weiterkommen und zum Gemeinwohl beitragen können. Aber er weist auf die Schwierigkeiten hin, ein System zu finden, das diese Chancengleichheit über ein Schulwesen auf hohem Niveau garantiert, ohne dass der Staat sich ermächtigt sieht, ein einziges Erziehungsmodell durchzusetzen; ohne dass er das Prinzip der Chancengleichheit verwechselt mit einer Gleichheit, die willkürlich die ganze Gesellschaft homogenisiert und der freien Entwicklung des Individuums im Weg steht. Ideal wäre, wenn die Unterschiede nicht aus einem Privileg resultierten, sondern, in einem System des freien Wettbewerbs, aus der Arbeit und Kreativität eines jeden Einzelnen. Hayek beschreibt die Schwierigkeiten und Widersprüche, die es bedeutet, Lehranstalten für eine Elite begabter Schüler zu schaffen, ohne damit ungerechtfertigten Privilegien oder gleich einer Unterscheidung in Klassen Vorschub zu leisten. Eine Formel, die aus dem Dilemma herausführte, findet er nicht.

Ähnlich ist es beim Thema Forschung und den wissenschaftlichen und technische Anstalten, die vom Staat geschaffen oder unterstützt werden. Hier ist für Hayek lediglich fundamental, dass es dort nicht ein einziges, aufgezwungenes Kriterium gibt, sondern dass man die Freiheit garantiert, die den Forschern unterschiedliche und widersprüchliche politische Ansichten erlaubt. Mit Einschränkungen natürlich: »Tolerance should not include the advocacy of intolerance« (»Toleranz soll nicht die Befürwortung von Intoleranz einschließen«). Weshalb man seiner Meinung nach auch einem Kommunisten keine »tenure« (unkündbare Anstellung) geben sollte – wahrlich unvereinbar mit dem freien Markt, den Hayek so verteidigte. Doch gibt man ihm die Stelle, solle man sie auch respektieren, wie jede andere Abmachung auch.

»Warum ich kein Konservativer bin«

Als Nachwort zu *The Constitution of Liberty* steht ein Aufsatz mit dem Titel »Why I Am Not a Conservative« (»Warum ich kein Konservativer bin«), den Hayek 1957, zum zehnjährigen Jubiläum der Mont Pèlerin Society, vorgetragen hatte. Darin erklärt er den Unterschied zwischen einem Liberalen und einem Konservativen, was man heute umso mehr betonen muss, als die Linke sich darin gefällt, beides in einen Topf zu werfen. Es ist ein Grundsatztext, in dem deutlich wird, wo die ideologische und moralische Linie verläuft, an der sich Liberalismus und Konservatismus, soviel sie gemeinsam haben mögen, ganz wesentlich voneinander unterscheiden. Und worin Konservative und Sozialisten, auch wenn sie in entgegengesetzten Ecken stehen und sich für unvereinbare Gegner halten, oftmals übereinstimmen.

Ein Konservativer bietet keine Alternative für die Richtung, in der die Welt vorangeht, während es für einen Liberalen eine ganz wesentliche Frage ist, *wohin* wir uns bewegen.

Worauf ein Konservativer hinauswill, wird diktiert von der Angst vor der Veränderung und dem Unbekannten, von seinem natürlichen Hang, nach einer Autorität zu rufen. Auch zeigt er im Allgemeinen eine große Unkenntnis der Kräfte, die in der Wirtschaft wirken. Er tendiert zu einer gewissen Nachsicht gegenüber Zwang und Machtwillkür, und er rechtfertigt sie schon mal, wenn er glaubt, der gute Zweck heilige die Mittel. Das aber reißt einen unüberbrückbaren Abgrund auf zwischen ihm und einem Liberalen, für den »weder moralische noch religiöse Ideale Gegenstand des Zwanges sein« können, wie nicht nur Sozialisten, sondern auch Konservative glauben. Außerdem machen Konservative gerne »die Demokratie« für alle gesellschaftlichen Übel verantwortlich. Und anders als die Liberalen, die überzeugt sind von der Macht der Ideen, um auf die Geschichte Einfluss zu nehmen, sehen die Konservativen, »auf die zu einer gegebenen Zeit ererbten Ideen beschränkt«, allein schon in der Vorstellung von Wandel und Reform eine Bedrohung für ihre gesellschaftlichen Ideale. Weshalb Konservative, sobald es um Politik geht, oft Obskuranten sind, um nicht zu sagen reaktionär. Auch sind sie nicht selten Nationalisten und können nicht verstehen, dass die Ideen, die unsere Zivilisation verändern, keine Grenzen kennen und in den verschiedensten Kulturen und Ländern gleichermaßen gelten. Ein Konservativer begreift nur schwer den Unterschied, den Liberale zwischen Nationalismus und Patriotismus machen, für ihn ist beides gleich. Nicht aber für einen Liberalen. Für ihn ist Patriotismus ein Gefühl, das Gutes bewirkt, getragen von Solidarität und einer tiefen Verbundenheit mit seiner Heimat, seinen Vorfahren, seiner Sprache, der Geschichte seiner Familie, etwas absolut Gesundes und Legitimes. Dagegen ist der Nationalismus eine negative Leidenschaft, eine schädliche Behauptung, die Verteidigung des Eigenen *gegen* das Fremde, so als wäre das Nationale ein Wert an sich, etwas Überlegenes. Es ist ein Gedanke, der Rassismus gebiert, Engstirnigkeit, Diskriminierung.

Liberale und Konservative teilen ein gewisses Misstrauen

gegenüber der Ratio, dem Rationalismus. Ein Liberaler ist sich bewusst, dass »wir nicht alle Lösungen kennen« und dass nicht sicher ist, ob unsere Antworten immer die besten und richtigsten sind, nicht einmal, dass sich überhaupt Antworten finden lassen auf all die Fragen, die wir uns zu so vielen unterschiedlichen Dingen stellen. Konservative dagegen haben meist zu allem eine feste Meinung, für Selbstzweifel ist kein Platz. Für Hayek – genau wie für Karl Popper – sind ständiger Zweifel und Selbstkritik unabdingbar, um zu neuen Erkenntnissen zu gelangen, und das in allen Bereichen des Wissens.

Ein Liberaler ist »in mancher Hinsicht im Grunde ein Skeptiker«, einer, der selbst jene Wahrheiten, die ihm am teuersten sind, als vorläufig ansieht. Ebendiese Skepsis in Bezug auf das Eigene erlaubt ihm, sich gegenüber anderen Überzeugungen und Anschauungen tolerant und versöhnlich zu zeigen, sosehr sie auch von den eigenen abweichen. Einen solch offenen Geist, der einen in die Lage versetzt, die eigenen Überzeugungen zu ändern und zu überwinden, trifft man nicht oft an, und er ist unvorstellbar für jemanden, der wie so viele Konservative glaubt, er wäre zu einer absoluten Wahrheit gelangt, an der jede Infragestellung oder Kritik abprallen müsste.

Konservative identifizieren sich meist mit einer Religion, während viele Liberale Agnostiker sind. Was nicht heißt, Liberale wären Feinde der Religion. Nicht wenige praktizieren ihren Glauben, genau wie Adam Smith, der Vater des Liberalismus. Nur sind sie eben der Meinung, dass das Spirituelle und das Weltliche unterschiedliche Sphären sind und dass es diese gegenseitige Unabhängigkeit aufrechtzuerhalten gilt. Denn verschmilzt beides zu einer Einheit, ist der Ausbruch von Gewalt nicht weit, die Geschichte aller Religionen beweist es, auch der fundamentalistische Islam hat es in letzter Zeit mit seinen Massenmorden wieder bestätigt. Anders als Konservative, die glauben, die wahre Religion lasse sich notfalls mit Gewalt durchsetzen, neigen Liberale dazu, keine Religion, auch nicht in wirtschaftlichen Fragen, über die andere zu stellen, und vor allem gestehen sie keiner Religion das Recht zu, sich wem auch immer aufzuzwingen. In dem Buch *Hayek on Hayek* ist die Passage eines Interview abgedruckt, wahrscheinlich aus seinen letzten Jahren, wo Hayek sagt, »in jüngster Zeit« habe er entdeckt, dass der Buddhismus ihn mehr anspreche als die »monotheistischen Religionen des Westens«, diese seien »entsetzlich intolerant«. Und ihm erscheine es »bewundernswert«, dass die Menschen in Japan zugleich Shintoisten und Buddhisten sein könnten.*

Hayek räumt ein, dass das Wort »liberal« im Laufe der Zeit unterschiedlich verstanden wird – in den USA zum Beispiel hat sich seine Bedeutung gewandelt, bis es so viel bedeutete wie »radikal« und gar »sozialistisch« –, aber er hat kein besseres gefunden. Und nicht ohne Humor merkt er an, dass der Begriff *Whig*, der es doch recht gut träfe, nun mal allzu unzeitgemäß wäre. Doch was gemeint ist, wird anschaulich, wenn Intellektuelle wie er das Wort benutzen. Mit seinem ganzen Werk hat er auf entscheidende Weise dazu beigetragen, den Liberalismus präzise abzugrenzen und ihn mit einem klaren Gehalt zu versehen.

* *Hayek on Hayek. An Autobiographic Dialogue*, a. a. O., S. 41.

Karl Popper

1902-1994

Ein Leben im Jahrhundert

Ohne Hitler und die Nazis hätte Karl Popper niemals *The Open Society and Its Enemies (Die offene Gesellschaft und ihre Feinde)* geschrieben, dieses 1945 erschienene Schlüsselwerk über das moderne demokratische und liberale Denken, und sein Leben wäre wohl das eines eher unbekannten, aus seinem heimatlichen Wien nicht herausgekommenen Professors der Wissenschaftsphilosophie gewesen. Über Poppers Kindheit und Jugend wusste man nur wenig – seine Autobiografie von 1976, *Unended Quest*, ist ein ausschließlich intellektuelles Zeugnis und unterschlägt sie fast völlig –, bis im Jahr 2000 Malachi Haim Hacohens Buch *Karl Popper. The Formative Years 1902-1945* erschien, eine ausführliche Untersuchung dieser Phase seines Lebens in der beeindruckenden Atmosphäre der Hauptstadt des österreichisch-ungarischen Reichs. Das Wien gegen Ende des neunzehnten und in den ersten Jahren des zwanzigsten Jahrhunderts war eine multikulturelle und multiethnische, kosmopolitische Stadt, geprägt von überschäumender künstlerischer Kreativität, kritischem Geist und heftigen intellektuellen und politischen Debatten. Dort wird der Keim liegen für den Popper'schen Gedanken von der »offenen Gesellschaft«, die er den geschlossenen Gesellschaften der totalitären Systeme entgegenstellt.

Mit dem Anschluss Österreichs an das Deutsche Reich 1938 begann für das kulturelle Leben des Landes eine Phase des Obskurantismus und des Niedergangs, von der es sich nie ganz erholte. Die größten Talente gingen in die Emigration, wurden vernichtet oder durch Zensur und Terror zum Schweigen gebracht, und es ist nicht ganz leicht, sich vorzustellen, dass dieses Wien, in dem Popper zur Schule ging und seine Neigung zur Forschung, zur Wissenschaft, zur Dissidenz entdeckte und in dem er den Beruf des Tischlers erlernte, Lehrer war, sich bei den Sozialisten engagierte – dass diese Stadt vielleicht die kultivierteste in ganz Europa war. Es war eine Welt, in der Katholiken, Protestanten, assimilierte Juden und Zionisten, Freidenker, Freimaurer und Atheisten zusammenlebten, polemisierten und ihren Beitrag dazu leisteten, die künstlerischen Formen zu revolutionieren, die Musik vor allem, aber ebenso die Malerei und die Literatur, die Sozialwissenschaften, die exakten Wissenschaften, die Philosophie. In seinem 1972 erschienenen Buch *The Austrian Mind. An Intellectual and Social History 1848-1938 (Österreichische Kultur- und Geistesgeschichte. Gesellschaft und Ideen im Donauraum 1848 bis 1938)* rekonstruiert William Johnston Stück für Stück diesen babylonischen Turm, in dem Popper sehr früh lernte, den Nationalismus zu verabscheuen. Er nannte ihn eine »schreckliche Häresie« (»a dreadful heresy«) der westlichen Zivilisation, einen ihrer Hauptgegner, den er immer als Todfeind der Kultur der Freiheit ausmachte. Er selbst war ein entschiedener Verteidiger der Minderheiten, der Armen, und der »Zusammenprall der Kulturen« konnte für ihn genauso fruchtbar und bereichernd sein wie jener, der zu Zeiten des Perikles das »griechische Wunder« bewirkte.

Poppers Familie, jüdischer Abstammung, war bereits zum Protestantismus konvertiert, als er am 28. Juli 1902 auf die Welt kam. Der Großvater väterlicherseits hatte eine eindrucksvolle Bibliothek mit etwa fünfzehntausend Bänden, und dort packte ihn, sagt er, nachdem er als Kind eine Geschichte von Selma Lagerlöf vorgelesen bekam, die Leidenschaft für die Bücher. Er konnte es nie verwinden, dass die Bibliothek hatte verkauft werden müssen, als die Familie, die in seiner Kindheit noch sehr wohlhabend gewesen war, in finanzielle Schwierigkeiten geriet. Im Alter, als er zum ersten Mal in seinem Leben Tantiemen erhielt, war er so naiv, die Bibliothek rekonstruieren zu wollen, was ihm aber nicht gelang. Seine Erziehung war protestantisch, puritanisch. Zwar heiratete er eine Katholikin, Hennie, eine Kommilitonin, doch die strenge Moral, geprägt von Verzicht auf alles Sinnliche, extremer Genügsamkeit und höchsten Ansprüchen an sich selbst, sollte ihn sein Leben lang begleiten.

Nach den Zeugnissen, die Malachi Hacohen zusammengetragen hat, war das, was er Marx und Kennedy am meisten vorwarf, nicht der politische Irrtum, sondern dass sie Geliebte hatten.

Im Wien seiner Jugendzeit – im Roten Wien – dominierte ein liberaler und demokratischer Sozialismus, in dem die multikulturelle Gesellschaft gedeihen konnte, und viele assimilierte jüdische Familien wie die seine bekleideten privilegierte Posten in der Wirtschaft, an der Universität und selbst in der Politik. Seine Ablehnung jeder Form von Nationalismus – die Rückkehr zur Stammesgesellschaft – brachte ihn dazu, den Zionismus abzulehnen, und immer dachte er, die Schaffung eines Staates Israel sei »ein tragischer Irrtum«. Im Entwurf zu seiner Autobiografie schrieb er diesen überaus harten Satz, zitiert von Haim Hacohen: »Zuerst lehnte ich den Zionismus ab, weil ich gegen jede Form von Nationalismus war. Aber nie hätte ich gedacht, dass die Zionisten zu Rassisten würden. Ich schäme mich meiner Herkunft: Ich fühle mich verantwortlich für die Taten der israelischen Nationalisten.«*

Damals dachte er, die Juden sollten sich in die Gesellschaft, in der sie lebten, integrieren, so wie seine Familie es getan hatte, denn »die Vorstellung von einem auserwählten Volk« erschien ihm gefährlich; ihm zufolge lag darin bereits, was in moderner Form die »auserwählte Klasse« im Marxismus sein sollte oder die »auserwählte Rasse« im Nationalsozialismus. Für jemanden, der so dachte wie er, muss es schrecklich gewesen sein, in der österreichischen Gesellschaft, die er für offen hielt, den Antisemitismus durch den ideologischen Einfluss aus Deutschland hochschäumen zu sehen und sich auf einmal bedroht zu fühlen, erstickt, zur Emigration gezwungen. Als er schließlich im Exil im fernen Neuseeland war, wo er dank seiner Freunde Friedrich von Hayek und Ernst Gombrich eine Stelle als Dozent am Canterbury College in Christchurch erhalten hatte, musste er erfahren, dass sechzehn nahe Angehörige – Onkel, Tanten, Cousins und Cousinen –, dazu zahllose österreichische Freunde und Kollegen jüdischer Abstammung, die sich genau wie er für vollkommen integriert gehalten hatten, in den Konzentrationslagern zu Tode gekommen oder umgebracht worden waren.

In einem privaten Brief, den er 1984, vierzehn Jahre nachdem er ihn geschrieben hatte, unter dem Titel »Against Big Words« (»Wider die großen Worte«) veröffentlichte, fasste Popper folgendermaßen zusammen, was ihn als Jugendlichen vom Sozialismus zum Liberalismus geführt hatte: »Ich begann als sozialistischer Mittelschüler, fand die Mittelschule wenig anregend und trat aus der sechsten Klasse aus; Reifeprüfung als

* Malachi Haim Hacohen, *Karl Popper, The Formative Years 1902-1945. Politics and Philosophy in Interwar Vienna*, Cambridge University Press, Cambridge 2000, S. 305.

Externist. Mit siebzehn Jahren (1919) zwar noch immer Sozialist, aber Marx-Gegner (als Folge von Erfahrungen mit Kommunisten). Weitere Erfahrungen (mit Bürokraten) führen schon vor dem Faschismus zur Einsicht, daß die zunehmende Macht der Staatsmaschine die größte Gefahr für die persönliche Freiheit ist, und daß die Maschine daher dauernd bekämpft werden muss. Alles das war nicht nur theoretisch: ich erlernte die Tischlerei (in Opposition zu meinen intellektuell-sozialistischen Freunden) und machte die Gesellenprüfung; ich arbeitete in Kinderheimen; ich wurde Volksschullehrer; ich hatte, bevor mein erstes Buch [...] fertig war, nicht die Absicht, Philosophieprofessor zu werden. (*Logik der Forschung* erschien 1934; Berufung nach Neuseeland kam Weihnachten 1936.) [...] Ich bin ein Anti-Marxist und ein Liberaler.«*

Nationalsozialismus, Exil und Krieg waren die Umstände, die Popper dazu brachten, für ein paar Jahre von seinen wissenschaftlichen Forschungen abzulassen und das zu leisten, was er später seinen »intellektuellen Beitrag« zum Widerstand gegen Hitler und die totalitäre Bedrohung nannte. Bevor er Österreich verließ, hatte er bereits *Logik der Forschung* (1934) veröffentlicht; erst 1959, ein Vierteljahrhundert später und um einiges erweitert, erschien die englische Ausgabe *(The Logic of Scientific Discovery)*. In diesem Buch wendet er sich gegen die induktive Methode der Erkenntnisgewinnung – wonach eine Hypothese allein durch bestätigende Beobachtungen verifiziert werden könne – und legt dar, dass eine Wahrheit, stets anfechtbar, eine Wahrheit nur ist, wenn sie nicht »falsifizierbar« ist, das heißt, wenn sie nicht objektiv bestritten werden kann. Eine These, die er sein Leben lang weiter ausarbeiten sollte.

* Karl R. Popper, *Auf der Suche nach einer besseren Welt. Vorträge und Aufsätze aus dreißig Jahren*, Piper Verlag, München 2016, S. 99 f.

Die offene Gesellschaft und ihre Feinde

Im Exil schrieb er zunächst *The Poverty of Historicism (Das Elend des Historizismus)* und dann sein Opus magnum: *Die offene Gesellschaft und ihre Feinde*. Malachi Haim Hacohen zeichnet eine so minuziöse wie fesselnde Geschichte der Bedingungen, unter denen Popper bei diesen beiden Büchern über politische Philosophie arbeitete, es verlangte ihm geradezu Heldenhaftes ab. So musste er Altgriechisch lernen, um Platon und Aristoteles im Original zu lesen, und viele Stunden zwackte er den Vorlesungen und universitären Verwaltungsaufgaben ab, bat seine Freunde in Europa um bibliografische Hilfe, lebte in einer Armut, die zeitweise dem Elend nahekam. Seine große Stütze war Hennie, sie stand ihm immer zur Seite, entzifferte die Manuskripte, tippte sie ab und unterwarf sie einer strengen Kritik.

Die offene Gesellschaft erforscht in ihren Ursprüngen und ihrer geschichtlichen Entwicklung die Ideen hinter den Lehren und Theorien, die der Freiheit feindlich gegenüberstehen. Nach fünf Jahren harter Arbeit erschien 1945 dieses Werk, das Popper zum kühnsten liberalen Denker seiner Zeit machte. Es ist eine solide Beschreibung und zugleich ein großartiges Plädoyer. Popper wendet sich darin gegen die Tradition der »historizistischen« Geschichtstheorie, die mit Platon beginne, im neunzehnten Jahrhundert wieder auflebe, mit Hegel erblühe und schließlich mit Marx zu ihrem Höhepunkt gelange. Im Herzen dieser Strömung, Mutter aller Autoritarismen, sieht Popper eine unbewusste, panische Angst vor der Verantwortung, die die Freiheit dem Individuum abverlangt, weshalb die Menschen dazu neigen, sie zu opfern, um sich der Verantwortung zu entledigen. Daher der nostalgische Wunsch nach einer Rückkehr zu einer kollektivistischen, tribalen Welt, einer statischen Gesellschaft, die den Wandel nicht kennt, zum Irrationalismus des magischen Denkens, als das Individuum sich noch nicht als solches verstand, sich nicht gelöst hatte aus der nährenden Mitte seines Stamms, noch nicht ausgebrochen war aus der Erstarrung, indem es Handel trieb, sich seines Verstandes bediente und die Freiheit praktizierte. Poppers systematische Hinterfragung aller Vorhersagen von Karl Marx kommt zu einem verheerenden Schluss, und so unerbittlich er gegen dessen Ideen anschreibt, behandelt er ihn dennoch mit Respekt und zuweilen auch Bewunderung. Marx' gute Absichten, der Ausbeutung und den sozialen Ungerechtigkeiten ein Ende zu setzen, erkennt er an, ebenso seine Seriosität als Wissenschaftler und seine intellektuelle Redlichkeit. Dass er als Soziologe den »Psychologismus« infrage gestellt habe, sei vielleicht sein größtes Verdienst, und er geht so weit zu behaupten, der Autor von *Das Kapital* habe im Grunde selbst an die offene Gesellschaft geglaubt. Sein großer Irrtum sei es, dem *Historizismus* zu erliegen, zu glauben, die Geschichte gehorche starren Gesetzen, die von einem Sozialwissenschaftler vorausgesehen werden könnten. Auch hinterfragt er Marx' These, wonach die »materiellen Produktionsbedingungen« (die ökonomische Struktur der Gesellschaft) immer den Ideen (dem kulturellen Überbau) vorausgingen und sie erklärten. Und er zeigt, wie die Ideen manchmal die gesellschaftlichen Veränderungen und materiellen Produktionsbedingungen antizipieren. Als Beispiel nennt er die Oktoberrevolution, die nur schwerlich geschehen wäre und den bekannten Lauf genommen hätte ohne die marxistischen Ideen, von denen Lenin sich leiten ließ. Auch wenn diese Ideen damals bereits eine andere Richtung genommen hatten als die von Marx vorgezeichnete, schließlich war er davon überzeugt, dass der Kommunismus zuerst die entwickeltsten kapitalistischen Länder wie England und Deutschland erreichen würde, nicht eine so rückständige Gesellschaft wie die russische.

Der große Bösewicht in *Die offene Gesellschaft und ihre Feinde* ist Hegel, den Popper auseinandernimmt und mit einer für ihn seltenen Härte abqualifiziert (er nennt ihn einen Scharlatan und wirft ihm Opportunismus vor, Geschwätzigkeit, Obskurantismus, ähnlich wie vorher schon Schopenhauer). Denn wo es um die Freiheit ging, war dieser gutmütige Professor, sonst so schlicht und feinfühlig, immer unnachgiebig.

Nicht nur Platon ist das Ziel seiner frontalen Kritik, genauso Aristoteles. Dessen »Essenzialismus« sei die direkte Verbindung vom antiken Griechenland zur Philosophie Hegels. Aristoteles, dem man schon den Vorwurf des »Verbalismus« machte, der geschwollenen Rede, die nichts besage, hat laut Popper diese Tradition Hegel vermacht, der noch einen draufsetzte. In dem Wörtergespinst, mit dem Hegel sein System errichtet, finden sich so die Fundamente jenes totalitären Staates – kollektivistisch, irrational, hierarchisch, rassistisch, antidemokratisch –, wie Platon ihn einmal ersann, obendrein perfektioniert und pervertiert. Für Hegel schreitet der Geist, Quell des Lebens und stets in Bewegung, mit der Geschichte fort und wird eins mit dem modernen Staat. Dieser Staat, Manifestation des *Wesens* alles Existierenden, steht über den Menschen, die die Gesellschaft ausmachen, und an seiner Spitze steht der Monarch, der absolute Souverän, dem man völligen Gehorsam und Unterwerfung schuldet. Der Staat erstarkt durch die Tat, wie geschehen im preußischen Staat. Und die höhere Form der Tat ist nun mal die Streitigkeit, der Krieg gegen andere Staaten, um sich selbst zu rechtfertigen. Der militärische Sieg zeichnet ihn aus als einen, der den anderen überlegen ist. So ist der Weg des menschlichen Fortschritts gesäumt von Helden, die glorreiche Taten vollbringen, durch die der Staat sich verwirklicht und an Größe gewinnt. Der Monarch – Führer, Caudillo – ist ein höheres Wesen. Er kann die Massen betrügen, belügen und manipulieren, so wie auch Platon den Wächtern der *Politeia* erlaubte, unerbittlich gegen all diejenigen vorzugehen, die eine Rebellion wagten. Das größte Verbrechen, das ein Bürger begehen kann, ist es schließlich, sich gegen den *Geist* zu erheben, der den Staat ausmacht und dessen Inbegriff und zugleich Projektion der oberste Herrscher oder Diktator ist. Gibt es eine bessere Beschreibung eines solchen Übermenschen, wie Hitler, Stalin, Mussolini, Mao oder Fidel Castro es waren?

Das Buch ist ein Meisterwerk, und das Neue war, dass Popper den Ursprung und die Wurzel aller vertikalen und antidemokratischen Ideologien im alten Griechenland und bei Platon fand. In jener Kultur also, die die Fundamente gelegt hatte für die Demokratie und die offene Gesellschaft. Die Angst vor der Freiheit geht demnach von Beginn an einher mit der Freiheit selbst, und es war kein Geringerer als eben Platon, der brillanteste Denker seiner Zeit, der als Erster die Vernunft in den Dienst des Irrationalismus stellte (zurück zur geschlossenen Stammesgesellschaft, zur kollektivistischen Verantwortungslosigkeit und zum sklavistischen und rassistischen politischen Despotismus des obersten Herrschers). Den Irrationalismus kritisiert Popper scharf und stellt fest, dass er früher oder später zum Verbrechen führt; und auch wenn es schon mit Platon angefangen habe, sei er eine gefährliche Krankheit, »die subtile intellektuelle Krankheit unserer Zeit«.

Aber kann man das Irrationale gleichsetzen mit Kollektivismus und der Sehnsucht nach der verlorenen Einheit des Stammes? Gehören zum Irrationalen nicht solch zutiefst menschliche Aspekte wie die Welt des Unbewussten, der Träume, der Intuition, der Triebe und der Leidenschaften? Natürlich lässt sich viel Destruktives darauf zurückführen, politischer und religiöser Dogmatismus und Fanatismus etwa, sie führen nur zu Unterdrückung und Terrorherrschaft. Aber das Irrationale hat, in sublimierter Form, auch außergewöhnliche künstlerische Kreationen hervorgebracht, die mystische Dichtung des Johannes vom Kreuz zum Beispiel oder die modernistische von Rimbaud und Lautréamont, und ein Großteil der modernen Kunst schöpft nicht selten ebenfalls aus dieser nichtrationalen Quelle des Menschlichen.

War Poppers Deutung des platonischen Denkens wirklich angemessen? Viele Hellenisten, Philosophen und politische Essayisten bezweifeln es. Aber selbst wenn Popper bei seiner Kritik an den Gedanken von Platon und Aristoteles womöglich zu dick aufträgt, bleibt sein Buch doch eine treffende Analyse der psychologischen und sozialen Mechanismen, die das souveräne Individuum dazu verleiten, die mit der Freiheit einhergehenden Risiken zu scheuen und sich lieber einem diktatorischen Regime zu unterwerfen.

Malachi Haim Hacohen muss bei seiner Arbeit über den jungen Popper ebenso viel Aufwand betrieben haben wie der bei seinen Untersuchungen zu den Ursprüngen des Totalitarismus im alten Griechenland. Zeitweise hat es den Eindruck, dass seine ergebene, fast schon religiöse Bewunderung Poppers im Laufe dieser Jahre in Enttäuschung umschlug, denn immer deutlicher traten in dessen Privatleben die Schwächen und unvermeidlichen Macken hervor, seine Intoleranz, sein Undank gegenüber denen, die ihm geholfen hatten, seine Depressionen und die mangelnde Flexibilität, neu aufgekommene Formen, Ideen und Moden zu akzeptieren. Manche der kritischen Bemerkungen sind sicher ungerecht, aber sie sind nicht überflüssig in einem Buch über einen Denker, der immer die Ansicht vertrat, der kritische Geist sei die unerlässliche Bedingung für den wahren Fortschritt in Wissenschaft und Gesellschaft, und nur nach der Methode von Versuch und Irrtum – im Versuch, sie zu »falsifizieren«, ihre Irrigkeit aufzuzeigen – lasse sich erkennen, was Wahrheit und was Lüge ist in den Lehren, Theorien und Interpretationen, die das Individuum, ob isoliert oder als Teil des gesellschaftlichen Amalgams, erklären wollen.

Andererseits lässt Hacohen keinen Zweifel daran, dass Popper, entgegen der vorherrschenden Meinung in den Jahren des Kalten Kriegs, alles andere als der geborene Philosoph des Konservatismus war. Denn seine Thesen über die offene Gesellschaft und die geschlossene Gesellschaft, den Essenzialismus, den Historizismus, die Welt 3, die Sozialtechnik der kleinen Schritte, den Tribalismus, dazu seine Argumente gegen den Nationalismus, den Dogmatismus und die politisch-religiösen Orthodoxien: das alles deckt ein weites liberales Spektrum der Philosophie ab, und man könnte ihn genauso allen demokratischen Richtungen zuschlagen, von der Sozialdemokratie bis zu den Konservativen, solange nur die Gewaltenteilung akzeptiert wird, freie Wahlen, Meinungsfreiheit, Marktwirtschaft. Ein Beispiel dafür ist, wie ihn der Philosoph und Labour-Abgeordnete Bryan Magee in seinem Buch *Popper* quasi sozialdemokratisch rehabilitiert, sekundiert von Jeremy Shearmur (an der London School of Economics Poppers Assistent) in *The Political Thought of Karl Popper*. Und Popper selbst sagt in seiner kurzen und schematischen Autobiografie *Unended Quest*, »wenn es so etwas geben würde wie einen Sozialismus verbunden mit persönlicher Freiheit, dann wäre ich auch heute noch Sozialist«. Ein freies Leben in einer egalitären Gesellschaft aber, fügt er hinzu, sei nur »ein schöner Traum«.*

* Karl R. Popper, *Ausgangspunkte. Meine intellektuelle Entwicklung*, übersetzt von Friedrich Griese, hrsg. von Manfred Lube, Mohr Siebeck, Tübingen 2012, S. 45.

Poppers Liberalismus ist ein fortschrittlicher, denn er ist durchdrungen von einem tiefen Wunsch nach Gerechtigkeit, wie er manchmal fehlt bei all denen, für die Freiheit allein in der Existenz freier Märkte besteht und die dabei vergessen, dass die Freiheit der Wölfe, so die Metapher von Isaiah Berlin, der Tod der Lämmer ist. Die wirtschaftliche Freiheit, für die Popper sich einsetzte, sollte ergänzt werden um ein anspruchsvolles öffentliches Bildungssystem und verschiedene soziale Initiativen, Einrichtungen etwa, die »die wirtschaftlich Schwachen vor den wirtschaftlich Starken schützen«, wozu auch ein ausgeprägtes kulturelles Umfeld gehört, das zugänglich ist für so viele Menschen wie möglich, um auf diese Weise »Chancengleichheit« herzustellen und in jeder Generation gegen die religiösen Dogmen und den tribalen Geist anzukämpfen. In *Die offene Gesellschaft und ihre Feinde*, aus denen diese Zitate stammen, ist Popper glasklar: »die ökonomische Macht kann fast ebenso gefährlich sein wie physische Gewaltanwendung«*.

Seine beiden großen politisch-philosophischen Werke schrieb Popper in Neuseeland. In den folgenden Jahren, wieder in Europa, kehrte er zurück zu seinen wissenschaftlichen Untersuchungen und philosophischen Betrachtungen, ohne dabei die gesellschaftlichen und politischen Probleme je aus den Augen zu verlieren. Entscheidend war hier sein Umzug nach England 1946: »Im Jahre 1944 fuhr ich mit meiner Frau in einem bitterkalten Bus, der uns aus den Skiferien am *Mount Cook* zurückbrachte. Irgendwo hielt der Bus an, es war an einem abgelegenen, eingeschneiten neuseeländischen Postamt. Zu meiner Überraschung wurde mein Name aufgerufen und jemand

* Karl R. Popper, *Die offene Gesellschaft und ihre Feinde*, Bd. II, *Falsche Propheten: Hegel, Marx und die Folgen*, hrsg. von Hubert Kiesewetter, Mohr Siebeck, Tübingen 2003, S. 145. Alle Zitate nach dieser Ausgabe.

reichte mir ein Telegramm – das Telegramm, das unser Leben veränderte. Es war von F. A. Hayek und es bot mir eine Dozentenstelle in der *London School of Economics* an. Die Anstellung folgte dann 1945, und im Jahr 1949 erhielt ich den Titel ›Professor für Logik und wissenschaftliche Methode‹.«*

Tatsächlich war es sein Freund Hayek, der ihm diese Stelle an der London School of Economics besorgt hatte. In England widmete er sich ganz der Forschung und der Lehre und schrieb Bücher, verfasste Aufsätze, hielt Vorträge. Trotz seiner ausgesprochenen Bescheidenheit und Diskretion – in Salzburg, bei einer Rede zur Eröffnung der Festspiele, sagte er, seit 1950 lebe er mit seiner Frau zurückgezogen in den Chiltern Hills, »ohne Fernsehapparat, ohne Tageszeitungen« – wurde sein Genie doch zunehmend erkannt und anerkannt. In dem Land, das zu seiner Wahlheimat werden sollte, bedachte man ihn mit zahlreichen Auszeichnungen. Er erhielt die britische Staatsbürgerschaft, wurde von der Königin geadelt und in die British Academy und die Royal Society aufgenommen. Sein Ruhm war schließlich so groß wie in der akademischen Welt der seines Landsmanns Ludwig Wittgenstein.

Popper und Wittgenstein

Ein einziges Mal in ihrem Leben trafen sich diese beiden großen Denker von Angesicht zu Angesicht, am 25. Oktober 1946, und das für gerade mal zehn Minuten. Doch das verbale, fast körperliche Gefecht, das sie austrugen, war so heftig, dass es

* Karl R. Popper, »Auf dem Weg zu einer evolutionären Theorie des Wissens«, in: *Eine Welt der Propensitäten*, Mohr, Tübingen 1995, S. 55.

schon mythische Dimensionen angenommen hat. Aber was ist wirklich passiert? Was war die Vorgeschichte, welche Folgen hatte diese Begegnung, in der im Nachhinein nicht wenige eine symbolische Scheidelinie zwischen den beiden zentralen Strömungen der modernen Philosophie sahen?

Wer erfahren möchte, wie sehr es zwischen den beiden brodelte, dass es zu diesem Duell der Giganten kam, sollte *Wittgenstein's Poker** von David Edmonds und John Eidinow lesen, zwei Kulturjournalisten der BBC. Ihr Buch mit dem Untertitel *The Story of a Ten-Minute Argument Between Two Great Philosophers* liest sich wie ein Krimi. Den Autoren gelingt es, die Leser davon zu überzeugen, dass sie, um zu verstehen, was in diesen zehn entscheidenden Minuten passiert ist, eintauchen müssen in das kulturellen Leben in Österreichs Hauptstadt vor Hitler, die Freundschaften und Streitereien im Wiener Kreis, Wittgensteins und Poppers Lebensläufe, Thesen und Arbeiten, die vorherrschenden philosophischen Tendenzen in Großbritannien und vor allem in Cambridge; eintauchen in die große Debatte im Westen, die in den Jahren des Aufstiegs des Faschismus begann und während des gesamten Kalten Kriegs fortdauerte, eine Debatte über die Funktion der Kultur im politischen Kontext der Länder.

Die beiden Rivalen hatten vieles gemeinsam. Beide waren in Österreich geboren und entstammten jüdischen Familien, die zum katholischen bzw. protestantischen Glauben konvertiert waren. Antisemitismus und Nationalsozialismus führten sie, nach Zwischenstationen in Norwegen (Wittgenstein) und

* David J. Edmonds und John A. Eidinow, *Wie Ludwig Wittgenstein Karl Popper mit dem Feuerhaken drohte. Eine Ermittlung*, aus dem Englischen von Suzanne Gangloff, Angela Schumitz, Fee Engelmann und Holger Fließbach, Deutsche Verlags-Anstalt, Stuttgart/München 2001.

Neuseeland (Popper), nach England, wo sie die britische Staatsbürgerschaft erwarben. Wittgensteins Familie gehörte zu den reichsten in Wien und Poppers Familie zur wohlhabenden Mittelschicht, und doch hatten beide immer eine ausgeprägte, fast zwanghafte Neigung zu einem genügsamen und zurückgezogenen Leben, was sich bei Wittgenstein – sein Erbe hatte er den Geschwistern geschenkt – so weit auswuchs, dass es der Askese nahekam. Trotz ihrer Leidenschaft für die Ideen waren sie der Arbeit mit den Händen zugetan – Wittgenstein als Gärtner, Popper als Tischler –, eine Art präventiver Ausgleich zur intellektuellen Betätigung. Der Puritanismus des Milieus, in das sie geboren wurden, prägte beider Sexualleben, bestimmt von Mäßigung und Selbstbeherrschung sowohl in den prekären homosexuellen Beziehungen Wittgensteins als auch in der überaus genügsamen Ehe Poppers mit Hennie, der einzigen Frau in seinem Leben (einem Freund gestand der Philosoph im Alter, seine Mutter habe ihm nie einen Kuss gegeben und er seine Frau nie auf die Lippen geküsst). Beide verdankten viel Bertrand Russell – Zeuge und Teilnehmer der Begegnung am 25. Oktober 1946 –, der sich dafür ins Zeug gelegt hatte, dass Wittgensteins *Tractatus logico-philosophicus* erscheinen konnte, und sich in Cambridge dafür einsetzte, dass er einen Lehrstuhl bekam; auch verteidigte Russell leidenschaftlich Poppers *The Open Society and Its Enemies*, veröffentlicht ein Jahr zuvor in England. Beide, Wittgenstein und Popper, waren genial, unbestechlich, von luziferischer Arroganz und maßlosem Groll, wobei Wittgensteins hysterische Ausbrüche (wie an jenem denkwürdigen Tag) die Popper'schen locker in die Ecke stellten.

Die Unterschiede lagen in ihrer Persönlichkeit, vor allem aber in ihrer Philosophie. Wittgensteins These, wonach es keine echten philosophischen Probleme gebe, sondern nur *puzzles*, sprachlich bedingte Vexierrätsel, und dass es die vorrangige Aufgabe des Philosophen sei, sie zu lösen, die Sprache zu säubern von allen psychologischen Unreinheiten, Gemeinplätzen, Mythologien, religiösen oder ideologischen Konventionen – diese These erschien Popper von einer unerträglichen Oberflächlichkeit, dazu angetan, die Philosophie zu einem Zweig der Linguistik zu machen oder zu einer formalen Übung, die mit den Problemen der Menschen nichts mehr zu tun hätte. Die aber waren für ihn der Grundstoff der Philosophie, und wenn es für Philosophen eine Daseinsberechtigung gab, dann allein dadurch, dass sie Antworten und Erklärungen suchten für das, was die Menschen am meisten umtreibt. So hatte er es in seinem fernen Refugium in Neuseeland mit *Die offene Gesellschaft und ihre Feinde* gehalten, worin er Wittgensteins Philosophie an zahlreichen Stellen kritisiert – er beschuldigt ihn gar, widersprüchlich und konfus zu sein, seine Theorie sei falsch – und wo er etwas schreibt, was den Autor des *Tractatus* nur wütend machen konnte: *»Klar sprechen heißt so sprechen, daß es auf die Worte nicht ankommt.«**

Diese beiden widerstreitenden Auffassungen von der Philosophie prallten nun an jenem Freitag, dem 25. Oktober 1946, aufeinander, im Moral Sciences Club der Universität Cambridge, wo Wittgenstein an diesem Abend den Vorsitz hatte, er selbst hatte Popper, der erst vor wenigen Monaten nach England gekommen war, zu einem Gastvortrag eingeladen, Poppers Thema: »Gibt es philosophische Probleme?«

Das alles war kein Zufall, denn es ging durchaus darum, zwischen den beiden Koryphäen eine Debatte zu provozieren, weshalb an diesem Abend auch statt des Dutzends Studenten und Professoren, die sich normalerweise in diesem Club versammel-

* Karl Popper, *Die offene Gesellschaft und ihre Feinde*, Bd. II, a. a. O., S. 388.

ten, über dreißig zugegen waren, dicht zusammengedrängt in dem etwas heruntergekommenen Raum H3 im ersten Stock eines Gebäudes des altehrwürdigen King's College. Popper kam am frühen Nachmittag nach Cambridge, und bevor er zum Club ging, traf er sich mit Bertrand Russell zum Tee; was böse Zungen zu der Behauptung veranlasste – eine dieser Mutmaßungen, die zu diesem Abend ins Kraut schießen –, Russell habe Popper angestachelt, ohne jedes Drumherum gegen Wittgensteins These von den *puzzles* vom Leder zu ziehen. Tatsache ist, dass dies gar nicht nötig war. Popper schreibt in seiner Autobiografie, dass er schon lange darauf brannte, Wittgenstein zu beweisen, dass es philosophische Probleme sehr wohl gebe und auch, auf welche Weise. So ging er also an jenem Abend mit gezücktem Schwert zu der Sitzung.

Popper begann seinen Vortrag anhand von Notizen, bestritt, dass es die Aufgabe der Philosophie sei, Rätsel zu lösen, und führte eine Reihe von Fällen an, die seiner Meinung nach typische philosophische Probleme darstellten. Wittgenstein unterbrach ihn zornig und wurde dabei laut (was ihm oft passierte). Doch Popper unterbrach ihn seinerseits und versuchte seinen Vortrag fortzusetzen. In dem Moment nahm Wittgenstein den Feuerhaken vom Kamin und schwang ihn durch die Luft, um seine wütende Widerlegung der Kritik Poppers anschaulich zu unterstreichen. Eine knisternde Stille breitete sich aus unter den anwesenden britischen Philosophen, die, eher sanften Gemüts, dergleichen Demonstration österreichischen Überschwangs nicht gewohnt waren. Bertrand Russell intervenierte streng und forderte Wittgenstein auf, den Schürhaken sofort wegzulegen. Nach einer der vielen Versionen brüllte Wittgenstein in dem Moment, noch mit dem Haken in der Hand, in Poppers Richtung: »Geben Sie ein Beispiel für eine moralische Regel!« Worauf Popper erwiderte: »Man soll Gastredner nicht mit einem Schürhaken bedrohen.« Hier und da wurde gelacht. Wittgenstein, zornesrot, warf den Schürhaken in die Glut des Kamins, stürmte hinaus und schlug die Tür hinter sich zu. Einer anderen Version zufolge machte Popper diesen kleinen Scherz erst, als Wittgenstein bereits gegangen war und sowohl Russell als auch der Philosoph Richard Braithwaite versuchten, die Gemüter zu beruhigen. David Edmonds und John Eidinow haben sämtliche schriftlichen Zeugnisse über den Vorfall gelesen, haben den Briefwechsel von Protagonisten und Zeugen verglichen und die unterschiedlichen Versionen einer minuziösen, zuweilen schonungslosen Analyse unterzogen. Ihre Nachfragen – das Lehrreichste an dem Buch – führten keineswegs zur Wahrheit über das Geschehen in jenen hitzigen zehn Minuten, sie zeigen nur, dass man niemals mit Gewissheit sagen kann, was tatsächlich passiert ist. Die Erinnerungen der zehn oder elf noch Lebenden, die an diesem Abend dabei waren, stimmen nicht miteinander überein und weichen manchmal diametral voneinander ab. Einige haben Bertrand Russells Satz gehört, andere nicht; einige versichern, Poppers Replik sei vorher gefallen, andere, erst danach, Wittgenstein sei gleich wütend abgerauscht. Und niemand ist sich sicher, welche Sätze und Einwürfe genau zwischen den beiden Polemikern hin- und herflogen. Selbst der Student, dem es zukam, die Sitzung zu protokollieren, geriet, von der unerwarteten Wendung der Debatte wie gelähmt, völlig durcheinander und setzte eine so allgemeine und farblose Version auf, dass sie zu den wildesten Interpretationen einlädt.

Wittgenstein's Poker wollte eine Reportage über ein kulturelles Ereignis von unzweifelhafter Tragweite sein, und das ist den beiden Journalisten von der BBC auch gelungen. Sie haben damit aber noch etwas geschafft, selbst wenn es nicht ihr Ziel war, nämlich mit einem grandiosen Beispiel einen alten Verdacht zu bestätigen: dass das fiktive – imaginäre, literarische – Element in der Historie unvermeidlich ist, es geht nicht ohne. Denn wenn ein Vorfall aus der jüngeren Vergangenheit, dessen Akteure in so großer Zahl noch am Leben sind, derart durch die Maschen der objektiven und wissenschaftlichen Forschung schlüpft und Fantasie und Subjektivität sie zu etwas ganz anderem machen – ein treuer Schüler Wittgensteins, der an jenem Abend im Moral Sciences Club dabei war, stritt gar kategorisch ab, dass dort irgendwas vorgefallen sei –, dann darf man sich fragen, was erst mit den Erzählungen historischer Ereignisse passiert, denen die Ideologien und Religionen, die Interessen, Leidenschaften und Träume im Laufe der Jahrhunderte eine immer höhere Dosis Fantasie zugeführt haben, bis sie in die Domäne der Literatur vorgedrungen, wenn nicht gar mit ihr eins geworden sind. Das spricht natürlich nicht gegen die Geschichte als Wissenschaft. Es unterstreicht nur, wie hoch der Anteil an Imagination ist.

Die verdächtige Wahrheit

Für Karl Popper zeigt sich die Wahrheit nicht, sie wird mit der Zeit entdeckt, und dieser Prozess kennt kein Ende. Sie ist also immer eine provisorische Wahrheit, die so lange Bestand hat, wie sie nicht widerlegt wird. Die Wahrheit liegt im Bestreben des Menschen selbst, sie zu entdecken, verborgen wie ein Schatz in den Tiefen der Materie oder des Sternengrunds, wartend auf den Forscher mit seiner Wünschelrute, der sie ausfindig macht und der Welt vorführt, als wäre sie eine unvergängliche Göttin. Die Popper'sche Wahrheit ist eine fragile, im ständigen Kreuzfeuer von Beweisen und Experimenten, die sie abwägen, untergraben – in Poppers Vokabular: »falsifizieren« – und durch eine andere ersetzen. So war es schon immer, und in den meisten Fällen wird es auch zwangsläufig immer so sein im Laufe dieser weiten Reise des Menschen durch die Zeit, einer Reise, die wir Fortschritt nennen, Zivilisation.

Die Art, wie die Wahrheit erscheint, beschreibt Popper sehr schön mit einer Allegorie in *Logik der Forschung*, dem ersten seiner Bücher, um zu erklären, worauf die Wissenschaft gründet: »[sie] baut nicht auf Felsengrund. Es ist eher ein Sumpfland, über dem sich die kühne Konstruktion ihrer Theorien erhebt; sie ist ein Pfeilerbau, dessen Pfeiler sich von oben her in den Sumpf senken, – aber nicht bis zu einem natürlichen, ›gegebenen‹ Grund. Denn nicht deshalb hört man auf, die Pfeiler tiefer hineinzutreiben, weil man auf eine feste Schicht gestoßen ist: wenn man hofft, daß sie das Gebäude tragen werden, beschließt man, sich vorläufig mit der Festigkeit der Pfeiler zu begnügen.«*

Die Wahrheit ist zunächst eine Hypothese, eine Theorie, die ein Problem lösen will. Hervorgegangen aus den Retorten eines Labors, den Überlegungen eines Sozialreformers oder komplizierter mathematischer Berechnungen, wird sie der Welt vorgeschlagen als objektive Erkenntnis in einem bestimmen Teilbereich der Wirklichkeit. Die Hypothese oder Theorie ist nun nach der Methode von Versuch und Irrtum einer Prüfung zu unterziehen, denn nur so kann sie verifiziert oder, wenn sie jemanden nicht überzeugt, von diesem bestritten werden. Das kann ein sehr kurzer oder ein unendlich langer Prozess sein, in dessen Verlauf die Theorie fortbesteht – immer in der Todeszelle, oder wie diese primitiven Könige, die mit Mord und

* Karl Popper, *Logik der Forschung. Zur Erkenntnistheorie der modernen Naturwissenschaft*, Springer-Verlag Wien 1935, S. 66f. Alle Zitate nach dieser Ausgabe.

Totschlag auf den Thron stürmen, ehe sie auf ihm erschlagen werden –, eine Theorie, die Folgen zeitigt und das Leben beeinflusst, Veränderungen hervorruft, sei es in der medizinischen Therapie, der Kriegsindustrie, der gesellschaftlichen Organisation, in den sexuellen Verhaltensweisen oder in der Mode. Bis auf einmal eine weitere Theorie hereinbricht, sie »falsifiziert« und das, was ihr Festigkeit und Konsistenz zu geben schien, zum Einsturz bringt wie der Windstoß ein Kartenhaus. Und eine neue Wahrheit betritt das Feld, um gegen die Beweise und Herausforderungen anzutreten, mit denen der Verstand und die Wissenschaft aufwartet, um ihrerseits dieses stürmische und gefährliche Dasein zu führen, das der Wahrheit, der Erkenntnis in der Popper'schen Philosophie zukommt.

Die Umrisse dieser These skizzierte Popper bereits in den Dreißigerjahren des vergangenen Jahrhunderts in Wien, aber sein Leben lang sollte er sie weiter ausarbeiten. *Logik der Forschung*, erschienen 1934, war zunächst ein Versuch, abzugrenzen, was echte wissenschaftliche Forschung ist und was nicht. Beim Nachdenken über die Grenze, die das eine vom anderen scheidet, kam Popper eine Idee, die er dann weiterentwickelte, bis sie zum Rückgrat seiner Philosophie wurde: Eine wissenschaftliche Theorie (wesentlich verschieden von metaphysischen Systemen) ist nur eine solche, die »falsifiziert«, also widerlegt werden kann; die sich der Kritik unterziehen, analytisch auseinandernehmen und in ihren innersten Aspekten abwägen lässt, abklopfen auf ihre Motivationen, Annahmen und Weiterungen. Hält sie einem solchen kritischen Überfall stand, bringt sie das Wissen über die Natur und die Gesellschaft voran. Zumindest so lange, wie eine andere Theorie oder Hypothese sie nicht disqualifiziert und die Erkenntnis in eine Richtung treibt, die vom bisher Gültigen ausgeschlossen oder verstellt wurde. In *Logik der Forschung* zeigt sich bereits die Methode von Versuch und Irrtum, die Popper später auf den gesellschaftlichen und politischen Bereich ausweiten sollte.

Stimmt ja auch, bisher hat niemand zu widerlegen vermocht, dass die Erde rund ist. Doch sollten wir uns mit Popper und gegen alle offensichtlichen Beweise an den Gedanken gewöhnen, dass die Erde in Wahrheit nur rund ist, weil irgendwann einmal, auf welche Weise auch immer, der Fortschritt in Ratio und Wissenschaft diese Beweise zum Einsturz bringen könnte. Nicht anders ist es mit so vielen Wahrheiten geschehen, die unumstößlich schienen.

Dabei ist Poppers Denken keineswegs relativistisch, er hängt auch nicht dem allgemeinen Subjektivismus der Skeptiker an. Die Wahrheit steht mit einem Bein in der objektiven Realität, der Popper eine vom menschlichen Geist unabhängige Existenz zugesteht, und dieser Anker ist, nach einer Definition des polnischen Mathematikers und Logikers Alfred Tarski, die Popper sich zu eigen macht, die Übereinstimmung von Theorie und Tatsachen.

Dass die Wahrheit von relativem Bestand ist oder sein könnte, heißt nicht, dass sie relativ *ist*. Solange sie gilt, solange keine andere sie »falsifiziert«, herrscht sie allmächtig. Die Wahrheit ist ein zartes Pflänzchen, weil die Wissenschaft fehlbar ist, weil auch die Menschen es sind. Der Irrtum ist immer möglich, er lauert hinter den Erkenntnissen, die uns am solidesten erscheinen. Aber das Bewusstsein von der Fehlbarkeit bedeutet nicht, dass die Wahrheit unerreichbar wäre. Es bedeutet nur, dass wir uns, wenn wir zu ihr gelangen wollen, für ihre Verifizierung ins Zeug legen müssen; dass wir, um sie auf die Probe zu stellen, an Kritik und Experimenten nicht sparen dürfen. Und dass wir, wenn wir zu Gewissheiten gelangt sind, vorsichtig sein müssen, bereit zu Revisionen und Änderungen, flexibel gegenüber denen, die die etablierten Wahrheiten bestreiten.

Popper sagte von sich immer, er sei Optimist, und trotz aller Einschränkungen und Defekte sei die gegenwärtige Welt die beste, die die Menschheit je gekannt habe: »Wir leben, historisch gesehen (das ist meine Meinung), in der besten Welt, die es bisher gegeben hat. Natürlich ist es eine schlechte Welt, weil es eine bessere gibt und weil das Leben uns anspornt, nach einer besseren Welt zu suchen. Und diese Suche nach einer besseren Welt müssen wir fortsetzen. Aber das bedeutet nicht, daß unsere Welt schlecht ist. In Wirklichkeit ist nicht nur die Welt schön, sondern die jungen Leute haben heute die Möglichkeit, diese schöne Welt zu sehen. In einer Weise, die sie früher nie gehabt haben.«* Und in seiner Rede zur Eröffnung der Salzburger Festspiele 1979 erklärte er, »ich bin nämlich ein Optimist: ein Optimist in einer Welt, in der es bei den Intelligenzlern zur herrschenden Mode geworden ist, Pessimist zu sein«.** Ebendeshalb, und weil so viele Intellektuelle seiner Zeit anfällig waren für totalitäre Ideologien, zeigte Popper ihnen gegenüber die gleiche Geringschätzung wie Hayek.

Dass es die Wahrheit gibt, beweist der Fortschritt, den die Menschheit auf so vielen Gebieten gemacht hat: in Wissenschaft und Technik, auch im Sozialen und Politischen. Immer wieder irrend und aus seinen Irrtümern lernend, hat der Mensch die Natur besser kennengelernt, sich selbst besser kennengelernt. Es ist ein endloser Prozess, Rückschritt und Zickzack inklusive. Hypothesen und Theorien, so falsch sie sein mögen, können Spuren von Information enthalten, die die Erkenntnis der Wahrheit näher bringen. Oder ist man so nicht vorangekommen in der Medizin, der Astronomie, der Physik?

* Karl R. Popper, Konrad Lorenz, *Die Zukunft ist offen. Das Altenberger Gespräch*, hrsg. von Franz Kreuzer, Piper Verlag, München 1993, S. 42.

** Karl R. Popper, *Auf der Suche nach einer besseren Welt*, a. a. O., S. 255 f.

Ähnliches trifft auf die Organisation der Gesellschaft zu. Durch Irrtümer, die sie zu korrigieren verstand, hat die demokratische Kultur den Menschen in den offenen Gesellschaften zu besseren materiellen und kulturellen Bedingungen verholfen, und ebenso hat sie ihre Chancen vermehrt, über das eigene Schicksal zu bestimmen. Genau das ist der von Popper postulierte *piecemeal approach*, eine schrittweise, reformerische Option, ganz im Gegensatz zu der revolutionären, die mit dem Existierenden Tabula rasa macht.

Auch wenn für Popper die Wahrheit immer verdächtig ist (so wie in dem wunderbaren Titel der Komödie von Juan Ruiz de Alarcón), organisiert sich das Leben, solange diese Wahrheit gilt, in Abhängigkeit von ihr, ist gelehrig, erfährt durch sie kleinste oder bedeutsamste Veränderungen. Damit Fortschritt möglich wird und das Wissen von der Welt und vom Leben reicher statt ärmer, ist allein wichtig, dass die herrschenden Wahrheiten stets einer Kritik unterzogen werden, Prüfungen ausgesetzt, die sie bestätigen oder durch solche ersetzen, die dieser endgültigen und vollkommenen (unerreichbaren und vielleicht inexistenten) Wahrheit näher kommen; einer Wahrheit, die ein Köder ist und die Neugier anstachelt, den geistigen Appetit des Menschen, seit die Vernunft an die Stelle des Aberglaubens als Quelle der Erkenntnis getreten ist.

Popper macht aus der Kritik, mithin der Ausübung der Freiheit, das Fundament des Fortschritts. Ohne Kritik, ohne die Möglichkeit, sämtliche Gewissheiten zu »falsifizieren«, gibt es kein Voran in der Wissenschaft und auch kein Besser in der Gesellschaft. Wird die *Wahrheit*, werden alle Wahrheiten nicht einer Prüfung nach dem Muster von »Versuch und Irrtum« unterworfen, und haben die Menschen nicht die Freiheit, die Gültigkeit von Theorien infrage zu stellen, die eine Antwort auf ihre Probleme zu geben beanspruchen, stockt die Mechanik der

Erkenntnis, und ihre Perversion ist nicht weit. Statt rationaler Wahrheiten werden Mythen installiert, Glaubensakte, Magie, Metaphysik. Und das Reich des Irrationalen – des Dogmas, des Tabus – behauptet sich erneut, so wie früher, als der Mensch noch kein rationales und freies Individuum war, sondern ein Horden- und Sklavenwesen, nicht mehr als *ein Teil* des Stamms. Ein solcher Prozess kann im Kleid des Religiösen daherkommen wie in den fundamentalistischen christlichen oder islamischen Gesellschaften – den katholischen Ländern im Mittelalter zum Beispiel oder, in jüngerer Zeit, im Iran und in Saudi-Arabien –, Gesellschaften, in denen niemand die »heiligen Wahrheiten« bestreiten darf. Oder er gibt sich einen weltlichen Anstrich wie in diesen totalitären Gesellschaften, in denen man die offizielle Wahrheit im Namen der »wissenschaftlichen Lehre« des Marxismus-Leninismus jeder freien Überprüfung entzieht. In beiden Fällen ist es, nicht anders im Nationalsozialismus, im Faschismus, ein freiwilliger oder erzwungener Verzicht auf dieses Recht auf Kritik – auf Ausübung der Freiheit –, und ohne verdirbt jede Rationalität, verarmt die Kultur, wird die Wissenschaft wieder zur Mystifizierung, zum Zaubertrick. Und unter Schlips und Kragen des Zivilisierten zeigen sich erneut der Lendenschurz und die magischen Ritzungen des Barbaren.

Voran geht es nur stolpernd, hinfallend, wieder aufstehend, wieder und wieder. Den Irrtum wird es immer geben, denn der glückliche Treffer ist in gewisser Weise mit ihm verbandelt. Nimmt man die Herausforderung, die Wahrheit von der Lüge zu scheiden, an – eine stets mögliche Operation und von allen vielleicht die menschlichste –, muss man sich aber auch im Klaren sein, dass es endgültige Erfolge niemals geben kann, nichts, was später nicht bestritten werden könnte, keine Erkenntnis, die nicht zu überprüfen wäre. In dem Wald, den wir durchwandern, diesem Dschungel aus Irrtümern und Enttäuschungen, aus Unzulänglichkeiten und Trugschlüssen, kann die Wahrheit sich einen Weg nur bahnen durch Ausübung rationaler und systematischer Kritik an allem, was Erkenntnis ist oder sich als Erkenntnis gibt. Ohne dieses Privileg der Freiheit – des Rechts auf Kritik – verurteilt sich der Mensch selbst zu Unterdrückung und Gewalt und auch zum Obskurantismus.

Wahrscheinlich war für keinen anderen Denker die Freiheit eine so unverzichtbare Bedingung im Leben der Menschen. Für Popper garantiert die Freiheit nicht nur zivilisierte Formen des Daseins, regt nicht nur zu kultureller Kreativität an, sie ist auch die Grundvoraussetzung jeder Erkenntnis. Ihre Ausübung erlaubt den Menschen, aus ihren Irrtümern zu lernen und sie zu überwinden, sie ist der Mechanismus, ohne den wir noch in der Unwissenheit und Verwirrung unserer Vorfahren leben würden, der Menschenfleischfresser und Anbeter von Totems. Und so ist für ihn klar, »dass der Fortschritt der Wissenschaft vom freien Wettbewerb der Ideen und somit von der Freiheit abhängt«*. Deshalb wandte Popper sich immer gegen eine ausschließlich staatliche Erziehung, wie Platon sie in *Der Staat* vorschlug, und trat für ein privates Bildungssystem ein, das mit dem staatlichen konkurrieren sollte.

Poppers Erkenntnistheorie, in *Logik der Forschung* erstmals skizziert, ist die philosophische Rechtfertigung schlechthin für diesen ethischen Wert, der die demokratische Kultur mehr als alles andere auszeichnet und als wesentliches Merkmal auch das gesamte Werk Isaiah Berlins durchzieht: die Toleranz. Wenn es keine absoluten und ewigen Wahrheiten gibt, wenn die einzige Möglichkeit, das Wissen zu erweitern, darin besteht, sich zu irren und zu korrigieren, dann müssen wir alle auch anerkennen,

* Karl Popper, *Logik der Forschung*, hrsg. von Herbert Keuth, Akademie Verlag, Berlin 2005, S. 267.

dass unsere Wahrheiten unter Umständen solche nicht sind und dass das, was uns als Irrtum unserer Gegner erscheint, eine Wahrheit sein kann. Und diesen Spielraum als falsch bei uns und richtig bei anderen anzuerkennen heißt ebenso, daran zu glauben, dass die Diskussion, der Dialog – das Miteinander – mehr Möglichkeiten zum Erkennen von Irrtum und Wahrheit bietet als das Oktroyieren eines einzigen offiziellen Denkens, das zu unterschreiben hat, wer nicht bestraft oder in Verruf gebracht werden will.

Es ist schon ein wenig paradox, dass einer wie Popper, der später so leidenschaftlich für Einfachheit und Klarheit in der Darstellung stritt und mit Intellektuellen, die eine dunkle, verworrene und abstruse Sprache benutzten, derart streng ins Gericht ging, ein so schwer zu lesendes Buch schrieb wie *Logik der Forschung*. Damit meine ich nicht nur, dass es für jemanden, der mit den Wissenschaften und ihren Theoremen nicht vertraut ist, ein harter Brocken ist bei all den Verweisen auf die Physik, die Mathematik, die Wahrscheinlichkeitsrechnung, die Relativitätstheorie, die Quantenmechanik. Denn selbst ein Wissenschaftler, der sich locker auf diesen Feldern bewegt, wird Mühe haben, sich nicht zu verlieren in einem Buch, das oft abschweift und in Fußnoten ausweicht – einige hinzugefügt, als Popper die Fahnen der österreichischen Ausgabe 1934/1935 korrigierte –, in all den Anmerkungen, die das Dargelegte verkomplizieren, relativieren oder bestreiten, später noch versehen mit weiteren Anmerkungen, Anhängen und *postscripts*, die am Ende ein wahres Labyrinth schufen. Auf vielen Seiten ist der Orientierungsverlust vorprogrammiert, so sehr mangelt es an einer kohärenteren Ausführung. Zumindest teilweise erklärt sich dieses verbale Gestrüpp durch die Tatsache, dass die erste Ausgabe von *Logik der Forschung*, von 1934, auf Deutsch geschrieben wurde; die zweite, auf Englisch, erschien ein Vierteljahrhundert später, Jahre, in denen Popper weiter geforscht und seine Ideen bekräftigt oder korrigiert hat, was dann seinen Niederschlag fand in Fußnoten und umfangreichen Anhängen. Einfachheit und Klarheit zeigen sich sehr viel gelungener (wenn auch nicht immer) in seinen späteren Werken.

Die geschlossene Gesellschaft und die Welt 3

Am Anfang der Menschheitsgeschichte war nicht das Individuum, sondern der Stamm, die Horde, die geschlossene Gesellschaft. Der souveräne Einzelne, der sich emanzipiert von dieser ursprünglichen, eifrig auf Geschlossenheit bedachten Gemeinschaft, um dem wilden Tier, dem Blitz, den bösen Geistern und zahllosen Ängsten der primitiven Welt zu trotzen, ist ein recht spätes Phänomen. Es zeichnet sich ab mit dem Aufkommen des kritischen Geistes – der Entdeckung, dass das Leben und die Welt Probleme sind, die gelöst werden können und gelöst werden müssen –, das heißt mit der Entwicklung des rationalen Denkens und des Rechts, dieses auszuüben, unabhängig von den religiösen und politischen Autoritäten.

Nach Karl Poppers Theorie, skizziert 1945 in *Die offene Gesellschaft und ihre Feinde* und 1972 weiter ausgeführt in *Objektive Erkenntnis*, ist dieser Grenzmoment, der Übergang von der geschlossenen Gesellschaft zur offenen Gesellschaft, im Griechenland der Vorsokratiker anzusetzen – Thales, Anaximander, Anaximenes –, und seinen entscheidenden Impuls erhielt er mit Perikles und Sokrates. Die These wurde natürlich kontrovers diskutiert, aber selbst wenn wir Daten und Namen beiseitelassen, bleibt das Wesentliche gültig: Irgendwann, ob zufällig oder als Folge eines komplexen Prozesses, war für manche Menschen das Wissen nicht länger ein magisches und abergläubisches, ein Korpus heiliger, tabugestützter Glaubensvorstellungen, und es erwachte der kritische Geist, der die religiösen Wahrheiten – die einzigen bis dahin möglichen – einer rationalen Analyse unterzog und sie mit der praktischen Erfahrung konfrontierte. Dieser Übergang sollte, zugleich mit dem Aufbrechen der tribalen Isolation durch den Handel, eine außerordentliche Entwicklung in Gang setzen, in den Wissenschaften, den Künsten, der Technik, überhaupt in der menschlichen Kreativität, und ebenso war es die Geburt des einzigartigen, entkollektivierten Individuums, Fundament einer Kultur der Freiheit. Ob zu ihrem Vorteil oder ihrem Nachteil, denn unmöglich lässt sich beweisen, dass dieser Wandel die Menschen glücklicher gemacht hat, nahm die intellektuelle Enttribalisierung ein so rasantes Tempo auf, dass sie manche Gesellschaften auf sämtlichen Gebieten in eine systematische Entwicklung katapultierte. Der historische Beginn einer Ära der Rationalität und des kritischen Geistes – der wissenschaftlichen Wahrheiten – bedeutete, dass es von nun an nicht mehr die erste und nicht die zweite, sondern die »dritte Welt« bzw. »Welt 3« ist, die einen entscheidenden Einfluss auf das gesellschaftliche Geschehen nimmt.

Unter der nahezu unendlichen Vielzahl von Bezeichnungen und Klassifizierungen, die kluge wie spinnerte Köpfe zur Beschreibung der Welt vorgeschlagen haben, ist die von Karl Popper die transparenteste: Die »Welt 1« ist die Welt der materiellen Dinge, die »Welt 2« die der individuellen Wahrnehmung und die »Welt 3« die der geistigen Gehalte. Der Unterschied zwischen Letzteren besteht darin, dass der Welt 2 die gesamte persönliche Subjektivität eines Individuums zugrunde liegt, die unübertragbaren Gedanken, Bilder, Empfindungen und Gefühle eines jeden Einzelnen, während die Hervorbringungen der Welt 3, wenn auch geboren aus der individuellen Subjektivität, öffentlich geworden sind: wissenschaftliche Theorien, Rechtsinstitute, ethische Prinzipien, Romanfiguren, Philosophie, Kunst, Dichtung, kurz, das gesamte kulturelle Gut.

Die Annahme dürfte nicht allzu abwegig sein, dass im Urstadium der Zivilisation die Welt 1 das Leben bestimmt. Es organisiert sich im Hinblick auf die rohen Kräfte und Härten der Natur – Blitz, Dürre, die Pranken des Löwen –, denen der Mensch machtlos gegenübersteht. In der Stammesgesellschaft mit ihrem Animismus und ihrer Magie ist die Grenze zwischen den Welten 2 und 3 hauchdünn und verflüchtigt sich ständig, denn das Oberhaupt oder die religiöse Autorität (fast immer dieselbe Person) setzt sich mit der eigenen subjektiven Wahrnehmung durch, und die Untergebenen passen sich an. So bleibt die Welt 3 nahezu statisch, in der Stammesgesellschaft verläuft das Leben innerhalb einer strikten Routine aus Glaubens- und anderen Regeln, die über die Dauerhaftigkeit und Wiederholung des Gegebenen wachen. Ihr wesentliches Merkmal ist, wie in Platons Staat, die Scheu vor der Veränderung. Jede Neuerung wird als Bedrohung empfunden, als Ankündigung einer Invasion äußerer Mächte, von denen nur die Vernichtung ausgehen kann, der Niedergang im Chaos des nährenden Gefüges, an das sich das sicherheitsbedürftige Individuum mit all seiner Angst und Hilflosigkeit klammert. Und mittendrin, im Innern dieses wimmelnden Bienenstocks, trägt der Einzelne keine Verantwortung, er ist ein Sklave, ein Teilstück, weiß sich mit anderen fest verbunden in einer sozialen Maschinerie, die ihn beschützt und verteidigt gegen all die Feinde und Gefahren, die außerhalb dergleichen mit Vorschriften gespickten Zitadelle auf ihn lauern, Vorschriften, die alle seine Taten und Träume regeln: das tribale Leben.

Doch der kritische Geist schlägt Risse in die Mauern der geschlossenen Gesellschaft und setzt den Menschen einer unbekannten Erfahrung aus: der persönlichen Verantwortung. Sein Stand ist fortan nicht mehr der eines gehorsamen Untertanen, der das ganze komplexe, das Leben normierende System aus Verboten und Geboten befolgt, sondern der eines Bürgers, der autonom analysiert und beurteilt und sich auch schon mal auflehnt gegen Dinge, die ihm absurd, falsch oder übergriffig erscheinen. Die Freiheit, Tochter und Mutter des rationalen Denkens wie des kritischen Geistes, legt dem Menschen eine schwere Bürde auf: selber entscheiden zu müssen, was für ihn gut ist und was ihm schadet, wie er sich den zahllosen Herausforderungen des Daseins stellen soll, ob die Gesellschaft funktioniert, wie sie sollte, oder ob es der Veränderung bedarf. Für manche ist das eine allzu schwere Last. Und deshalb, so Popper, kam es zur selben Zeit, als die offene Gesellschaft aufkeimte – in der die Vernunft an die Stelle des Irrationalen trat, das Individuum zum Protagonisten der Geschichte wurde und die Freiheit allmählich die Knechtschaft ablöste –, auch mit so bemerkenswerten Denkern wie Platon und Aristoteles zu entgegengesetzten Bestrebungen, eben um der Freiheit Grenzen zu setzen, sie zu negieren; um jene alte tribale Gesellschaft neu zu beleben oder zu bewahren, in der der Mensch wie eine Biene im Stock der Mühe enthoben ist, individuelle Entscheidungen zu treffen, dem Unbekannten gegenüberzutreten und auf eigene Rechnung und Risiko die unzähligen Probleme einer Welt zu lösen, die sich emanzipiert hat von Göttern und Dämonen, von Götzendienst und Magie, einer Welt, die für das souveräne Individuum und seinen Verstand zu einer permanenten Herausforderung geworden ist.

Von diesem geheimnisvollen Moment an änderte die Menschheit ihre Richtung. Die Welt 3 begann sich zu entfalten und mit all den Hervorbringungen einer freien, von keiner Zensur gehemmten kreativen geistigen Energie zunehmend Einfluss auszuüben auf die Welten 1 und 2, auf die Natur also, auf die Gesellschaft und die Köpfe der einzelnen Individuen. Und die Ideen, die wissenschaftlichen Wahrheiten, die Rationalität, der Handel, all das drängte – nicht ohne Rückschläge, Verzögerungen und nutzlose Umwege, die den Menschen zum Ausgangspunkt zurückführten – die rohe Gewalt, das religiöse Dogma, den Aberglauben und das Irrationale als bestimmenden Faktor des gesellschaftlichen Lebens immer weiter zurück und schuf die Grundlagen für eine demokratische Kultur einiger souveräner, vor dem Gesetz gleicher Individuen wie auch für eine offene Gesellschaft. Der lange und beschwerliche Marsch der Freiheit durch die Geschichte war seither gleichbedeutend mit der unaufhaltsamen Entwicklung des Westens, hin zu diesem doppelgesichtigen Fortschritt, der Schiffe kennt, die zu den Sternen fahren, Medikamente, die Krankheiten besiegen, Menschenrechte und Rechtsstaaten; aber auch chemische, biologische und atomare Waffen – und terroristische Selbstmordattentate –, die es schaffen, den Planeten in Schutt und Asche zu legen, dazu, im Gleichtakt mit dem anwachsenden materiellen Wohlstand und dem Anstieg des allgemeinen Lebensstandards, eine Entmenschlichung der Gesellschaft und des Individuums.

Die Angst vor der Veränderung, vor dem Unbekannten, vor der schrankenlosen Verantwortung, die der kritische Geist – die Rationalität, die Freiheit – mit sich bringt, hat im Laufe der Geschichte dazu geführt, dass die geschlossene Gesellschaft im unterschiedlichsten Gewand – dem der Zukunft, der klassenlosen Gesellschaft, der Stadt Gottes auf Erden – bis in unsere Tage überlebt hat und der anderen, der offenen, immer wieder den Rang abläuft und ihr etwas aufprägt, was dem Obskurantismus und dem Herdentrieb der primitiven Gesellschaft gleichkommt.

Die Schlacht ist noch nicht geschlagen, und dazu kommt es wahrscheinlich nie. Der Ruf der Horde, die Anziehungskraft, die von dieser Form des Daseins ausgeht, in der das Individuum sich der mühsamen Verpflichtung der Freiheit ebenso begibt wie der Souveränität, die Ratio walten zu lassen – im freiwilligen Joch einer Religion, einer Doktrin oder eines Herrschers, der für ihn die Verantwortung übernimmt und Antworten gibt auf all seine Probleme –, dieser Ruf schlägt im Herzen der Menschen offenbar tiefste Saiten an. Denn ein ums andere Mal wird er von Nationen und Völkern oder, in den offenen Gesellschaften, von einzelnen Menschen und Gemeinschaften gehört, die alles daransetzen, sie wieder zu schließen und die Kultur der Freiheit abzuschaffen.

Man möchte es nicht meinen, aber unter den größten Nutznießern des kritischen Geistes und der Freiheit des Denkens sind ausgerechnet diejenigen Intellektuellen, die sich der offenen Gesellschaft am erbittertsten entgegengestellt haben. Hinter allen möglichen Masken und mit den unterschiedlichsten Argumenten postulieren sie ein Zurück zur magischen und primitiven Welt der Herdenwesen, dieser glücklichen und von Verantwortung freien Individuen, die schließlich, behaupten sie, nicht souverän und ihres Schicksals mächtig seien, sondern bloße Instrumente blinder und unpersönlicher, den Gang der Geschichte bestimmender Kräfte. Der ärgste, schlangengleichste Feind der Kultur der Freiheit ist für Popper der *Historizismus.*

Historizismus und Fiktion

In der ersten englischen Ausgabe von *The Poverty of Historicism* (1957) erklärt Popper, dass er die Grundthese des Buches, wonach es unmöglich sei, den zukünftigen Verlauf der Geschichte mit rationalen oder wissenschaftlichen Methoden vorherzusagen, bereits im Winter 1919/1920 formulierte. Einen ersten Entwurf skizzierte er 1935 und berichtete darüber Anfang 1936 bei einem Vortrag, den er in Brüssel im Haus seines Freundes Alfred Braunthal hielt, etwas später in einem Seminar von F. A. von Hayek an der London School of Economics. Bis zum Erscheinen dauerte es noch einige Jahre, da die philosophische Zeitschrift, der er das Manuskript geschickt hatte, eine Veröffentlichung ablehnte. Schließlich erschien es in drei Teilen in *Economica* – den Nummern 42, 43 und 46 (1944/1945) –, als Buch in Großbritannien erst 1957, überarbeitet und ergänzt, mit einem neuen Vorwort und einer Widmung, in der es heißt: »Dem Andenken ungezählter Männer, Frauen und Kinder, aller Länder, aller Abstammungen, aller Überzeugungen, Opfer von nationalistischen und kommunistischen Formen des Irrglaubens an unerbittliche Gesetze eines weltgeschichtlichen Ablaufs.«*

Wer glaubt, die Geschichte stehe geschrieben, bevor sie sich ereigne, sei die Aufführung eines bestehenden Textbuchs, ausgearbeitet von Gott, der Natur, der sich entwickelnden Vernunft oder von den Produktionsverhältnissen und vom Klassenkampf (wie die Marxisten behaupten); wer glaubt, das Leben bestehe aus sozioökonomischen Kräften oder Mechanismen, die zu verändern das einzelne Individuum nur geringe

* Karl R. Popper, *Das Elend des Historizismus*, hrsg. von Hubert Kiesewetter, Mohr Siebeck, Tübingen 2003.

oder keine Macht habe; wer weiter glaubt, dieser gelenkte Weg der Menschheit durch die Zeiten sei rational, kohärent und daher vorhersagbar; wer schließlich glaubt, die Geschichte habe einen verborgenen Sinn, der sie trotz aller unendlichen episodischen Vielfalt in eine logische Ordnung bringe und wie ein Puzzle zusammensetze, bis alle Teile sich fügten: wer das glaubt, der ist nach Popper ein »Historizist«.

Ob Platoniker, Hegelianer, Comteaner oder Marxist, ob Anhänger von Machiavelli, Vico, Spengler oder Toynbee: ein solcher »Gläubiger« fällt vor der Geschichte auf die Knie und ist, bewusst oder unbewusst, ein Feigling vor der Freiheit. Denn er erschrickt, wenn es darum geht, Verantwortung zu übernehmen für das Leben als etwas, was in permanenter Schöpfung begriffen ist, wie ein geschmeidiges Stück Ton, dem jede Gesellschaft, jede Kultur, jede Generation die gewünschte Form geben kann. Sie muss es sich nur zutrauen und die Urheberschaft übernehmen für das, was den Menschen so oder so gelingt oder eben misslingt.

Die Geschichte kennt keine Ordnung, keine Logik, keinen Sinn und erst recht keine klare Richtung, die im Vorhinein wissenschaftlich beschrieben werden könnte. Organisiert wird sie von Historikern; sie tun es auf eine kohärente, verständliche Weise, nehmen einen Standpunkt ein und bedienen sich der Interpretation, die immer partiell ist, provisorisch und letztlich so subjektiv wie ein künstlerisches Konstrukt. Wer aber glaubt, den Sozialwissenschaften etwa obliege es, die Zukunft »vorherzusehen«, die Geschichte »vorauszusagen«, ist Opfer einer Selbsttäuschung. Ein solches Ziel ist unerreichbar.

Was also ist Geschichte? Sie ist eine vielfache und immerwährende Improvisation, ein belebtes Chaos, dem die Historiker einen Anschein von Ordnung geben; eine fast unendliche, widersprüchliche Vervielfachung von Ereignissen, die von den

Sozialwissenschaften, um sie verstehen zu können, heruntergebrochen werden auf willkürliche Schemata, Synthesen und Strömungen, die stets nur eine Miniversion sind, wenn nicht eine Karikatur der realen Historie, dieser schwindelerregenden Totalität des menschlichen Geschehens, das alle rationalen Versuche des Begreifens übersteigt. Popper lehnt Geschichtsbücher nicht ab und leugnet auch nicht, dass das Wissen um Vergangenes die Menschen bereichert und ihnen hilft, sich der Zukunft zu stellen. Er fordert lediglich, in Rechnung zu ziehen, dass jede Geschichtsschreibung partiell und willkürlich ist – ein bloßer Ausschnitt –, eben weil sie nicht mehr ist als ein Atom in diesem unvollendeten Universum des gesellschaftlichen Treibens, diesem »Ganzen«, das immer im Werden ist, in Umformung, und sich nicht im Politischen, Ökonomischen oder Kulturellen erschöpft, nicht im Institutionellen oder Religiösen et cetera, es ist vielmehr die Summe aller Aspekte des menschlichen Lebens, ohne Ausnahme. Und diese Geschichte, die einzig wirkliche, ist weder überschaubar noch mit menschlichem Wissen beschreibbar. Weshalb Popper auch befindet: »History has no meaning« (»Die Geschichte hat keinen Sinn«*).

Diese Gedanken, die Popper in *Das Elend des Historizismus* entwirft, in *Die offene Gesellschaft und ihre Feinde* weiter ausführt und auf die er in vielen Aufsätzen immer wieder zurückkommt, fasst er luzide zusammen in einem Vortrag von 1961, »Selbstbefreiung durch das Wissen«, in dem er bestreitet, dass die Geschichte einen verborgenen Sinn hätte, sehr wohl aber bejaht, dass wir ihr ein Ziel *setzen* und einen Sinn *geben* können, den sie aus sich heraus nicht hat.**

* Karl R. Popper, *Die offene Gesellschaft und ihre Feinde*. Bd. II, a. a. O., S. 326.

** Karl R. Popper, »Selbstbefreiung durch Wissen«, in: *Auf der Suche nach einer besseren Welt*, a. a. O., S. 157.

Was wir unter Geschichte verstehen, so Popper in *Die offene Gesellschaft*, ist die zur Weltgeschichte erhobene Geschichte der politischen Macht. Das aber sei »eine Beleidigung jeder sittlichen Auffassung von der Menschheit«, denn »*die Geschichte der Machtpolitik ist nichts anderes als die Geschichte der nationalen und internationalen Verbrechen und Massenmorde* (einige Versuche zu ihrer Unterdrückung eingeschlossen)«.* Eine solche Geschichte der Eroberungen und Gewalttaten, verübt von Caudillos und Despoten, die in den Büchern als Helden aufscheinen, kann natürlich nur eine blasse Vorstellung geben von den Erfahrungen all jener, die sie erlitten oder begangen haben, von den Auswirkungen, die eine Kultur, Gesellschaft, Zivilisation mit ihrem Tun und Lassen auf andere, zeitgenössische hatte und alle zusammen auf die nachfolgenden. Wenn die Geschichte der Menschheit ein breiter, mäandernder, auch mal anhaltender oder sich rückwärts bewegender Entwicklungsstrom ist (was Popper nicht bestreitet), lässt sie sich, so viel ist klar, nie und nimmer in ihrer ganzen Vielfalt und Komplexität begreifen.

Wer sich nun aufmacht, in dieser unermesslichen Unordnung bestimmte Gesetze zu entdecken, denen die menschliche Entwicklung angeblich unterworfen ist, begeht, was für Popper das schlimmste Verbrechen ist, dessen sich ein Politiker oder Intellektueller schuldig machen kann (nicht ein Künstler, für den ist es sein gutes Recht): er schafft ein irreales Konstrukt, eine aufgepfropfte Entelechie, die sich als wissenschaftliche Wahrheit ausgibt, obwohl sie nichts anderes ist als ein Glaubensakt, Metaphysik, magisches Denken. Natürlich kann man nicht alle historizistischen Theorien über einen Kamm scheren; manche, so die Marx'sche, sind subtiler oder haben

* Karl R. Popper, *Die offene Gesellschaft und ihre Feinde*, Bd. II, a. a. O., S. 317.

eine größere Bodenhaftung als, sagen wir, die von Arnold Toynbee, der die Geschichte der Menschheit auf einundzwanzig Zivilisationen bezifferte, nicht eine mehr und nicht eine weniger.

Nein, die Zukunft lässt sich nicht vorhersagen. Aus der Entwicklung des Menschen in der Vergangenheit lässt sich keine bestimmte Gerichtetheit folgern. Nicht nur historisch betrachtet, auch rein logisch wäre das ein absurdes Ansinnen. Denn auch wenn, so Popper, kein Zweifel daran besteht, dass die Geschichte einen Einfluss auf die Erkenntnisse hat, lässt sich die Entwicklung der wissenschaftlichen Erkenntnis nun mal unmöglich mit rationalen Methoden voraussagen. Weshalb sich auch der zukünftige Lauf der Geschichte nicht antizipieren lässt, einer Geschichte, die zum großen Teil bestimmt sein wird durch Entdeckungen und technische oder wissenschaftliche Erfindungen, die wir noch gar nicht kennen können.

Das Weltgeschehen in jüngerer Zeit ist ebenfalls ein gutes Argument für die Unvorhersehbarkeit der Geschichte. Wer hätte schon auf den unaufhaltsamen Niedergang des Kommunismus gewettet, das Verschwinden der UdSSR und die Konversion Chinas zum Kapitalismus? Wer darauf, dass die neuen Medien der Politik von Zensur und Kontrolle des Denkens einmal einen solchen Schlag versetzen würden, dass die Herrschenden sich zunehmend etwas einfallen lassen müssen, um die Kontrolle wiederzugewinnen oder diese Möglichkeiten halbwegs zu unterbinden?

Nun denn. Dass es keine historischen *Gesetze* gibt, heißt nicht, dass es nicht gewisse *Tendenzen* in der menschlichen Entwicklung gäbe. Und dass man die Zukunft nicht voraussagen kann, bedeutet nicht, dass *jede* gesellschaftliche Vorhersage unmöglich wäre. Auf einzelnen Gebieten lässt sich belegen, dass unter bestimmten Voraussetzungen gewisse Ereignisse einfach eintreten müssen. So führt das Anwerfen der Notenpresse zwangsläufig zu Inflation. Und ohne Zweifel lässt sich in Bereichen wie der Wissenschaft, dem internationalen Recht oder der Freiheit eine recht klare Linie des Fortschritts bis in die Gegenwart ziehen. Aber es wäre unklug anzunehmen, das alles wäre unumkehrbar und ließe sich in die Zukunft fortschreiben. Die Menschheit kann zurückfallen, sich lossagen von jedem Fortschritt. Nie zuvor hat es Massenschlächtereien gegeben wie in den beiden Weltkriegen, und dass der Terrorismus in der Vergangenheit für schlimmere menschliche Tragödien verantwortlich gewesen wäre, als wir sie heute erleben, ist eher unwahrscheinlich. Dann der Holocaust an den Juden durch die Nazis oder die Vernichtung von Millionen Andersdenkender im sowjetischen oder chinesischen Kommunismus: Sind das nicht eindeutige Beweise dafür, wie die Barbarei in Gesellschaften, die ein gewisses zivilisatorisches Niveau erreicht haben, mit aller Macht wieder aufflammen kann? Und zeigt der islamische Fundamentalismus etwa nicht, wie leicht die Geschichte jeder Notwendigkeit zuwiderläuft, in hysterische Bahnen einschwenkt und einen Rückschritt erlebt statt Fortschritt?

Aber auch wenn es die Aufgabe der Historiker ist, einzigartige oder spezifische Ereignisse darzustellen und nicht Gesetze zu entdecken oder verallgemeinernde Aussagen zu treffen, lässt sich die Geschichte der Menschheit weder schreiben noch verstehen ohne einen Standpunkt, eine Perspektive, eine Interpretation. Der Irrtum der Historizisten, so Popper, liegt darin, eine »historische Interpretation« mit einer Theorie oder einem Gesetz zu verwechseln. Jede »Interpretation« ist relativ und, als solche betrachtet, auch nützlich, um – partiell – zu ordnen, was sonst nur eine chaotische Ansammlung von Anekdoten wäre. Natürlich kann es anschaulich sein, die Geschichte als das Ergebnis eines Kampfs zwischen Klassen, Völkern oder Religionen zu interpretieren oder als eines Streits zwischen offener und geschlossener Gesellschaft. Nur darf man eben keiner dieser Interpretationen eine alleinige und universelle Gültigkeit beimessen. Denn so viele übereinstimmende, sich ergänzende oder widersprechende Deutungen die Geschichte zulässt, sperrt sie sich nun mal gegen ein »Gesetz« im Sinne eines einzigen und unvermeidlichen Verlaufs. Haltlos werden die Interpretationen der Historizisten durch die Tatsache, dass sie ihnen den Wert von Gesetzen verleihen, denen die Menschen unterworfen seien wie Gegenstände dem Gesetz der Schwerkraft und die Gezeiten den Bewegungen des Monds.

So gesehen gibt es in der Geschichte keine »Gesetze«. Sie ist, zum Guten wie zum Schlechten – Popper und andere Liberale, so auch ich, glauben Ersteres – »frei«, Tochter der Freiheit der Menschen und also unbeherrschbar, sie kann mit dem Außergewöhnlichsten überraschen.

Natürlich wird ein guter Beobachter darin bestimmte Tendenzen erkennen. Aber diese setzen spezifische und veränderliche Bedingungen voraus, dazu gewisse allgemeine Prinzipien und Konstanten. Der Historizist dagegen übersieht, wenn er sich auf die »Tendenzen« stürzt, ebenjene spezifischen und veränderlichen Bedingungen und erklärt die Tendenz zum Gesetz. Auf diese Weise verzerrt er die Wirklichkeit und präsentiert eine abstrakte Totale der Geschichte, die nicht das kollektive Leben in seiner zeitlichen Entwicklung spiegelt, sondern lediglich seine eigene Erfindung – manchmal sein Genie – und auch seine tiefe Angst vor dem Unvorhersehbaren. »Fast sieht es so aus«, heißt es im letzten Absatz von *Das Elend des Historizismus*, »als versuchten die Historizisten sich für den Verlust einer unwandelbaren Welt dadurch zu entschädigen, daß sie sich an den Glauben klammern, der Wandel sei voraussagbar, weil er einem unerbittlichen Gesetz des weltgeschichtlichen Ablaufs unterliegt.«*

Was Popper zur Geschichtsschreibung sagt, ähnelt aufs Haar dem, was für mich immer der Roman gewesen ist: eine willkürliche Organisation der Wirklichkeit, eine Ordnung, die den Menschen Schutz bietet, sobald sie erahnen, was für ein einziges großes Chaos die Welt ist, das Leben.

Um seine Wirkung zu entfalten, muss sich jeder Roman im Bewusstsein der Leser wie eine überzeugende Ordnung darstellen, eine organisierte, verständliche Welt, deren Teile in einem harmonischen System zueinanderfinden, einem »Ganzen«, das sie miteinander verbindet und erhöht. Was wir das Genie von Cervantes oder Tolstoi nennen, von Conrad, Proust oder Faulkner, beruht nicht nur auf der Kraft ihrer Figuren, der allmählich sich entfaltenden Psychologie, der machtvollen Fantasie, der labyrinthischen oder zarten Prosa, sondern auf ganz entscheidende Weise auch auf der Architektur und der Kohärenz ihrer fiktiven Welten, darauf, wie solide gebaut sie sind, wie wohlgefügt. Eine solche strenge und intelligente Ordnung, wo nichts grundlos ist, nichts unverständlich, wo das Leben in logischen und zwangsläufigen Bahnen verläuft und alle menschlichen Äußerungen möglich sind, eine solche Ordnung ist verlockend, weil sie uns beruhigt. Denn unbewusst schieben wir sie über die wirkliche Welt, und die macht uns für einen Moment nicht länger schwindlig, ist keine Unordnung mehr, keine Absurdität, kein bodenloses Chaos, vielmehr findet sie zu sich selbst, schafft Ordnung in unsere Umgebung und gibt uns das Vertrauen zurück in etwas, was der Mensch partout nicht aufgeben will: zu wissen, was wir sind, wo wir sind und vor allem, wohin wir gehen.

* Karl R. Popper, *Das Elend des Historizismus*, a. a. O., S. 144.

Nicht zufällig gingen die Glanzzeiten des Romans den großen historischen Umwälzungen voraus, sind die fruchtbarsten Zeiten für die Fiktion solche des Niedergangs und des Zusammenbruchs der kollektiven Gewissheiten – des religiösen oder politischen Glaubens, des gesellschaftlichen Konsenses –, denn genau dann fühlt der Mensch sich verloren, ohne festen Boden unter den Füßen, und er sucht in der Fiktion – der Ordnung, dem Kohärenten der fiktiven Welt – Schutz vor dem Auseinanderdriften und der Konfusion, vor diesem großen Fragezeichen, zu dem das Leben geworden ist. Und genauso wenig ist es Zufall, dass die Gesellschaften, die die markantesten Zeiten gesellschaftlicher, institutioneller und moralischer Auflösung erleben, meist solche sind, die die strengsten und rigorosesten narrativen »Ordnungen« hervorgebracht haben, die bestorganisierten und logischsten: die eines Kafka, Proust, Joyce, Thomas Mann, Dostojewski, Tolstoi. Ihre Konstruktionen, in denen der freie Wille sich auf radikale Weise Geltung verschafft, sind imaginierte Verweigerungen gegenüber den von der Conditio humana diktierten Grenzen. Es sind symbolische Gottesmorde, und so wie Herodots *Neun Bücher der Geschichte*, Michelets *Histoire de la Révolution française* oder Gibbons *The Decline and Fall of the Roman Empire*, diese Wunder an Gelehrsamkeit, Ambition, guter Prosa und Fantasie, bezeugen sie unter der Oberfläche die panische Angst, die den Menschen der Verdacht bereitet, Geschichte sei, wie Benedetto Croce es formulierte, eine Geschichte der Freiheit, sei Gedanke und Tat; und zugleich sind sie ein Beispiel für diese außergewöhnlichen geistigen Hervorbringungen, die sich dem entgegenstemmen. Zum Glück hat die Angst davor, ihre Conditio als freie Wesen anzunehmen, nicht nur Tyrannen gezeugt, totalitäre Philosophien, dogmatische Religionen oder den »Historizismus«, sondern auch großartige Romane.

Reformismus oder die Technik der kleinen Schritte

Das Elend des Historizismus und *Die offene Gesellschaft und ihre Feinde* sind nicht nur so bedeutend, weil sie die These entkräften, wonach die Geschichte geschrieben stehe, sondern auch, weil Popper in diesen Büchern mit luziden Argumenten die reformerische – demokratische und liberale – Methode einer schrittweisen, mit der Gesellschaft abgestimmten Transformation gegen den revolutionären Anspruch verteidigt, sie unverzüglich, vollkommen und endgültig zu verändern. Die reformerische Methode nennt er »Stückwerk-Technik« oder »Stückwerk-Sozialtechnik« (»piecemeal social engineering«) und die revolutionäre »holistisch oder utopisch« (»holistic or utopian engineering«).

Seine Darlegung ist klar und überzeugend. Der »Stückwerk-Ingenieur« versucht, seine Ziele »schrittweise durch kleine Eingriffe zu erreichen, die sich dauernd verbessern lassen«*; er ist friedlich, strebt nach einem breiten Konsens und setzt sich der Kritik aus, die sein Tun überprüft und je nachdem beschleunigt oder verzögert. Der Holist verzichtet auf die Suche nach einem solchen Konsens und tendiert dazu, sich über Kritik hinwegzusetzen, sie ist ihm bloß ein Hindernis für seine messianischen Ziele, und dabei erklärt er, so komme man schneller voran. In Wahrheit ersetzt er nur die Ziele durch die Mittel, lässt die Kritik (manchmal auch die Kritiker) verschwinden und errichtet eine Diktatur, in der das utopische, permanent aufgeschobene Ziel allein dazu dient, Mittel zu rechtfertigen, die in der Gleichsetzung von Gesellschaft und Staat die Freiheiten beschneiden. Bis es diese irgendwann nicht mehr gibt.

* Karl R. Popper, *Das Elend des Historizismus*, a. a. O., S. 59.

»Sobald wir jedoch erkennen, daß wir nicht den Himmel auf Erden schaffen, sondern nur *kleine* Verbesserungen durchführen können, erkennen wir auch, daß diese Verbesserungen nur in *kleinen Schritten* zu verwirklichen sind«*, schreibt Popper. In kleinen Schritten: durch ständiges Eingreifen in die Teile statt eines kompletten Umbaus der Gesellschaft. Was den Vorteil hat, dass man bei jedem Schritt das Ergebnis bewerten und den Irrtum noch rechtzeitig korrigieren, aus ihm lernen kann. Die revolutionäre – historizistische, holistische – Methode verschließt sich dieser Möglichkeit, denn in ihrer Verachtung des Besonderen, in ihrer obsessiven Fixierung auf das Ganze entfernt sie sich bald vom Konkreten. Sie wird zu einem Handeln, das sich abkoppelt von der Wirklichkeit und nur einem abstrakten Modell gehorcht, unbeleckt von jeder Erfahrung, einem Modell, dem diese Politik, weil es ja mit der gesellschaftlichen Wirklichkeit übereinstimmen soll, am Ende alles andere opfert, von der Rationalität bis zur Freiheit und manchmal auch den gesunden Menschenverstand.

Die Vorstellung von *Planung*, die Hayek so verabscheut, ist auch für Popper ein rotes Tuch. Ihr dringt der Historizismus aus allen Poren, denn sie baut darauf auf, dass sich die Geschichte nicht nur voraussehen, sondern auch lenken und entwerfen lässt, gleich einem Werk der Ingenieurskunst. Eine gefährliche Utopie, denn tief in ihr lauert der Totalitarismus. Es ist nun mal ein Ding der Unmöglichkeit, all die Kenntnisse, die sich in einer Vielzahl individueller Köpfe verstreut finden, zu zentralisieren, so wie sich auch nicht all die Wünsche, Ambitionen, Bedürfnisse oder Interessen ergründen lassen, die in ihrem Neben- und Miteinander die historische Entwicklung eines Landes bestimmen. Planung führt in letzter Konsequenz

* Ebd., S. 67, Fußnote 33.

zur Zentralisierung der Macht. Und die ersetzt nach und nach die ungeordnete Entwicklung aller Kräfte und Tendenzen in der Gesellschaft und stellt die Institutionen wie die Individuen unter eine autoritäre Kontrolle. Planung, die sich anheischig macht, die gesellschaftliche Entwicklung zu überwachen und wissenschaftlich zu lenken, ist eine Schimäre, und wo immer man sie durchsetzen will, führt sie zur Zerstörung der Freiheit, zu totalitären Regimen, in denen die zentrale Macht sich mit dem Argument, die vorhandenen Ressourcen zum allgemeinen Vorteil so rational wie möglich zu nutzen, das Recht anmaßt, den Bürgern die Initiative und das Recht auf Vielfalt zu nehmen und ihnen gewaltsam bestimmte Verhaltensweisen aufzuzwingen.

Popper legt dar, dass Historizismus und Utopismus Hand in Hand gehen. Sowohl der Faschismus wie auch der Kommunismus wollten die Gesetze der Geschichte interpretieren, um perfekte Gesellschaften zu errichten, und beide Ideologien verfolgten eine »utopische Technik«, die mehr Glaube war, mehr Religion als rationale Philosophie. Zutiefst unwissenschaftlich also.

In *Das Elend des Historizismus* bedient sich Popper in gewisser Weise der Methode von »Versuch und Irrtum« und stellt den Historizismus zunächst so kohärent wie möglich dar, um ihn alsdann umso besser widerlegen zu können. Er zeigt auf, wie eine bestimmte historizistische Strömung versucht, diese Methode von den wissenschaftlichen Methoden abzugrenzen, indem man erklärt, das gesellschaftliche Handeln sei zwar nicht immer auf die gleichen Ursachen zurückzuführen und erfahre auch keine konstanten Veränderungen, dennoch folge das alles Gesetzen, die, einmal entdeckt, erlauben würden, die Zukunft zu beschreiben. Für Popper ist das der historizistische Sündenfall: zu glauben, es gebe so etwas wie Naturgesetze, die das Leben in der Gesellschaft regeln. Die aber gibt es nicht. Das Einzige, was man in der Geschichte und in der Gesellschaft festmachen kann, sind Tendenzen, Entwicklungen. Nur sind die weder dauerhaft noch so präzise wie die Bewegungen der Gestirne im All. Ihnen fehlt einfach die Beständigkeit und Berechenbarkeit eines Newton'schen Gravitationsgesetzes.

Die »Bösen« unter den Historizisten, die Popper am heftigsten kritisiert, sind nicht Marx oder Engels, die erwähnt er in seinem Buch nur am Rande. Es sind Karl Mannheim – anhand von dessen *Man and Society in an Age of Reconstruction* er die größten Irrtümer des Historizismus veranschaulicht – sowie John Stuart Mill und Auguste Comte. Ihnen hält Popper vor, die antidemokratischen ideologischen Tendenzen fortgeführt zu haben, wie wir sie seit Platon kennen, der mit seiner Annahme einer schicksalhaften, vorausbestimmten historischen Entwicklung die menschliche Freiheit verneinte und die Fundamente legte für alle totalitären Ideologien.

Popper zitiert oft Hayek, um seine tiefe Übereinstimmung zum Ausdruck zu bringen, und ohne Zweifel versteht sich *Das Elend des Historizismus* auch als eine Ergänzung zu Hayeks *Der Weg zur Knechtschaft*.

Die zentralen Gedanken des Buches sollte Popper noch handfester und klarer in *Die offene Gesellschaft und ihre Feinde* herausarbeiten. Der freie Wettbewerb der Ideen (»free competition of thought«) ist demnach, zusammen mit der Stückwerk- oder schrittweisen Technik, die solideste Stütze der demokratischen Ordnung und feit sie gegen die Tyrannei der messianischen und utopischen Ideologien, die in der Gleichsetzung von Staat und Gesellschaft glauben, ein gemeinsames Ziel (»common purpose«) in der Geschichte zu erkennen, was unweigerlich die Aufgabe des rationalen Denkens und Gewaltherrschaft zur Folge hätte.

Natürlich gibt es in vielen freien Gesellschaften planende Einrichtungen, und den öffentlichen Freiheiten hat ihre Existenz nichts anhaben können. Aber es sind eben keine wirklich »planenden« Einrichtungen, oder nur sehr relativ, eher symbolisch; im Allgemeinen geben sie lediglich anhand von Wirtschaftsdaten eine Orientierung, ohne eine bestimmte Politik oder bestimmte Ziele mit Zwang durchzusetzen. Das ist kein Planen im engeren Sinne, es wird vielmehr untersucht, nahegelegt, beraten: vollkommen vereinbar mit einem funktionierenden Markt und einer demokratischen Gesellschaft.

Anders als der »holistische« oder »utopische« Ingenieur – der revolutionäre – geht der »Stückwerk-Ingenieur« – der reformerische – davon aus, dass man nicht das »Ganze« kennen kann und dass sich die Bewegungen der Gesellschaft unmöglich voraussehen oder beherrschen lassen, es sei denn, man unterwirft sie einem diktatorischen Regime, in dem per Zensur und Gewalt alle Verhaltensweisen einem von der Macht vorbestimmten Muster angepasst werden. Der »Stückwerk-Ingenieur« gibt dem Teil Vorrang vor dem Ganzen, der Gegenwart vor der Zukunft, den Problemen und Bedürfnissen der Menschen im Hier und Jetzt vor einer zukünftigen Menschheit, die in ihrer Ungewissheit nur ein Trugbild sein kann.

Der Reformer will nicht alles auf den Kopf stellen, und er agiert auch nicht im Hinblick auf ein globales, fernes Ziel. Sein Wunsch ist es, die Institutionen zu vervollkommnen und die konkreten Bedingungen so zu verändern, dass Probleme gelöst werden können und es einen partiellen, aber effektiven und beständigen Fortschritt gibt. Er weiß, dass sich das gesellschaftliche Ganze nur durch eine solche ständige Vervollkommnung der Teile verbessern lässt. Er will die Armut verringern oder aus der Welt schaffen, die Arbeitslosigkeit, Diskriminierung, möchte den Menschen neue Chancen eröffnen, Sicherheit für alle, stets mit einem wachen Auge für die komplexe Vielfalt der widerstreitenden Interessen und Bestrebungen, deren Ausgleich unerlässlich ist, um Missbrauch und neue Privilegien zu verhindern. Der Reformer trachtet nicht danach, den Menschen das *Glück* zu bringen, denn er weiß, dass dies nicht dem Staat obliegt, das können nur die Individuen für sich selbst. So wie es auch unmöglich ist, mit irgendeiner Norm diese heterogene Vielfalt zu fassen – in allem, einschließlich der persönlichen Wünsche und Hoffnungen –, aus der eine menschliche Gemeinschaft besteht. Sein Ziel ist weniger grandios, dafür realistischer: objektiv die Ungerechtigkeiten und sozioökonomischen Ursachen für das individuelle Leid zu bekämpfen.

Aber warum hält der Reformer es für besser, die bestehenden Institutionen zu verändern oder anzupassen, statt sie, wie der Revolutionär, auszuwechseln? Weil das Funktionieren der Institutionen, so Popper 1963 in *Conjectures and Refutations (Vermutungen und Widerlegungen)*, niemals allein von ihrem Charakter abhängt – von ihrer Struktur, ihrer Verfasstheit, den Aufgaben und Verantwortlichkeiten, mit denen man sie betraut –, sondern auch von den Traditionen. Und die wichtigste Tradition ist hier der »moralische Rahmen«, der überlieferte Sinn für Gerechtigkeit einer Gesellschaft oder den von ihr erreichten Grad des moralischen Empfindens. So etwas lässt sich nicht außer Kraft setzen. Man kann diesen zarten Stoff, der die Psychologie, die tiefe seelische Struktur einer Gesellschaft ausmacht, weder abschaffen noch von heute auf morgen ersetzen, wie es der Revolutionär gern hätte. Und genau dieser Stoff entscheidet letztlich, aufgrund seiner Übereinstimmung oder im tiefen Widerstreit mit den Traditionen, über den Erfolg oder Misserfolg einer Institution. Denn so intelligent sie auch entworfen sein mag, erfüllt sie ihre Ziele nur, wenn sie sich einpasst in den nicht aufgeschriebenen – unaufschreibbaren –, im Leben einer Nation aber entscheidenden Kontext, der dieser »moralische Rahmen« ist. Ein ständiger Abgleich der Institutionen mit ihrem traditionellen und ethischen Hintergrund – der sich sehr viel langsamer entwickelt und verändert als sie selbst – ist aber nur möglich über die »Stückwerk-Sozialtechnik«, die, eben weil sie die Gesellschaft allmählich reformiert, bei jedem Schritt Korrekturen anbringen, nachjustieren und einer Verstetigung von Irrtümern vorbeugen kann (im Gegensatz zur utopischen »holistischen« Methodik, der dazu die Mittel fehlen).

Reformismus ist vereinbar mit der Freiheit. Mehr noch, er hängt von ihr ab, denn sein wichtigstes Instrument ist die ständige kritische Überprüfung. Erst durch die Kritik kann das Verhältnis zwischen Individuum und Macht in einem Gleichgewicht gehalten werden, das verhindert, dass die Macht anwächst, bis sie die Freiheit geschleift hat. Die »holistische oder utopische« Sozialtechnik dagegen führt früher oder später zur Anhäufung von Macht und zur Unterdrückung von Kritik. Der Weg dorthin führt – oft unmerklich – über eine Kontrolle, wie sie unweigerlich einhergeht mit jeder Politik, die meint, den Lauf der Gesellschaft »planen« zu müssen. Wirtschaftliche, soziale, kulturelle *Kontrollen* aber stutzen die Initiativen und Freiheiten, bis die individuelle Souveränität abgeschafft ist und die Bürger zu bloßen Marionetten werden. Natürlich gibt es fließende Übergänge zwischen einer Demokratie mit überwachenden Interventionen in einem bestimmten Teilbereich der Politik und einem totalitären oder Polizeistaat, in dem die gesellschaftlichen Aktivitäten einer nahezu vollständigen Kontrolle unterliegen. Und auch in der freiesten aller Gesellschaften geht es nicht ohne gewisse Eingriffe, um Voraussetzungen für die individuelle Initiative zu schaffen und ihr gleichzeitig Grenzen zu setzen, die Gesellschaft würde sonst in die Anarchie abgleiten oder zurückkehren zum Gesetz des Dschungels.

Aber genauso klar ist, dass jede Kontrollpolitik überwacht und ausgeglichen werden muss, da nun mal der Keim des Autoritarismus in ihr steckt, die Anfänge einer Bedrohung der individuellen Freiheit.

Der Staat, sagt Popper, ist »ein notwendiges Übel«. Notwendig, weil es ohne ihn weder ein Zusammenleben gäbe noch eine Verteilung des Reichtums im Sinne eines gerechten Ausgleichs – schließlich ist die Freiheit für sich allein ein Quell riesiger Ungleichheiten und Schieflagen –, auch dem Missbrauch ließe sich sonst nicht begegnen. Ein »Übel« ist der Staat jedoch, weil allein seine Existenz noch in der freiesten Demokratie eine Beschneidung der individuellen Souveränität bedeutet, ein ständiges Risiko, dass er anwächst und selbst zum Quell von Übergriffen wird, die die – letztlich immer fragilen – Fundamente untergraben, auf denen sich im Laufe der gesellschaftlichen Entwicklung die schönste und geheimnisvollste Hervorbringung der Menschheit etabliert hat: die Kultur der Freiheit.

Die Tyrannei der Sprache

Schon in jungen Jahren trotzte Popper einer Mode, die damals noch gar nicht aufgekommen war: der Fixierung auf die Sprache. Tatsächlich sollte sich das zeitgenössische westliche Denken, vor allem nach dem Zweiten Weltkrieg, in nicht geringem Maße und auf obsessive Weise einer Beschäftigung mit den in der Natur der Sprache liegenden Beschränkungen und Wirkkräften hingeben, was so weit ging, dass man – in den Siebzigerjahren – den Eindruck hatte, sämtliche Geisteswissenschaften, von der Philosophie über die Anthropologie und die Politik bis hin zur Geschichte, verwandelten sich in Zweige der

Linguistik (Heideggers Totengeister). Die eingenommene Perspektive war eine rein formale – auf die Wörter in ihrer Organisiertheit untereinander und abgetrennt von ihren jeweiligen Referenten, der objektiven Welt, dem nicht gesagten und nicht geschriebenen, sondern gelebten Leben –, und quer durch alle Fachrichtungen machte sie die westliche Kultur zu einer Art protoplasmatischer philologischer, semiologischer und grammatischer Spekulation. Zu einem einzigen rhetorischen Feuerwerk also, in dem die Ideen und das Interesse für die »großen Themen« so gut wie verschwanden, hinweggefegt von der exklusiven Beschäftigung mit dem Ausdruck an sich, mit den verbalen Strukturen jeder Wissenschaft und jedes Wissens.

Popper teilte eine solche Haltung nie, was zumindest teilweise erklären mag, dass er zu keinem Zeitpunkt ein Modephilosoph war und sein Denken für lange Zeit in die akademischen Zirkel verbannt blieb. In *Die offene Gesellschaft und ihre Feinde* hatte er Aristoteles heftig für seinen »Verbalismus« kritisiert, für diesen Hang, die Erörterung des Wesentlichen ins Geschwurbel zu ziehen, was, so Popper, Hegel von ihm übernommen habe und noch steigerte, bis die Philosophie infiziert war von rhetorischem Obskurantismus. Für Popper kommuniziert die Sprache Dinge, die außerhalb ihrer selbst liegen, man muss sie funktional verwenden und darf sich nicht ewig damit befassen, herauszufinden, ob die Wörter denn tatsächlich genau das ausdrücken, was derjenige, der sie benutzt, mit ihnen zum Ausdruck bringen möchte. Sich damit aufzuhalten, die Sprache an sich zu untersuchen, als etwas Abgetrenntes von diesem Inhalt namens Wirklichkeit, die auszudrücken eben Aufgabe der Wörter ist, ist nicht nur Zeitverschwendung. Es ist auch leichtfertig, eine Vernachlässigung des Wesentlichen, der Suche nach dieser Wahrheit, die für Popper immer *außerhalb* der Wörter liegt, und das können sie zwar kommunizieren, nie und nimmer aber aus sich heraus erzeugen. »In meinen Augen ist das Streben nach Einfachheit und Durchsichtigkeit eine moralische Pflicht aller Intellektuellen: Mangel an Klarheit ist eine Sünde, Aufgeblasenheit ein Verbrechen«*, schreibt er in seinem Aufsatz »Two Faces of Common Sense« (»Zwei Seiten des Alltagsverstands«). Einfachheit bedeutet für Popper, die Sprache so zu verwenden, dass sich die Wörter nicht in den Vordergrund drängen, dass sie transparent sind und die Gedanken hindurchlassen, ohne ihnen ein besonderes Gepräge zu verleihen. »Unsere ›operationalen Definitionen‹ haben den Vorteil, daß sie uns helfen, das Problem auf ein Gebiet zu verschieben, in dem nichts oder nur wenig von Worten abhängt. *Klar sprechen heißt so sprechen, daß es auf die Worte nicht ankommt*«**, ein Satz, der an den bekannten Spruch von Ortega y Gasset erinnert: »Die Klarheit ist die Höflichkeit des Philosophen.« Man kann sich kaum eine deutlichere Gegenposition vorstellen zu diesem mahnenden Gebot der modernen westlichen Kultur, den Worten tunlichst zu misstrauen, schließlich könnten sie mit denen, die sie nicht vorsichtig genug handhaben oder ihnen nicht genügend Aufmerksamkeit schenken, die übelsten Scherze treiben.

Genau wie Hayek hatte Popper von den Intellektuellen nicht gerade eine hohe Meinung. Doch anders als der warf er ihnen nicht vor, geborene »Konstruktivisten« zu sein, seine Kritik galt vielmehr ihrer Neigung, konfus zu schreiben, als wäre sprachliche Dunkelheit gleichbedeutend mit Tiefe, was die zeitgenössische Philosophie zu einer puren Wortklauberei machte. Außerdem warf er ihnen ihren Pessimismus vor und die maßlos

* Karl R. Popper: *Objektive Erkenntnis. Ein evolutionärer Entwurf*, Hoffmann und Campe Verlag, Hamburg 1973, S. 57.

** Karl R. Popper, *Die offene Gesellschaft und ihre Feinde*, Bd. II., a. a. O., S. 388.

ungerechtfertigte Kritik an der modernen westlichen Gesellschaft, der bisher »besten Welt«, und den jungen Leuten impften sie nur Mutlosigkeit ein, eine Geringschätzung der offenen Gesellschaft, der »verhältnismäßig besten, gerechtesten, fürsorglichsten Welt, die es je in der Geschichte gegeben hat«.*

Popper erinnert sich, dass er schon als junger Mann mit der Problematik konfrontiert war: »Ich habe ungefähr im Jahre 1930 einen Spaß gemacht. Ich habe gesagt: Viele der Studenten gehen an die Universität nicht mit der Einstellung, daß da ein großes Reich des Wissens ist, von dem sie vielleicht ein kleines Stück erfassen können, sondern sie gehen an die Universität, um zu lernen, *wie man unverständlich und eindrucksvoll redet. Das ist die Tradition des Intellektualismus.* Ich habe das damals als Spaß gesagt. Wie ich aber dann selbst Universitätslehrer geworden bin, habe ich zu meinem Entsetzen bemerkt, daß das Wirklichkeit ist. Es ist so, leider.«**

Kein Wunder also, dass Popper gegen einige Intellektuelle seiner Zeit wie Adorno und Horkheimer, Protagonisten der Frankfurter Schule, die härteste Kritik auffuhr. Adornos Arbeiten lasen sich für ihn wie schlechte Imitationen von Karl Kraus, wie von einem, der nicht nur nichts zu sagen hat, sondern auch noch unfähig ist, es auszudrücken, ganz nach Art des Hegel'schen Obskurantismus. Für Popper ist Adorno ein kultureller Snob, ein Feind der Klarheit, der »mehr Dunkelheit« in der Kultur fordert, ein Desperado, der gegen die Welt vom Leder zieht, ohne irgendeine Alternative aufzuzeigen. Horkheimer hält Popper für seriöser, aber auch ihn sieht er negativ, da er sich dagegen ausspreche, das aktuelle System zu reformieren. Und weiter schreibt er, die Schriften der Frankfurter Schule

* Karl R. Popper, Konrad Lorenz, *Die Zukunft ist offen*, a. a. O., S. 106.

** Ebd., S. 102.

betrachte er, in Anlehnung an Raymond Aron, als »Opium für Intellektuelle«.*

Trotz allem denkt er, dass die Intellektuellen der Menschheit sehr wohl einen Dienst erweisen können, sie müssten sich nur radikal ändern: »Warum denke ich, daß wir, die Intellektuellen, helfen können? Einfach deshalb, weil wir, die Intellektuellen, seit Jahrtausenden den gräßlichsten Schaden gestiftet haben. Der Massenmord im Namen einer Idee, einer Lehre, einer Theorie – das ist unser Werk, unsere Erfindung: die Erfindung von Intellektuellen. Würden wir aufhören, die Menschen gegeneinander zu hetzen – oft mit den besten Absichten –, damit allein wäre schon viel gewonnen. Niemand kann sagen, daß das für uns unmöglich ist.«**

Indem er die Ausdrucksform geringschätzte, unterlag Popper aber auch einem schweren Irrtum. Seine Überzeugung, dass Sprache niemals reiner Selbstzweck ist und auch keinen wie auch immer gearteten Vorrang beanspruchen kann, ohne dass es zu einer tiefen Verzerrung des Inhalts einer Wissenschaft kommt – vernünftigerweise nicht gleichzusetzen mit der Sprache, in der sie sich ausdrückt –, diese Überzeugung könnte wahrer nicht sein. Eine Übereinstimmung von Form und Inhalt gibt es nicht einmal dort, wo man meinen könnte, sie liege auf der Hand, in der Literatur etwa, denn wie der katalanische Dichter Gabriel Ferrater einmal sagte, sind Dantes Terzinen nun mal nicht die Höllenqualen. Auch immunisierte diese Überzeugung Popper gegen eine Versuchung, der viele namhafte Intellektuelle seiner Zeit erlagen, nämlich die großen

* Karl R. Popper, *Erkenntnis und Evolution. Zur Verteidigung von Wissenschaft und Rationalität*, hrsg. und teilweise neu übersetzt von Hans-Joachim Niemann, Mohr Siebeck, Tübingen 2015, S. 42.

** Karl R. Popper, *Auf der Suche nach einer besseren Welt*, a. a. O., S. 214.

Themen beiseitezuschieben zugunsten von Nebensächlichkeiten – nichts anderes sind letztlich die formalen Arten und Weisen, wie man sich in der Wissenschaft oder der Philosophie ausdrückt. Poppers Denken kreiste immer um das Grundlegende, die großen Fragen, um Wahrheit und Lüge, die objektive Erkenntnis und das Magische oder Religiöse, um Freiheit und Gewaltherrschaft, das Individuum und den Staat, um Metaphysik und Wissenschaft, genau wie bei den großen Klassikern. Aber dieses Denken leidet eben auch an einer Unterschätzung der Natur der Wörter, an der vermessenen Annahme, man könne sie benutzen, als wären sie nicht von Belang.

Wörter, Worte sind immer von Belang. Unterschätzt man sie, rächen sie sich und laden einen Diskurs, der keimfrei und eindeutig sein will, mit Uneindeutigkeiten auf, Zweideutigkeiten, einem doppelten oder dreifachen Sinn. Poppers Widerwille, die Sprache als autonome Wirklichkeit zu betrachten, mit eigenen Impulsen und Tendenzen, hat sich negativ auf sein Werk ausgewirkt, denn trotz aller konzeptuellen Bedeutung krankt es zuweilen an Ungenauigkeit, kippt sogar ins Konfuse. Seine Begriffe sind nicht immer glücklich, denn sie verleiten zu Missverständnissen. Eine totalitäre Sicht auf die Geschichte oder eine bloße politische Theorie »Historizismus« zu nennen ist schon fragwürdig, da darin eine glatte Ablehnung von Geschichte mitschwingt, und nichts ist weiter entfernt von der Popper'schen Philosophie. Noch anfechtbarer sind Begriffe wie »Stückwerk-Sozialtechnik« und »utopische oder holistische Sozialtechnik« für das, was man schlicht auch »Reformismus« und »Radikalismus« nennen könnte (oder »liberale Haltung« und »totalitäre Haltung«). Hayek zum Beispiel kritisierte den Gebrauch des Wortes »Ingenieur« zur Bezeichnung des Gesellschaftsreformers, da es unbewusst Assoziationen zum kommunistischen Vokabular wecke (für Stalin sollten die Schriftsteller ja »Ingenieure der Seele« sein). Und natürlich ist es ein offenkundiger Widerspruch, wenn ausgerechnet der Philosoph, der so überzeugend die Vorstellung von »Planung« kritisiert hat, einen Sozialreformer »Ingenieur« nennt.

Nicht weniger konfus ist Poppers Verteidigung des Protektionismus in *Die offene Gesellschaft und ihre Feinde* (Bd. I, Kap. 6), denn man könnte meinen, er wollte staatliche Eingriffe in die Wirtschaft rechtfertigen. Dem ist natürlich nicht so, schließlich erklärt er, damit meine er lediglich den Schutz der Freiheit. Aber die Gefahr der Verwechslung gäbe es nicht, wenn er ein passenderes Wort benutzt hätte.

Sicher ist es gut, dass die Philosophie, die Wissenschaft sich nicht in der Analyse ihrer Sprache erschöpft, was meist nur zu steriler Haarspalterei führt. Aber es ist auch unabdingbar, dass jeder Denker dem Instrument, mit dem er sich ausdrückt, die notwenige Aufmerksamkeit zuteilwerden lässt, nur so bleibt er in jedem einzelnen seiner Texte Herr über die Wörter, die eigene Rede, wird nicht zu einem passiven Diener der Sprache. Poppers Werk, eines der anregendsten und innovativsten unserer Zeit, hat diesen Makel: Von ihm geringgeschätzt, verwirren und verdrehen die Wörter manchmal die Ideen, denn nicht immer verstand er es, sie mit der Präzision und den Zwischentönen auszudrücken, die ihre Tiefe und Originalität verlangen.

Roland Barthes, dessen Auffassung vom Diskurs der Popper'schen diametral entgegenstand, schrieb: »Im Zusammenhang des Wissens bedarf es, damit die Dinge werden, was sie sind, was sie gewesen sind, der Ingredienz, des Salzes der Wörter. Der Geschmack der Wörter macht das Wissen tief und fruchtbar.«*

* Roland Barthes, *Leçon/Lektion. Französisch und Deutsch. Antrittsvorlesung im Collège de France. Gehalten am 7. Januar 1977*, übersetzt von Helmut Scheffel, Suhrkamp Verlag, Frankfurt am Main 1980, S. 31.

In Poppers funktionaler Sprache fehlt dieses Salz der Wörter, diese Übereinstimmung von Inhalt und Behältnis in der Rede, obwohl er paradoxerweise doch genau das bezweckte mit seinem Ideal von der »einfachen und klaren« Sprache, in der es auf die Worte nicht ankomme. In seinen Büchern, selbst in den Schriften, in denen Klugheit und Tiefe der Reflexion am augenfälligsten sind, erschließt sich uns nie der ganze Reichtum seines Denkens, erreicht es uns nie in seinem vollem Glanz, es wird vielmehr abgebremst, geschmälert, gerät auch schon mal durcheinander, so dürftig ist es letztlich geschrieben. Im Gegensatz zu einem Ortega y Gasset, dessen Prosa seine Ideen auf eine Weise kleidete, dass sie noch besser wurden, nimmt die opake, sich dahinschlängelnde Prosa Poppers den eigenen Ideen oft etwas von ihrem Gehalt.

Popper und Roland Barthes in einem Atemzug zu nennen ist nicht ganz aus der Luft gegriffen. Was die Sprache betrifft, stehen sie für zwei unentschuldbare Extreme, zwei Exzesse, und der Preis dafür ist hoch. Im Unterschied zu Popper, der glaubte, auf die Sprache komme es nicht an, zählte für Barthes unterm Strich einzig und allein die Sprache, sie ist für ihn das Zentrum der Macht, das Zentrum *jeder* Macht. Und bei all seinem Talent als Essayist, der sich, nicht ganz unfrivol, selber betrachtete und seine Freude an sich hatte; der sich zur Schau stellte und gleichzeitig verblasste unter diesem Schwall von Begriffen – Diskurs, Text, Sprache: *langue*, *parole* et cetera –, die er mit solcher Brillanz und so vielen Spitzfindigkeiten handhabte: bei alldem schaffte es Barthes zu behaupten, gar zu »beweisen«, dass es nicht die Menschen seien, die sprächen, sondern die Sprache, die durch sie spreche, womit sie die Menschen forme und einer so undurchsichtigen wie unsichtbaren Diktatur unterwerfe. Die Sprache ist für ihn »weder reaktionär noch progressiv; sie ist ganz einfach faschistisch; denn der Faschismus heißt nicht am Sagen hindern, er heißt zum Sagen zwingen.«* Demnach können sich von dieser Diktatur, zumindest vorübergehend, nur solche literarischen Werke befreien, die mit der inthronisierten Sprache brechen und eine neue auf den Thron erheben. Freiheit lässt sich für Barthes nur *außerhalb der Sprache* verwirklichen (und man darf sich fragen, ob die freiesten Menschen dann die Taubstummen und die Autisten wären). Versucht man Barthes' Denken zu resümieren, fällt vor allem die Oberflächlichkeit auf, der provokante und verspielte Charakter, das Leichtfertige, Humorvolle, nicht selten die Leere. Nähert man sich ihm aber über die Originaltexte, veredelt durch die Eleganz der Prosa, die meisterlich gesetzten Zwischentöne und zauberisch geschliffenen Sätze, hat man den Eindruck von Tiefe, von transzendenter Wahrheit – ein wunderschönes rhetorisches Gaukelspiel.

Es stimmt einfach nicht, dass der Sitz einer jeden Macht die Sprache wäre. So ein Unsinn! Echte Macht tötet, und Wörter langweilen höchstens, hypnotisieren, empören. Die beeindruckende Prosa, der irisierende Stil gaben Roland Barthes' wolkigem Denken einen Anschein von Durchdringung und Dauerhaftigkeit, wogegen das ehrgeizige, tiefe Gedankensystem von Karl Popper eingeschränkt blieb, verdünnt durch einen Ausdruck, der nie auf der Höhe des Ausgedrückten war. Denn auch wenn Ideen nicht nur aus Wörtern bestehen, wie Barthes glaubte, werden Ideen ohne die Wörter, die für sie stehen und die sie kommunizieren, niemals all das sein, was sie sein können.

* Ebd., S. 19.

Die Stimme Gottes

Wollte jemand ein Buch mit Sottisen für den Gebrauch politisch korrekter Intellektueller zusammenstellen – ähnlich dem *sottisier*, den Flaubert im neunzehnten Jahrhundert vorlegte –, sollten ihm zwei Gebote voranstehen: a) die Konsumgesellschaft attackieren und b) auf die Massenmedien als Quelle von Unkultur, Gewalt und Dummheit der Menschen hinweisen.

Natürlich ist es das unveräußerliche Recht eines jeden, das Konsumdenken zu verurteilen. Aber wenn diejenigen, die es tun, denn kohärent sind, sollte ihnen auch klar sein, dass die von ihnen präferierte genügsame Gesellschaft, in der die Leute keine überflüssigen Produkte kaufen, sondern nur das fürs Leben Notwendige, praktisch eine industrielose wäre. Es wäre eine primitive Welt mit arbeitslosen und hungrigen Menschenmengen, die dem Recht des Stärkeren und Plagen ausgeliefert wären, eine Welt, in der die Ungewissheit der Existenz den meisten Sterblichen nicht allzu viel Zeit ließe für ein wie auch immer geartetes geistiges Leben. Die Rückkehr zur Stammesgesellschaft hätte sich vollzogen. Denn die schlichte Wahrheit ist: Je mehr Industrieprodukte konsumiert werden – ob überflüssig oder notwendig, ist eine Entscheidung, die in einer offenen Gesellschaft allein den Konsumenten obliegt –, desto mehr Arbeitsplätze gibt es, desto bessere Bildung für möglichst viele, desto mehr Muße, und ohne das alles gibt es weder ein spirituelles noch ein intellektuelles Leben, das den Namen verdiente.

Beim Thema Medien wird es um einiges kniffliger. So ist etwa dem Fernsehen immer eine ungeheure gesellschaftliche Macht zugekommen, es hat auf entscheidende Weise dazu beigetragen, die »Kultur des Spektakels« zu schaffen, die ich in meinem Buch *Alles Boulevard* heftig kritisiert habe. Popper hielt die Macht des Fernsehens für potenziell bedeutender als jede andere, man könne fast meinen, sie habe »die Stimme Gottes ersetzt«. Dies stammt aus einer seiner letzten Schriften, darin kommentiert er die Untersuchungen des Psychologen John Condry zu den Auswirkungen des Fernsehens auf die Kinder in den USA. Beide Texte erschienen in Frankreich unter dem martialischen Titel *Das Fernsehen: eine Gefahr für die Demokratie**.

Auch wenn es klargeworden sein dürfte, will ich noch einmal betonen, dass ich Karl Popper für den bedeutendsten Denker unserer Zeit halte; dass ich in den letzten Jahrzehnten nicht wenig Zeit darauf verwandt habe, ihn zu lesen und zu studieren, und dass ich, wenn man mich aufforderte, das gehaltvollste und bereicherndste philosophisch-politische Werk des zwanzigsten Jahrhunderts zu nennen, nicht eine Sekunde zögern würde, *Die offene Gesellschaft und ihre Feinde* zu wählen. Ebenfalls möchte ich sagen, dass meine Bewunderung für diesen außerordentlichen Intellektuellen so groß ist, dass mir die Knie zitterten, als Pedro Schwartz, Schüler Poppers, mich einmal mitnahm und wir ihn in seinem aufgeräumten Häuschen in Kensley außerhalb Londons besuchten, wo ich ergriffen zuhörte, mit welcher Begeisterung er von Kant und vom einundzwanzigsten Jahrhundert sprach. Auch wenn ich einräumen muss, dass diese Ergriffenheit der Verwunderung wich, als wir von der Philosophie und der Geschichte auf die Literatur kamen und ich hörte, wie Sir Karl sich über Kafka und seine Landsleute Musil und Roth ausließ, wobei er uns erklärte, lieber als diese krankhafte, langweilige Literatur lese er die gesunden und kurzweiligen Romane von Trollope. Anfügen möchte ich, dass eins meiner

* Karl Popper, John Condry, *La télévision: un danger pour la démocratie*, Anatolia, Paris 1994.

schönsten Erlebnisse intellektueller Natur die Teilnahme an einer »Begegnung mit Karl Popper« im spanischen Santander war, im August 1991, als der Philosoph seinen neunundachtzigsten Geburtstag feierte und wir bei einem Podiumsgespräch ein paar Gedanken austauschten.

Nun denn, ein großer Philosoph hat alles Recht der Welt auf einen eigenen literarischen Geschmack. Aber ist es zu fassen, dass jemand wie er, der so unnachgiebig die individuelle Freiheit gegen alle Übergriffe und Einmischungen des Staates verteidigte, als Mittel gegen die Übel des Fernsehens in der offenen Gesellschaft ein institutionalisiertes Genehmigungs- und Kontrollsystem vorschlägt, um zu verhindern, dass Produzenten und Programmmacher das Fernsehen weiter mit drei Giften verderben: »Gewalt, Sex und Sensationsjournalismus«?

Popper meint, die Demokratie werde nicht überleben, wenn sie das Fernsehen nicht einer effektiven Kontrolle unterziehe, nur so könne man die unbeschränkte Macht, die es in kultureller und moralischer Hinsicht ausübe, begrenzen. Sein Befund stützt sich auf die Untersuchungen Condrys, und die lassen einem natürlich die Haare zu Berge stehen: In den USA sitzen die Kinder pro Woche im Schnitt vierzig Stunden vor dem Fernseher – vier bis fünf von Montag bis Freitag und sieben bis acht am Samstag und am Sonntag –, eine Abhängigkeit, die zu vielfältigen körperlichen, seelischen und geistigen Störungen führt: Stoffwechselkrankheiten, Fettleibigkeit, Passivität, Egozentrik, moralische Anomie, aggressives Verhalten, klischeehafte Wertevorstellungen, Unfähigkeit, zwischen Fantasie und Wirklichkeit zu unterscheiden. Die schädlichste aller Auswirkungen ist für Popper dabei die Aufstachelung zur Gewalt. Und daran erinnernd, dass Zivilisation im Wesentlichen heißt, diese zu reduzieren, schlägt er vor, das Übel an der Wurzel zu packen.

Sein Rezept läuft allen antietatistischen und antikontrollistischen liberalen Postulaten zuwider und deckt sich bis aufs i-Tüpfelchen mit den konstruktivistischen und interventionistischen Theorien von Sozialdemokraten, Sozialisten und Kommunisten (ebenjenen Theorien, die er in *Die offene Gesellschaft und ihre Feinde* zerpflückte). So empfiehlt er eine obligatorische Berufsausbildung für alle, die Fernsehsendungen produzieren wollen, um ihnen staatlicherseits »die fundamentale Rolle der Erziehung« nahezubringen und sie darüber aufzuklären, »wie die Kinder die Bilder aufnehmen, wie sie das vom Fernsehen Präsentierte aufsaugen und wie sie versuchen, sich einem vom Fernsehen geprägten Umfeld anzupassen«. Derart instruiert, erhielten die Anwärter »ein Patent, ein Diplom oder eine Lizenz«, eine Berechtigung, ohne die sie beim Fernsehen nicht arbeiten könnten und die ausgesetzt oder entzogen würde, sollten sie bei der Ausübung ihres Berufs den zu Beginn ihrer Tätigkeit geleisteten Eid – ähnlich dem Eid des Hippokrates – verletzen. Eine Kammer wie die der Ärzte oder Notare würde es in die Hand nehmen, über die korrekte Anwendung dieses Kodex zu wachen.

Allein bei der Vorstellung, was passieren würde, wenn Poppers Vorschlag Erfolg hätte und die offenen Gesellschaften ihn sich zu eigen machten, überkommt einen das Gruseln. Sie wären fortan sehr viel weniger offen, so viel steht fest. Wahrscheinlich gäbe es in den Sendungen eine geringere Dosis an Gewalt als bei Tarantino oder in den James-Bond-Filmen. Aber was ist mit der *anderen* Gewalt, die an ihre Stelle träte? Der Gewalt des Mittelmaßes, die mit der Bürokratisierung einer kreativen Tätigkeit nun mal einhergeht und die jedes Talent erstickt; der Gewalt, die es bedeutet, wenn jeder aufsässige Geist ausgetrieben, ein Experiment zensiert oder die Suche nach Neuem unterbunden wird? Das Fernsehen wäre dann vielleicht so gesund und idyllisch, wie man es aus der Volksrepublik China, aus Kuba oder Nordkorea kennt. Oder wie die Programme, mit denen in Spanien unter Franco oder in Chile unter Pinochet die Zuschauer bei Laune gehalten wurden, in Ländern, in denen nur vorschriftsmäßig vom Staat akkreditierte Profis – zugelassen allein durch eine ständische Einrichtung – Filme und Sendungen produzieren konnten, herzustellen nach einem strengen Regelwerk, um die Gesellschaft vor ihren Feinden zu schützen. Wäre das Problem damit gelöst? Oder wäre nicht das Mittel schlimmer als die Krankheit?

Das Problem lässt sich nicht wegdiskutieren, und zweifellos hat es sich mit der medialen Entwicklung noch verschärft. Es stimmt ja auch, Fernsehen, Internet, die sozialen Netzwerke üben heute einen beispiellosen Einfluss auf die Menschen aus. Und natürlich müssen Vorsichtsmaßnahmen ergriffen werden, damit sie kein Unheil anrichten, zumal wenn es Kinder betrifft. Auch ist es legitim, Uhrzeiten festzulegen für die Ausstrahlung bestimmter Filme oder Sendungen, deren Inhalt den Jüngsten schaden könnte, dazu entsprechende Hinweise, damit die Eltern entscheiden können, ob ihre Kinder sie sehen dürfen oder nicht, egal wie nutzlos solche Vorsichtsmaßnahmen mit der Revolution der audiovisuellen Medien letztlich sein mögen. Das alles: geschenkt. Aber sollten die Einschränkungen so weit gehen, dass sie dem Staat einen Vorwand verschaffen, die Medien zu kontrollieren, dann hieße das nichts anderes, als dass sie instrumentalisiert würden durch die, die aus eigenem Recht die Macht ausüben. Es wäre eine für den Geist und die Moral ebenso destruktive Gewalt wie die, die man zu beseitigen gedenkt.

Ob es uns gefällt oder nicht: Fernsehen, Internet und die sozialen Netzwerke sind da und werden uns noch eine Weile begleiten. Die Frage ist müßig, ob es besser gewesen wäre, wenn man das alles nicht erfunden hätte. Aber egal was die

Statistiken sagen, ich habe den Verdacht, dass uns die immer wieder ins Feld geführte Gewalt auf dem Bildschirm, nicht anders als in den Büchern, mehr als Folge denn als Ursache von Gewalt begegnet. Will man sie wirksam bekämpfen, hilft es nicht, den Zugang zu den Bildschirmen zu verschließen, man müsste vielmehr im echten Leben an die Wurzeln der Gewalt gehen, wozu auch gehört, mehr für die Bildung zu tun. Das alles ist ein komplexes Thema, und vielleicht hat es – anders als dieser kluge, gute Mensch glaubte, der Karl Popper war – sehr viel mehr mit dem Schmutz und der Gewalt zu tun, die es in den Tiefen der menschlichen Seele nun mal auch gibt. Mehr als mit den schlechten Beispielen, die uns die Fiktion liefert, egal in welchem Medium.

Eines ist klar: Nicht ein Übermaß, sondern ein Mangel an Wettbewerb verhindert, dass originellere und kreativere Sendungen produziert werden und allenthalben die Dummheit regiert, die Flachheit. Wäre das Fernsehen ein Ort der Vielfalt und der Zwischentöne, so wie Bücher, Zeitschriften, Zeitungen und (in manchen Ländern) das Radio, würden auch die etwas verfeinerteren, anspruchsvolleren, eigenwilligeren Geister in seinen Programmen finden, was dort heute durch Abwesenheit glänzt. Die Auflösung der Mediengrenzen und die Herrschaft der großen Datenautobahnen (mit Platz auch für Unterhaltung und Fiktion) könnten uns vielleicht näher an dieses Ideal heranbringen.

Raymond Aron

1905-1983

Raymond Aron war ein überaus höflicher kleiner Mann mit großer Nase und großen Ohren, blauen Augen und melancholischem Blick. Geboren in eine recht wohlhabende Familie, hatte er seine Kindheit in Versailles verbracht, in einem Haus mit Tennisplatz. In diesem Sport tat er sich auch mit einigem Erfolg hervor, bis die intellektuelle Berufung ihn davon abbrachte. Dafür blieb er ein Rugbyfan, wenn auch nur vorm Fernseher. An der École normale supérieure, wo er in den 1920ern studierte, war er Jahrgangsbester, hielt sich in den Diskussionen aber so vornehm und vorsichtig zurück, dass Jean-Paul Sartre, sein Freund und Kommilitone, ihn eines Tages anfuhr: »Mon petit camarade, pourquoi as-tu si peur de déconner?« (»Mein Lieber, woher diese Angst, Stuss zu reden?«). Sartre kannte eine solche Angst nicht, und im Laufe seines Lebens redete er oft Stuss, mit all der Intelligenz, die ihm zu Gebote stand und mit der er noch die schlimmsten Sophismen in das Gewand einer Wahrheit kleidete. Raymond Aron dagegen blieb, wie er war, sein ganzes reiches Leben lang, das im Oktober 1983 endete, als ihn vor dem Pariser Justizpalast der Herzschlag traf; gerade noch hatte er dort zugunsten eines Freundes ausgesagt, Bertrand de Jouvenel, der gegen einen Kritiker auf Verleumdung klagte. Wann immer er sich äußerte, tat er es mit diesem Feingefühl und dieser Wohlerzogenheit seiner Jugend, außer vielleicht im Mai 1968 während der Studentenunruhen, es war das einzige

Ereignis, über das er sich derart aufregte, dass er aus der Haut fuhr.

Schon in jungen Jahren interessierte er sich für die deutsche Philosophie, lernte Deutsch, und 1930, nach Abschluss seines Studiums, ging er ins Land Goethes. Er war ein Jahr als Lektor an der Universität Köln und dann zwei weitere als Stipendiat des Französischen Akademikerhauses in Berlin. Dort befand er sich 1932, als Hitler seinen Wahlsieg feierte, und dort auch erlebte er, im Jahr darauf, zusammen mit dem befreundeten Historiker Golo Mann die Bücherverbrennung, bei der die Nazis gegenüber der Humboldt-Universität Tausende »undeutscher« Werke vernichteten. Es waren traumatische politische Erfahrungen, aber sie brachten ihn nicht ab von seiner geistigen Arbeit. Das Ergebnis waren, zurück in Paris, zwei Schlüsselwerke der Philosophie und Soziologie, Bücher, mit denen er Denker wie Dilthey, Simmel, Husserl, Heidegger und Max Weber in Frankreich einführte: *Essai sur la théorie de l'histoire dans l'Allemagne contemporaine* (Über die Geschichtstheorie im zeitgenössischen Deutschland) und vor allem seine Dissertation, *Introduction à la philosophie de l'histoire* (Einführung in die Geschichtsphilosophie), beide von 1938.

In der kulturellen Tradition Frankreichs, das die Extreme so schätzt, fiel Raymond Aron aus dem Rahmen: Er war liberal und gemäßigt, ein Streiter für die angelsächsische Tugend des Common Sense in der Politik, ein liebenswürdiger Skeptiker, der ohne viel Fortüne, aber so klug wie scharfsinnig mehr als ein halbes Jahrhundert lang in Büchern, Artikeln und Vorlesungen – vom Katheder aus und in der Presse – die liberale Demokratie gegen die Diktatur verteidigte, die Toleranz gegen die Dogmen, den Kapitalismus gegen den Sozialismus und den Pragmatismus gegen die Utopie. In einer Zeit, die sich an Exzessen, Bilderstürmereien und Respektlosigkeiten berauschen konnte, wirkte Arons Besonnenheit und Höflichkeit so bieder, so im Widerspruch zum Wirbel der Moden, dass selbst manch einer seiner Bewunderer insgeheim diesen böswilligen, von wem auch immer in den Sechzigerjahren geprägten Spruch unterschrieben hätte: »Lieber mit Sartre irren als mit Aron recht haben.« In den Fünfzigern und Sechzigern, inmitten des intellektuellen Getümmels, in dem die französische Linke das kulturelle Monopol ausübte, war Raymond Aron im eigenen Land in einer Art innerem Exil. Doch ab den Siebzigern, als seine Voraussagen und Analysen zum Kommunismus, zur UdSSR und zu ihren Satellitenstaaten sich bestätigten, wurde er zunehmend anerkannt. Es wird ihm eine Genugtuung gewesen sein, nur zeigte er es nicht, denn all seine Konzentration galt dem Verfassen des letzten seiner großen Werke: den beiden dickleibigen, 1976 erschienenen Bänden von *Penser la guerre, Clausewitz (Clausewitz, den Krieg denken)*. Mit seinen Memoiren (1983) hatte er schließlich einen überwältigenden Erfolg.

Er war ein nüchterner Intellektueller, von schneidender Intelligenz, wenn auch ohne Glanz, mit einer kühlen, klaren Prosa. Selbst bei den brennendsten Fragen ließ er sich nicht aus der Ruhe bringen, und das aktuelle Geschehen kommentierte er ebenso scharfsinnig und auf Distanz bedacht, wie er als Professor an der Sorbonne seine Vorlesungen über die Industriegesellschaft hielt oder über Montesquieu und Tocqueville, seine Meister. Er konnte sich aber auch zu einem Virtuosen der Ironie und des Sarkasmus aufschwingen, so bei seinem Vortrag anlässlich des hundertfünfzigsten Geburtstags von Marx, gehalten vor der UNESCO während der Maiunruhen 1968, wo er sagte, die Berliner Studenten leiteten die friedliche Gesellschaft der marxistischen Zukunft ein, indem sie »ihre Professoren aus dem Fenster stürzen«. Was seine Geduld, so wie Valérys Monsieur Teste, dagegen immer auf eine harte Probe stellte, war die *bêtise*, die menschliche Dummheit. In einem Kommentar zur populistischen Demagogie der Bewegung von Poujade etwa schrieb er: »Quand ça devient trop bête, je cesse de comprendre«* (»Wenn es zu dumm wird, höre ich auf zu verstehen«).

Mit seinem Tod verschwand einer der letzten großen europäischen Intellektuellen, einer der für Laien zugänglichsten auch, ein herausragender Moralist, Philosoph und Soziologe, der sich zugleich als Journalist betätigte und das seltene Talent besaß, den politischen Kommentar zu einem echten Essay aufzuwerten und sich in der akademischen Abhandlung und der soziologischen oder historischen Betrachtung mit einer Klarheit auszudrücken, wie sie einen guten Zeitungsartikel auszeichnet. Der Professor am Collège de France, der mehr als ein halbes Jahrhundert lang das politische Geschehen wöchentlich zuerst in *Combat* kommentierte, dann in *Le Figaro* und später in *L'Express*, war das lebende Beispiel dafür, dass Spezialistentum und breite Öffentlichkeit nicht unvereinbar sein müssen. Heute sind die Intellektuellen Spezialisten, die für Spezialisten schreiben, und zwischen ihrem Wissen, das sich hinter den Mauern einer oft okkulten Rhetorik verschanzt, und dem immer billigeren und fragwürdigeren Produkt, das über die Medien das große Publikum erreicht, scheint der Graben unüberwindlich. Es war wahrlich eine Großtat von Raymond Aron, dass er sein Leben lang eine Brücke über diesen Abgrund schlug, der auf erschreckende Weise nur noch tiefer wird.

In ihm steckte ein unermüdlicher Arbeiter, den das Leben immer wieder zwang, seine Ideen an der Realität zu überprüfen. Als er, der Germanophile, sich in seinen Studienjahren in Deutschland mit der deutschen Soziologie und Philosophie

* Raymond Aron, *Histoire et politique. Textes et témoignages*, Julliard, Paris 1985, S. 230.

vertraut machte, entdeckte er mit dem Aufkommen des Nationalsozialismus und Hitlers Machtergreifung zugleich sein Judentum – er entstammte einer assimilierten jüdischen Familie –, was ihm bis dahin kaum bewusst gewesen war. Gerade zu diesem Thema aber, bei dem die Leidenschaft und das Vorurteil oftmals den klaren Blick verstellen, sind seine Gedanken überaus erhellend und erinnern an Isaiah Berlin, mit dem ihn in seinen Ansichten und seiner Haltung vieles verband. Aufgewachsen in einer Familie, die die Religion nicht mehr praktizierte (seine Eltern waren nie mit ihm in eine Synagoge gegangen), kritisierte Aron, der Agnostiker, immer wieder die religiöse Intoleranz und den nationalistischen Extremismus derer, die er nicht ohne Humor seine jüdischen »Glaubensgenossen« nannte. Nie glaubte er an das »auserwählte Volk« und eine »heilige Geschichte«. Doch als General de Gaulle 1967 auf einer Pressekonferenz die Juden als »Elitevolk, herrschbegierig und selbstbewusst« bezeichnete, antwortete Aron mit einem Buch, das das Judentum und die Israelproblematik so intelligent beschreibt wie kaum ein anderes: *De Gaulle, Israël et les Juifs* (1968).

Unter all den Würdigungen nach seinem Tod hieß es in der Tageszeitung *Libération*: »Raymond Aron bewahrte die Rechte davor, im Schwachsinn *(la connerie)* zu versinken.« Ach, diese französische Manie, alles in eine Schublade zu stecken, ihre manchmal so billige Linksverliebtheit … Wer das tut, tilgt die Nuancen, die Feinheiten, und dabei geht unter, was den Kern des Aron'schen Denkens ausmacht. Ortega y Gasset paraphrasierend, sagte er einmal, die Rechte und die Linke seien »zwei äquivalente halbseitige Lähmungen«. Er galt als ein Rechter, aber er war es auf eine sehr eigene, sehr liberale Weise. Nach der Niederlage Frankreichs setzte er 1940 als einer der ersten Intellektuellen nach England über, um sich den Freien Französischen Streitkräften anzuschließen, doch anders als gedacht, schickte General de Gaulle ihn nicht in eine kämpfende Einheit, sondern machte ihn zum Schriftleiter der Wochenzeitschrift *La France libre*. Seine Unterstützung de Gaulles war immer eine unabhängige, skeptische, besorgte, und nicht selten schwang er sich zum strengen Kritiker der Fünften Republik und des Generals selbst auf, denen er autoritäre Züge bescheinigte. Nach der Studentenrevolte 1968, gegen die er so leidenschaftlich anschrieb, bemerkte er in dem Buch *La révolution introuvable* (Die unauffindbare Revolution): »Und auch wenn ich kein Gaullist bin, dies auch in Zukunft nicht sein werde und weiterhin in den Genuss der besondere Abneigung des Generals de Gaulle komme ...«*

Außerdem war er der erste Intellektuelle, der sich zu sagen traute, dass Algeriens Unabhängigkeit unvermeidlich sei. Er schrieb es 1957 in seinem Buch *La tragédie algérienne* (Die algerische Tragödie), und das zu einer Zeit, als fast die gesamte französische Linke einschließlich der sozialistischen Partei bei dem Thema eine reaktionäre und nationalistische Haltung einnahm. Michel Winock hat den Skandal beschrieben, den Raymond Arons Stellungnahme gegen den chauvinistischen Nationalismus in der rechten Presse auslöste, einen Nationalismus, der von den Sozialisten bis zur extremen Rechten reichte und in die Forderung mündete, Algerien unter französischer Hoheit zu halten und die aufständische Befreiungsfront FLN zu vernichten**. Aber was Aron schrieb, war stimmig: Man kann nicht einerseits für Liberalismus und Demokratie stehen und andererseits für eine imperialistische Kolonialpolitik gegen

* Raymond Aron, *La révolution introuvable. Réflexions sur la révolution de mai en réponse à des questions posées par Alain Duhamel*, Fayard, Paris 1968, S. 38.

** Michel Winock, »La tragédie algérienne«, in: Raymond Aron, *Histoire et politique. Textes et témoignages*, a. a. O., S. 269-273.

ein Volk, das auf sein Recht pocht, unabhängig zu sein. Als Frankreich im neunzehnten Jahrhundert Algerien unter seine Herrschaft brachte, mögen die fortschrittlichsten Kräfte (im Grunde ganz Europa) geglaubt haben, zu »kolonisieren« heiße, die Knechtschaft zu bekämpfen und Gesellschaften, die im feudalen Obskurantismus verharrten, Fortschritt zu bringen, die Philosophie der Aufklärung, Alphabetisierung, moderne Technik und Wissenschaft, letztlich all diese Mythen, die den Kolonialmächten zu einem ruhigen Gewissen verhalfen. Im zwanzigsten Jahrhundert aber hatte die grausame Wirklichkeit – die Ausbeutung der Kolonisierten durch eine rassistische, diskriminierende und übergriffige Politik der Kolonisten – das alles als Lügenmärchen entlarvt, und Aron erklärte es, so gescheit wie objektiv: Frankreich, Vorkämpfer für Freiheit und Menschenrechte, konnte den Algeriern nicht verbieten, einen eigenen Staat zu gründen und sich ihre Regierung selbst zu wählen.

Die französische Rechte fühlte sich durch die Bank verraten von einem, den sie für ihren intellektuellen Fürsprecher gehalten hatte, und es hagelte Beleidigungen. Man nannte Aron »einen Hirnintellektuellen ohne Menschlichkeit« (D. Arlon), verurteilte seinen »statistischen Stoizismus von eisigem Zuschnitt« (Jules Monnerot), seinen »balsamierten Realismus« (G. Le Brun Keris) und seine »eisige Klarheit« (François Mauriac). Andere beschuldigten ihn, zum »Wortführer des Großkapitals« der USA geworden zu sein. Auch fehlte es nicht an antisemitischen Attacken wie der von *Réveil de la France*, dort verglich man ihn mit Mendès France und Servan-Schreiber (ebenfalls jüdisch) und lamentierte über »diese Franzosen, die sich immer noch nicht an Frankreich gewöhnt haben«.

Raymond Arons Hauptgegner aber waren die radikalen Linken seiner Generation. Beharrlich stritt er viele Jahre und fast allein auf weiter Flur gegen die marxistischen und existenzialistischen Theorien von Sartre, Merleau-Ponty und Louis Althusser, nachzulesen in seinen versammelten Polemiken, Aufsätzen und Artikeln in den Bänden *Polémiques* (Polemiken) von 1955 und *D'une sainte famille à l'autre (Die heiligen Familien des Marxismus)* von 1969 sowie in seinem Buch *L'opium des intellectuels** (1955), dieser glänzenden Analyse des Marxismus und der Kultur, von dem Historiker François Furet treffend »ein Buch des Kampfes und der Philosophie« genannt.

Darin überprüft Aron, dieser »unverbesserliche Liberale«, wie er sich selbst nennt, die Haltungen der Intellektuellen gegenüber der Macht und dem Staat seit dem Mittelalter, beschreibt ihre jeweilige Nähe und zeigt die Unterschiede auf zwischen einem Intellektuellen, der in der Sowjetunion den Dogmen der kommunistischen Partei unterworfen ist, und dem »skeptischen« Intellektuellen, womit er, charakteristisch für ihn, den »freien« meint. Und so wünscht er sich die Skeptiker herbei, auf dass sie dem Fanatismus ein Ende bereiten.

Für Aron ist der Marxismus, so wie es auch der Nationalsozialismus war, eine typische »säkularisierte Religion« unserer Zeit, eine Definition, die er zum ersten Mal in Artikeln benutzte, die 1944 in *La France libre* erschienen. Zu den interessantesten Passagen des Buchs gehört die eingehende Beschreibung der

* Raymond Aron, *Opium für Intellektuelle oder Die Suche nach Weltanschauung*, Deutsch von Klaus Peter Schulz, Kiepenheuer & Witsch, Köln/Berlin 1957. Alle Zitate nach dieser Ausgabe.

dogmatischen Ideologie, in die sich der Marxismus verwandelt hat, dessen Begründer die Religion »das Opium des Volkes« nannte. Die Ähnlichkeiten mit der katholischen Kirche sind tatsächlich groß, zumindest auf den ersten Blick: Da ist der optimistische Messianismus – die klassenlose Gesellschaft wird das Ende der Geschichte sein, und für die Menschheit bricht eine paradiesische Ära des Friedens und der Gerechtigkeit an –, das ideologische Dogma, wonach die Geschichte das Werk des Klassenkampfes ist und die kommunistische Partei die Vorhut, ein Krieg, in dem das Proletariat für die Gerechten steht, die Heilsbringer, das Instrument, mit dem die ausbeuterische Bourgeoisie dereinst besiegt wird, die Letzten werden die Ersten sein. Aron schrieb dies, als die »Arbeiterpriester«, die eine Brücke geschlagen hatten zwischen dem Katholizismus und dem Kommunismus, gerade vom Vatikan zur Ordnung gerufen worden waren, und er gibt eine subtile Beschreibung dieser Gläubigen, deren wichtigstes Organ die Zeitschrift *Esprit* war und die an die Vereinbarkeit von Marxismus und Christentum glaubten, weshalb sie auch zu den aktivsten »Weggenossen« der Kommunisten gehörten. Eine solche Allianz ist für Aron ein Widerspruch in sich, denn: »Freiwillig oder nicht, befestigt die Kirche einmal stabilisierte Ungerechtigkeiten« (S. 348). Und selbst wenn das christliche Opium das Volk passiv mache, während das kommunistische Opium es zur Empörung anrege, sind die beiden Religionen – die heilige und die säkularisierte – für ihn in einem gleich, denn »die stalinistische Religion« rechtfertigt genau wie die christliche alle Opfer, Exzesse und Übergriffe im Namen des Paradieses und »vertagt den Augenblick, in dem das Volk die Früchte seiner langen Geduld ernten wird« (S. 350).

Dennoch wendet sich Raymond Aron in seinem Buch weniger gegen die Kommunisten als vielmehr gegen die Kryptokommunisten, all die Weggenossen oder nützlichen Idioten, für die im Frankreich der Nachkriegszeit die linken Christen und die Existenzialisten stehen, vorneweg Jean-Paul Sartre und Maurice Merleau-Ponty, die er am schärfsten kritisiert.

Er zeigt auf, dass nicht nur unter den Rechten, sondern auch unter den Linken so viel Zwist und Uneinigkeit herrscht, dass es an der Wirklichkeit vorbeiginge, von einer vereinten Linken zu sprechen, Erbin der großen Revolution von 1789 und laizistische Streiterin für eine egalitäre und liberale Kultur. Und dass das große Problem unter den linken Kräften eben die Freiheit ist. Dabei erinnert er daran, wie in England die seit 1945 regierende Labour-Partei beachtliche gesellschaftliche Reformen durchzusetzen vermochte und so die Reichen ruinierte, ohne dass man deshalb die öffentlichen Freiheiten geschleift hätte, während der Stalinismus sie mit der Ausweitung der staatlichen Kontrolle über das gesamte Wirtschaftsleben gänzlich zum Verschwinden brachte.

Er beschreibt das Scheitern der Vierten Republik, als der Gaullismus an den Wahlurnen eine Niederlage hinnehmen musste. Dem Mythos der Revolution, für die die UdSSR stand, waren zahlreiche Intellektuelle auf den Leim gegangen, wie es eindrücklich die Polemik zeigt, die 1952 zur Frage der sowjetischen Konzentrationslager zwischen Sartre und Francis Jeanson auf der einen und Albert Camus auf der anderen Seite entbrannt war. Arons Position, nah an der von Camus, ist überaus kritisch gegenüber Sartre, der die Existenz des Gulag nicht leugnete – noch war diese Bezeichnung eher unbekannt, erst Jahre später sollte sie durch Alexander Solschenizyn in aller Munde sein –, aber er rechtfertigte die Lager, denn für ihn war die UdSSR trotz allem die Schutzmacht des Proletariats in seinem erbitterten Kampf gegen die Bourgeoisie. Aron betont das Paradox, dass sich die intellektuelle Klasse umso mehr zur Gewalt hingezogen fühlt, je weiter die Revolution in der politischen Wirklichkeit Frankreichs in die Ferne rückt. Und er fragt sich, ob diese Schwärmerei für die Gewalt nicht etwas gemein hat mit der Anziehungskraft, die sie schon immer auf die Extremisten der europäischen Rechten ausübte, auf Faschisten und Nationalsozialisten.

Die überzeugendste, brillanteste Passage im Buch ist das Kapitel über den »Mythos des Proletariats«, dem Marx die Aufgabe zuwies, die Menschheit von Unrecht und Ausbeutung zu befreien und eine klassenlose Gesellschaft zu errichten, frei von Widersprüchen und gerecht. Aron weist auf den messianischen, jüdisch-christlichen Ursprung dieser Überzeugung hin, einem Glaubensakt gleich, der jedes wissenschaftlichen Fundaments entbehrt. Warum sollte die Arbeiterklasse als einzige in der Lage sein, die Menschheit zu erretten? Zum einen ist die Situation der Arbeiter im Jahr 1955 eine völlig andere als zu Marx' Zeiten Mitte des neunzehnten Jahrhunderts; zum anderen sind die Lebensstandards und die Rechte der Industriearbeiter in Ländern wie den USA, Schweden oder Großbritannien, sosehr sie sich voneinander unterscheiden, unendlich höher als in den rückständigen Ländern der Dritten Welt.

Genauso wenig kann man sagen, dass die Arbeiter sich »befreit« hätten, als sie in Russland an die Macht kamen; noch immer leben sie in Knechtschaft, nicht unter Kapitalisten, sehr wohl aber unter den politischen Führern und selbsternannten Repräsentanten der Historie, die erbärmliche Löhne zahlen, keine unabhängigen Gewerkschaften zulassen und jeden Protest als politisches Verbrechen unterdrücken. Aron spöttelt über die existenzialistischen und christlichen Intellektuellen, von denen viele in ihrem Leben noch nie einen Arbeiter gesehen hätten. Tatsächlich trugen sie, die in freien und wohlhabenden westlichen Gesellschaften lebten, den Mythos vom kämpferischen, revolutionären Proletariat in Länder, wo die meisten Arbeiter weniger transzendente, dafür praktischere Dinge erstrebten, ein Haus, ein Auto, eine Sozialversicherung und bezahlten Urlaub, anders gesagt: ihre Verbürgerlichung. Die wahren Opfer sozialer Ungerechtigkeit sind für Aron die Juden und andere Minderheiten, die Leidtragenden rassischer Vorurteile, die Halbsklaven in den afrikanischen Ländern und im asiatischen Raum, die Landarbeiter auf den Latifundien in der Dritten Welt.

Ein großartiges Kapitel ist auch »Männer der Kirche und Männer des Glaubens«, in dem er den Kommunismus wie eine weltliche Religion untersucht, mit seinen Orthodoxien und Heterodoxien, seinen Sekten und Abweichungen und seiner Inquisition. Hervorzuheben ist hier Arons Interpretation der Moskauer Prozesse in den Dreißigerjahren, in denen man Kamenew, Bucharin, Sinowjew und anderen Gefolgsleuten Lenins das Geständnis abpresste, im Bunde mit Hitlers Gestapo zu sein, um sie dann hinzurichten. Man mag kaum glauben, dass ein achtbarer Philosoph wie Merleau-Ponty in seinem Buch *Humanisme et terreur (Humanismus und Terror)* dergleichen juristische Monstrosität – Justizmord – für statthaft erklärte, und das im Namen einer »grundlegenden Wahrheit« der Arbeiterklasse und der Kommunistischen Partei als Vertreter und Avantgarde des Proletariats. Einzuräumen ist, dass Merleau-Ponty später seine Meinung änderte und mit Sartre brach, eben weil dieser den Marxismus als »unüberschreitbaren Horizont unserer Zeit« stur verteidigte. Merleau-Pontys Buch *Les aventures de la dialectique (Die Abenteuer der Dialektik)* von 1955 ist eine unnachsichtige Kritik an Sartres Artikelserie *Les communistes et la paix* (Die Kommunisten und der Frieden), was Simone de Beauvoir mit einem nicht minder giftigen Pamphlet beantwortete: *Merleau-Ponty et le pseudo-sartrisme* (Merleau-Ponty und der Pseudo-Sartrismus). Mit unbestechlichem Blick nimmt Aron diesen Trugschluss ins Visier, die Kommunistische Partei – »die Heilsgeschichte«, wie er sie nennt – als eine zu sehen, die mit all ihrem Auf und Ab, ihren Widersprüchen und politischen Umschwüngen, ihren Abschwörungen und Unterdrückungen von sich behaupten könnte, auf ewig die Vertreterin der historischen Wahrheit und der sozialen Gerechtigkeit zu sein.

In dem Kapitel »Der Sinn der Geschichte« bestreitet Aron die Vorstellung der »Männer der Kirche« und der »Männer des Glaubens«, wonach die Geschichte einen eindeutigen Sinn hätte und mit dem Klassenkampf, sobald es keine Ausbeutung des Menschen durch den Menschen mehr gäbe, verschwände. Das »Ende der Geschichte«, so Aron, ist eine religiöse Vorstellung, außerdem wäre es eine allzu grobe Vereinfachung, als Motor der Geschichte allein den Konflikt zwischen Bourgeoisie und Proletariat zu sehen, so als ließe sich die ganze Vielfalt gesellschaftlicher Faktoren – Kultur, Tradition, Religion, Psychologie, Familie, das Persönliche – einfach ausblenden, ganz zu schweigen von den ökonomischen Aspekten, ohne die es unmöglich wäre, historische Ereignisse wie die Schlacht von Austerlitz oder Hitlers Überfall auf die Sowjetunion 1941 zu begreifen. Nur eine rein religiöse Glaubenslehre könnte, wäre die Kommunistische Partei erst an der Macht, einen Philosophen dazu bringen – gemeint ist hier immer Merleau-Ponty –, das bis dahin Verurteilte zu akzeptieren: mangelnde Wahl- oder Pressefreiheit, die Missachtung der Menschenrechte, Folter inklusive, als rechtfertigte das hehre Ziel die Mittel.

Aron spricht vom Götzendienst an der Geschichte und bestreitet, dass sich so das Phänomen Mensch wirklich erklären lasse. Dabei nimmt er, und das macht er geschickt, bei aller philosophischen und politischen Klugheit und ruhigen, durchdachten Argumentation immer wieder eine polemische, zuweilen schmähende Haltung ein, ob es um die Vergangenheit geht oder um die Gegenwart. Diese Passagen sind auch heute noch ein Warnruf vor dem ideologischen Dogmatismus als Legitimation der marxistischen Mythen vom Proletariat, von der Revolution und der Kommunistischen Partei, der vermeintlichen Allwissenheit und Allmacht des Zentralkomitees und des Generalsekretärs, diesem Vermächtnis Lenins, dessen sich vor allem Stalin zu bedienen wusste.

L'opium des intellectuels und andere seiner Bücher wie das über die »Familien« des Marxismus wollten ein couragiertes, vernünftiges Gegengewicht sein zum ideologisierenden Fieber der Zeit. Sie zeigten den Relativismus und die Mythen jener Theorien auf, die so tun, als könnten sie in Fragen der Gesellschaft und des Menschen endgültige und einzig wahre Antworten geben. Das Echo war leider nicht so groß, wie Aron es verdient hätte, vor allem nicht unter den jungen Leuten, denn seine Essays beschränkten sich, wie auch andere, die er zum aktuellen Weltgeschehen schrieb – so etwa *République impériale (Die imperiale Republik)* über die USA und seine Kritik an den Studentenunruhen und der angeblichen Revolution vom Mai 1968 in Frankreich –, aufs Sezieren der modischen Ideologien. Eine allumfassende Theorie als Alternative stellte er ihnen nicht entgegen, an so etwas glaubte er nicht, auch darin war er ein echter Liberaler. Da inzwischen eine kritische Revision an die Stelle der utopischen Illusionen der Fünfziger- und Sechzigerjahre getreten ist, sollten Raymond Arons pragmatischer Realismus und seine reformerischen liberalen Thesen ein offeneres Publikum finden.

Die unauffindbare Revolution

Im Mai 1968 kam es in Frankreich an der Universität Nanterre zu Unruhen, die sich bald auf die Pariser Sorbonne ausweiteten, auf die übrigen Universitäten im Land und auf die Schulen. So begann »Die Studentenrevolution«, und sie erfasste die verschiedensten Bereiche, weshalb man ihr weltweit eine außerordentliche Relevanz beimaß. Ein halbes Jahrhundert später scheint das reichlich übertrieben, denn was sie tatsächlich bedeutete, war: eine gewisse Befreiung von überkommenen Sitten und Gebräuchen, die sexuelle Befreiung vor allem, das Verschwinden von Höflichkeitsformen, eine Flut von Schimpfwörtern in der Kommunikation – viel mehr nicht. Nicht nur die französische Gesellschaft blieb die alte, auch die Universität selbst wurde, statt sich zu demokratisieren, rigider, die einstigen akademischen Standards brachen ein, bis heute sind die Probleme ungelöst.

Im ersten Moment erweckten die Erfolge des Mai 68 den Anschein einer libertären – jedenfalls antistalinistischen – Revolution in der französischen Gesellschaft, angeführt von den Studenten. Viele Assistenten, Professoren und Universitätsangestellte schlossen sich der Revolte an, Räumlichkeiten der Universität wurden besetzt und Kommunen gegründet, Barrikaden wurden errichtet, fast täglich gab es Meetings, turbulente Versammlungen, bei denen über sympathische, aber irrwitzige Vorschläge abgestimmt wurde (die beliebtesten Sprüche waren »Die Fantasie an die Macht« und »Verbieten verboten«), man besetzte Theater und Kultureinrichtungen. Die Mobilisierung erreichte selbst die Filmfestspiele in Cannes und führte zu einem Zwischenfall, bei dem der Filmemacher Jean-Luc Godard, von einem Faustschlag am Kinn getroffen, am Ende eines der wenigen Opfer der Revolte war. Die Bemühungen der Studenten, Anschluss an die Welt der Arbeiter zu finden und sie in die Aktion einzubinden, waren, auch wenn die kommunistischen Gewerkschaften sich dagegen wehrten, nicht ohne Erfolg, denn eine Streikwelle legte viele Fabriken in Frankreich lahm und zwang die Kommunistische Partei, die sich zunächst sehr zurückhaltend gab, einen Generalstreik auszurufen. Bei dieser kuriosen Revolution gab es keinen einzigen Toten, dafür aber heftige Debatten, an denen sich Trotzkisten, Marxisten-Leninisten, Maoisten, Fidelisten, Guevaristen, Anarchisten, fortschrittliche Christen und alle möglichen Gruppen und Grüppchen der extremen Linken beteiligten (mit Ausnahme derer, die Daniel Cohn-Bendit, einer der Führer des Mai 68, »la crapule stalinienne« nannte, »stalinistisches Pack«), man machte Projekte und schickte Aufrufe in die Welt, ohne handgreiflich zu werden. Mit dem Ganzen war es jedoch vorbei, als bei den Neuwahlen – angesetzt inmitten des revolutionären Sturms – die gaullistische Partei klar gewann und ihren größten Sieg davontrug; ihre absolute Mehrheit, die sie im Parlament bereits hatte, konnte sie sogar noch ausbauen. Der großartigen Revolution ging wie von Geisterhand die Luft aus und bestätigte ein weiteres Mal Raymond Arons These, wonach im zwanzigsten Jahrhundert genau wie im neunzehnten bei allen revolutionären Krisen in Frankreich »auf die Phase der Barrikaden oder der lyrischen Illusionen ein Wiedererstarken der Partei der Ordnung folgt«*.

Und das, wo die »Mairevolution«, die doch die soziologischen Thesen von Herbert Marcuse verwirklichen wollte, auf die nahezu einhellige Unterstützung der intellektuellen Klasse zählen konnte, mit Sartre, Simone de Beauvoir, Althusser, Foucault, Lacan an der Spitze und unter Einsatz von Manifesten,

* Raymond Aron, *La révolution introuvable*, a. a. O., S. 85.

Vorträgen und Barrikadenbesuchen bis hin zu einem symbolischen Überfall einer Gruppe von Schriftstellern auf ein Hotel. Die Ausnahme war Raymond Aron. Von Anfang an sprach er sich eindeutig – und zum ersten Mal in seinem Leben wütend – gegen das aus, was ihm keine Revolution zu sein schien, sondern ihre Karikatur, ein Possenspiel, das zu keinerlei Veränderung in der französischen Gesellschaft führen würde, sehr wohl aber zur Zerstörung der Universität und zum Abwürgen der Wirtschaft. Sartre kritisierte ihn derart heftig, dass eine Gruppe von Intellektuellen um Kostas Papaïoannou ein Manifest zu seiner Verteidigung verfasste.

In dem Buch *La révolution introuvable*, das er darauf veröffentlichte – ein langes Interview mit Alain Duhamel, ein Essay und eine Zusammenstellung der Artikel, die er im Mai und Juni 1968 im *Figaro* geschrieben hatte –, erklärt Aron, wie sehr er von Anfang an gegen das gewesen ist, was ihm eine chaotische Bewegung zu sein scheint, eine Bewegung, die zur »Lateinamerikanisierung« der französischen Universität führe. Für ihn ist das Ganze Ausdruck von »Leidenschaft oder Wahn« und im Begriff, von extremistischen Gruppen und Splittergruppen gekapert zu werden; die wollten die Situation nur ausnutzen, um die Gesellschaft nach Modellen zu revolutionieren, die inspiriert seien von verschiedenen Varianten des Marxismus, was über kurz oder lang »das herrschende Durcheinander« nur vergrößere und Frankreich womöglich gar in eine Diktatur stürze. Ein solches Abdriften scheint ihm jedoch unwahrscheinlich, und in seinen Analysen, untermischt mit Zitaten von Skeptikern wie Alexis de Tocqueville, der von der Februarrevolution 1848 so enttäuscht war, weist Raymond Aron auf das Paradox hin, dass die revolutionären Studenten, sosehr sie sich zu Marxisten erklärten, mit ihrem Vorsatz, eine »direkte Demokratie« zu schaffen, mehr antisowjetisch agierten als antikapitalistisch.

Im Buch verteidigt er sich gegen den Vorwurf, er sei zu einem »Kombattanten der Reaktion« geworden, und erinnert daran, wie oft er eine umfassende Reform der französischen Universität gefordert habe, eine Reform, die sie modernisiere und nicht das Gegenteil bewirke; die sie entflechte, vom erstickenden Etatismus befreie und die Aufnahme von Studenten beschränke, da die Überfüllung ein akademisches Arbeiten unmöglich mache und den jungen Menschen nicht die Ausbildung geben könne, die sie benötigten, um auf dem Arbeitsmarkt zu bestehen. Die ganze Blindheit dieser Rebellen und ihr Dogmatismus offenbaren sich für Aron in ihren Aufrufen gegen die Konsumgesellschaft, denn »nur sie allein erlaubt es, Hunderttausende von Studenten [an der Universität] aufzunehmen«*. Für demokratisch hält er diese Revolution ebenso wenig, denn wer glaube schon, dass die Abstimmungen per Handzeichen in den Voll- oder Generalversammlungen dem freien Willen von Professoren und Studenten entsprächen? Zwar betont er, dass die meisten jungen Leute, die sich in der Bewegung engagierten, friedlich seien und sich Reformen wünschten, nur würden sie neutralisiert durch revolutionäre Gruppen im Bann von Ländern wie China unter Mao und Kuba unter Fidel Castro, und man müsse ihnen mit Entschlossenheit entgegentreten, ohne Angst, sich unbeliebt zu machen. Seine Haltung trug Raymond Aron harsche Kritik ein, aber am Ende sollte die Zeit ihm auch darin recht geben: Die Mairevolution verbesserte die Situation an den französischen Hochschulen kein Stück.

Den großen politischen Leidenschaften misstraute Aron schon immer, doch als engagierter Beobachter, so seine Selbstbeschreibung, glaubte er an den Fortschritt. Und sowenig er in dieser Hinsicht zu Illusionen neigte, sah er den Fortschritt

* Ebd., S. 207.

in der modernen Industriegesellschaft. Die sozioökonomischen Strukturen, die Marx noch studiert hatte und die ihm als Grundlage dienten für seine Theorien über die Situation der Arbeiter, waren nun völlig andere, die Moderne hatte sie obsolet gemacht. Auf glänzende Weise untersuchte und verteidigte Raymond Aron die neue Gesellschaft in einem 1963 erschienenen Buch, das seine Vorlesungen an der Sorbonne aus den Jahren 1956 und 1957 versammelte und womit er eine große Leserschaft erreichte: *Dix-huit leçons sur la société industrielle (Die industrielle Gesellschaft. 18 Vorlesungen).* In diesem Buch und in den Vorlesungen, die er 1965 unter dem Titel *Essai sur les libertés (Über die Freiheiten. Essay)* veröffentlichte, findet sich ein großer Teil von Raymond Arons politischem Denken in konzentrierter Form.

Um es in wenigen Sätzen zusammenzufassen: So närrisch die Vorstellung ist, man könne das Paradies auf Erden schaffen, so legitim ist es, sich die historische Entwicklung der Menschheit und das, was sie uns lehrt, anzuschauen und zu dem Schluss zu gelangen, dass der Mensch in dem Maße vorangekommen ist, wie er sich aus dem religiösen Joch und aus der Gewaltherrschaft befreien konnte und das Herdenganze zu einer Gemeinschaft von Individuen wurde, denen man gewisse Rechte zugestand, die Möglichkeit auch, eigenständig die Initiative zu ergreifen. Die technische und wissenschaftliche Entwicklung des Westens war der Beschleuniger dieses individuellen Emanzipationsprozesses, und so entstanden die Industrienationen und die modernen Demokratien. Die technologische Revolution beschleunigte aber nicht nur die Entwicklung, sie federte auch die Härten und Exzesse des alten Kapitalismus ab. Bei allen Defekten, die man den modernen Industriegesellschaften zuschreiben kann, haben sich in ihnen doch Wohlstand, Gerechtigkeit und Freiheit in einem Maße entwickelt, wie man es aus der Vergangenheit und auch von anderen Regimen nicht kennt, von den kommunistischen ganz zu schweigen. Die Industriegesellschaften haben es bewiesen: »Es gibt keine Unvereinbarkeit zwischen politischen Freiheiten und Reichtum, zwischen Marktmechanismen und der Anhebung des Lebensstandards; im Gegenteil, den höchsten Lebensstandard haben die Länder erreicht, in denen es politische Demokratie gibt und eine relativ freie Wirtschaft.«* Zu Optimismus besteht dennoch kein Anlass, denn die entwickelte demokratische Gesellschaft ist bedroht. Ihr erster Feind ist der Staat, ein von sich heraus gefräßiges, oppressives, bürokratisches Gebilde, stets auf der Lauer, um sich bei der kleinsten Unachtsamkeit aufzublähen und alles beiseitezuräumen, was ihn bremst und einschränkt. Der zweite Feind sind die totalitären Staaten – die UdSSR und China –, für die allein die Existenz einer demokratischen Gesellschaft eine ernste Gefahr bedeutet. Von der Fähigkeit des modernen Menschen, dem Anwachsen des Staates und der totalitären Offensive zu widerstehen, hängt nun ab, ob die zukünftige Geschichte die allmähliche Entwicklung hin zu besseren Lebensformen fortsetzt oder im Krebsgang zurückkehrt zum Obskurantismus, zur Intoleranz und zu einem Mangel, wie er für einen Großteil der Menschheit auf diesem Planeten zum Alltag gehört.

Wir dürfen nicht vergessen, dass Raymond Aron während des Kalten Krieges schreibt, und der mobilisierte vor allem in Frankreich einen erheblichen Teil der intellektuellen Klasse und der Demokraten im Sinne der Kampagnen für Neutralität und Frieden, wie die Sowjetunion und die kommunistischen Parteien sie betrieben. In dem Punkt ist seine Position eindeutig

* Raymond Aron, »De quoi disputent les Nations«, in: *Polémiques*, Gallimard, Paris 1955, S. 245.

und glasklar: »Im politischen Krieg gibt es keine Neutralität, kann es keine geben.«* Seiner Meinung nach hätten sich Stalin und die UdSSR längst Westeuropa unter den Nagel gerissen, wäre nicht die Angst umgegangen, eine solche Besetzung würde einen Nuklearkrieg mit den USA auslösen. Aber nicht dass man sich täuschte: An den imperialen Bestrebungen der Sowjetunion gab es nichts zu deuteln, die Satellitenstaaten in Mittel- und Osteuropa waren der beste Beweis, der Westen durfte in seiner Wachsamkeit nicht nachlassen. Darum verteidigte Aron auch das Atlantische Bündnis und hätte sich niemals einreden lassen, dass eine europäische Union, für die er immer eintrat, womöglich den Bruch mit den USA oder eine Distanzierung bedeutete. Die amerikanische Gesellschaft mochte alles andere als vollkommen sein, die Diskriminierung der Schwarzen war nur ein Beispiel, aber unterm Strich respektierte man dort wenigstens das Recht auf Kritik, und die Offenheit des Systems erlaubte Reformen. Stalins Totalitarismus hätte das freie und demokratische Europa schlichtweg unterworfen.

Gibt es etwas, was man Raymond Aron vorwerfen könnte? Vielleicht, ja. Dass sein ganzes Denken nur um Europa und die Vereinigten Staaten kreiste; dass er, genau wie Albert Camus, ein immenses Desinteresse an der Dritten Welt zeigte, an Afrika, Lateinamerika, Asien. Konnte es sein, dass er in seinem tiefsten Inneren zu der Überzeugung gelangt war, für diese Länder, die mit riesigen Konflikten und Problemen zu kämpfen hatten, gebe es längst keine Hoffnung mehr? Bei einem in vielerlei Hinsicht so universalen Denker überrascht ein solcher Mangel an Neugier, schließlich betraf es nicht weniger als zwei Drittel der Menschheit.

* Raymond Aron, »Neutralisme et engagement«, in: *Polémiques*, a. a. O., S. 212.

Raymond Aron und Jean-Paul Sartre

Sie waren Zeitgenossen, Kommilitonen und in jungen Jahren Freunde, später erbitterte Rivalen. Doch wer nicht unter ideologischer Kurzsichtigkeit leidet, muss anerkennen, dass sie die beiden bedeutendsten Intellektuellen des modernen Frankreich waren. Da lohnt es sich, Raymond Aron und Jean-Paul Sartre miteinander zu vergleichen.

Im Jubiläumsjahr 2005 war ich in Paris, beide wären in diesem Jahr hundert geworden. Frankreich ließ sich nicht lumpen und feierte groß den Autor von *Das Sein und das Nichts*. Dokumentarfilme, Sendungen und Debatten über sein intellektuelles und politisches Vermächtnis im Radio und im Fernsehen, Sonderbeilagen in den wichtigsten Zeitungen und Magazinen, eine Flut neuer Bücher über sein Leben und sein Werk, dazu in der Pariser Nationalbibliothek, quasi als Krönung, eine Ausstellung: »Sartre«, beispielhaft in ihrer Art. Drei Stunden habe ich sie durchstreift, und ich habe längst nicht alles gesehen.

Schritt für Schritt, bis ins kleinste Detail und recht objektiv folgte die Ausstellung einem Leben in diesem zwanzigsten Jahrhundert, das Bernard-Henri Lévy etwas übertrieben »Sartres Jahrhundert« nannte. Tatsache ist, dass seine Bücher, Ideen und Standpunkte einen Einfluss hatten, wie man es sich heute in Frankreich und in weiten Teilen der Welt kaum noch vorstellen kann. (Im Peru der Fünfzigerjahre gab ich die Hälfte meines Lohns für ein Abonnement von Sartres Zeitschrift *Les Temps Modernes* aus, und Monat für Monat las ich sie von der ersten bis zur letzten Zeile.) Eine der Lehren, die ich aus der Pariser Ausstellung mitnahm, war zu sehen, auf welch tönernen Füßen das Sartre'sche Vordenkertum stand, denn bei aller damaligen Strahlkraft ist praktisch nichts davon geblieben. In den Schaukästen war alles zu besichtigen, angefangen mit seiner Kindheit und wie er als Zehnjähriger in den Augen seiner verwitweten und wiederverheirateten Mutter entdeckte, was für ein hässlicher Junge er war, bis zu seiner Entscheidung – da war er (gleich nach Aron) der Star unter den Studenten der École normale supérieure –, auf keine seiner beiden Berufungen zu verzichten: die Literatur und die Philosophie. Er wollte nicht weniger als »Spinoza und Stendhal zugleich« sein. Mit nicht mal vierzig hatte er es geschafft, und obendrein war er, was er selber nicht vorhergesehen hätte, zu einer Medienfigur geworden. Man begegnete ihm in frivolen Illustrierten und in Saint-Germain-des-Prés an der Seite von Simone de Beauvoir, Juliette Gréco und Edith Piaf, von den Touristen bestaunt als eine der Ikonen des Frankreich der Nachkriegszeit.

Plakate und Fotos dokumentierten die Uraufführungen seiner Theaterstücke, das Erscheinen seiner Bücher, die Kritiken, die sie bekamen, die Interviews, die er gab, die Herausgabe von *Les Temps Modernes.* Zu sehen waren auch die Manuskripte seiner philosophischen Aufsätze und seiner Erzählungen und Romane, die er in den Cafés in Schulhefte oder auf lose Blätter schrieb, an einem Extraplatz, aber neben dem Tisch, an dem seine »morganatische Ehefrau« Simone de Beauvoir arbeitete. Seine krachende Polemik gegen Albert Camus zu den sowjetischen Konzentrationslagern war bestens aufbereitet, ebenso das Echo dieses Streits im intellektuellen und politischen Milieu nicht nur in Frankreich. Dann seine Reisen durch die halbe Welt, sein schwieriges Liebesverhältnis zu den Kommunisten, der antikolonialistische Kampf, seine Bemühungen, in der Bewegung des Mai 1968 mitzumischen, schließlich die extreme, etwas peinliche Radikalisierung in seinen letzten Jahren, als er in Deutschland den RAF-Terroristen Andreas Baader im Gefängnis besuchte, auf der Straße die maoistische Zeitschrift

La Cause du Peuple verkaufte oder, schon blind, vor den Toren der Fabriken in Billancourt auf ein Fass kletterte und Reden schwang.

Die Ausstellung war wirklich hervorragend. Jemanden wie mich allerdings, der einen Teil dieser Jahre aus nächster Nähe miterlebte, sich an den Polemiken beteiligte und Stunde um Stunde mit der Lektüre von Sartres Büchern und Artikeln zubrachte; der die Ausgaben von *Les Temps Modernes* verschlang und dabei versuchte, in all den verschnörkelten ideologischen Windungen dem Autor von *Die Wege der Freiheit* zu folgen – so jemanden packt auch die Wehmut. Nur glaube ich nicht, dass sie bei jüngeren Menschen ein Interesse dafür weckte, Sartre wiederzuentdecken, oder dass sie dafür sorgte, dass man ihm größeren Respekt oder Bewunderung entgegenbrächte. Denn außer bei dem Thema Antikolonialismus, bei dem er immer eine klare und geradlinige Position bezog, machte die Ausstellung trotz aller hagiografischen Absichten deutlich, wie plump und irrig Sartre in politischen Fragen fast immer gewesen ist, ob er etwas verteidigte oder attackierte.

Wozu nutzte ihm alles Blitzgescheite, wenn er sich nach einer Reise in die Sowjetunion Mitte der Fünfzigerjahre, in der schlimmsten Zeit des Gulag, zu der Behauptung verstieg, in der Sowjetunion herrsche »die totale Freiheit der Kritik«? Und in seiner Polemik gegen Camus leugnete er nicht nur die Existenz der stalinistischen Lager für tatsächliche oder vermeintliche Dissidenten, er tat etwas noch viel Schlimmeres: er rechtfertigte sie. Eine Rechtfertigung im Namen der klassenlosen Gesellschaft, an der man arbeite. Seine Diatriben gegen ehemalige Freunde wie Albert Camus, Maurice Merleau-Ponty oder eben Raymond Aron, die ihm in seiner zeitweiligen Rolle eines Weggenossen der Kommunisten nicht folgen wollten, zeigen deutlich, dass dieses geschmetterte »Jeder Antikommunist ist ein Hund« nicht nur dahingeworfen war, es entsprach seiner tiefen Überzeugung.

Und wenn man zurückblickt und sieht, dass Sartre noch vor einem halben Jahrhundert, in seinem Vorwort zu Frantz Fanons *Die Verdammten dieser Erde*, den Terror rechtfertigte als eine Therapie, mit der die Kolonisierten ihre Würde und Souveränität wiedergewännen; dass er als erklärter Maoist sein Ansehen in den Dienst eines Genozids stellte, wie ihn die Volksrepublik China während der Kulturrevolution beging – dann mag man kaum glauben, dass er für so viele Menschen (ich bekenne mich schuldig, ich war einer von ihnen) das moralische Gewissen seiner Zeit war.

Sehr viel diskreter, um nicht zu sagen unter Ausschluss der Öffentlichkeit, ging die Hundertjahrfeier für Raymond Aron über die Bühne. Anders als Sartre war er praktisch nicht herausgekommen aus den akademischen Katakomben und der von ihm begründeten und geleiteten Zeitschrift *Commentaire*. Anders aber auch als Sartres Werk, das genauso gealtert ist wie seine politischen Ansichten – die originelle Technik seiner Romane verdankt sich John Dos Passos, und seine Dramen würden heute, mit Ausnahme von *Huis clos (Geschlossene Gesellschaft)*, die Nagelprobe im Theater nicht bestehen –, sind Arons Bücher von kraftvoller Aktualität und Frische. Seine Aufsätze zur Geschichtsphilosophie und zur Soziologie, seine beharrliche Verteidigung der liberalen Lehre und der westlichen Kultur, der Demokratie und des Marktes in den Jahren, in denen das Gros der europäischen Intelligenz dem Sirenengesang des Marxismus erlag, sie wurden vom Weltgeschehen voll und ganz bestätigt, nicht zuletzt vom Fall der Berliner Mauer, Symbol für das Verschwinden der Sowjetunion und die Konversion Chinas zu einem autoritären kapitalistischen System.

Fragt sich also, wieso Sartres Medienglamour, wo seine Ideen und unlesbaren Bücher schon mausetot sind, weiter strahlt und sich fast niemand für die Figur des so besonnenen wie überzeugenden Raymond Aron zu interessieren scheint. Die Erklärung hat zu tun mit einem der charakteristischsten Merkmale unserer heutigen Kultur, diesem theatralische Gewese, das sich aus ihrer Banalisierung und Frivolisierung speist, ihrer Nachbarschaft zur Werbung und zur Regenbogenpresse mit dem ganzen Klatsch und Tratsch. Wir leben in einer Kultur des Spektakels, und die populärsten Intellektuellen und Schriftsteller verdanken ihre Bekanntheit meist nicht der Originalität ihrer Ideen oder der Gelungenheit ihrer Werke, oder zumindest sind nicht allein intellektuelle oder künstlerische Gründe dafür ausschlaggebend. Bekannt sind sie vor allem wegen ihres schauspielerischen Talents und weil sie sich ein Image verschaffen, sich zur Schau stellen, möglichst frech und unverschämt, weil sie in der Öffentlichkeit dieses lärmende Possenspiel bedienen, das sich heute als Aufsässigkeit gibt (wohinter in Wirklichkeit nur der platteste Konformismus steckt), und das alles zu Nutz und Frommen der Medien, die aus Autoren genau wie aus Sängern oder anderen Künstlern ein Spektakel für die Massen machen.

In der Ausstellung der Nationalbibliothek ging es auch um einen Aspekt in Sartres Biografie, der nie ganz geklärt werden konnte. War er während der deutschen Besetzung Frankreichs tatsächlich ein Widerstandskämpfer? Er gehörte zu einer der vielen Gruppen von Intellektuellen der Résistance, ja, aber diese Zugehörigkeit war offenkundig mehr theoretischer als praktischer Natur, denn in dieser Zeit ging er allen möglichen Beschäftigungen nach: Er unterrichtete, ersetzte an einem Gymnasium sogar mal einen als Juden aus dem Amt gejagten Lehrer – um diese Episode gab es heftige Diskussionen –, schrieb Bücher und publizierte sie alle, brachte auch seine Theaterstücke auf die Bühne, und das mit Billigung der deutschen Zensur, woran André Malraux ihn Jahre später erinnern sollte. Im Gegensatz zu Widerstandskämpfern wie Camus oder Malraux, die in den Kriegsjahren ihr Leben aufs Spiel setzten, scheint Sartre nicht allzu viel riskiert zu haben. Vielleicht wollte er diese unbequeme Vergangenheit mit seiner extremistischen Haltung, die er nach der Befreiung an den Tag legte, unbewusst ausradieren. Ein immer wiederkehrendes Thema seiner Philosophie war schließlich das schlechte Gewissen. Sartre zufolge konditioniert es das Bürgertum, indem es die Menschen aus dieser Schicht permanent dazu anhält, unehrlich zu handeln und ihre wahre Persönlichkeit hinter Masken zu tarnen. Im besten seiner Bücher, *Saint Genet, comédien et martyr (Saint Genet, Komödiant und Märtyrer)*, fächert er überaus scharfsinnig dieses psychologisch-moralische System auf, durch das sich der Bourgeois, indem er vor seinem ihn anklagenden schlechten Gewissen flüchte, vor sich selber verstecke, sich negiere und verleugne. Für Sartre mag das zutreffen. Vielleicht war dieser gar schreckliche Feind der Demokraten, dieser erbitterte Anarchokommunist und glühende »Mao« ja nur ein verzweifelter Bourgeois, der die unterschiedlichsten Posen einnahm, damit niemand sich daran erinnerte, wie gleichgültig und vorsichtig er den Nazis gegenübertrat, als es brenzlig wurde und das Engagement kein rhetorisches Gaukelspiel war, sondern eine Entscheidung auf Leben und Tod.

Viele Dinge sind seit Raymond Arons Tod in Frankreich und in der Welt passiert: Haben sie ihm recht gegeben oder seine Ideen widerlegt? Die Kommunistische Partei, die zu seiner Zeit zur größten Partei des Landes wurde, ist zusammengeschrumpft und heute kaum mehr als eine Randerscheinung, für Aron ein posthumer Sieg. Genauso die Tatsache, dass die intellektuelle Klasse Frankreichs mittlerweile so weit vom Marxismus entfernt zu sein scheint, wie er es immer gewesen ist. Überraschend ist allerdings, dass die ehemaligen kommunistischen Wähler, etwa die Arbeiter im »Roten Gürtel« von Paris, heute für den Front National stimmen, eine Partei, die aus der ultrarechten Bedeutungslosigkeit zu einer Kraft geworden ist, die sich in die wichtigsten politischen Strömungen einreiht. Weder Aron noch sonst jemand hätte sich das je vorstellen können, allenfalls ein Hayek vielleicht, für den Kommunisten und Faschisten, sosehr sie einander hassten, einen gemeinsamen Nenner hatten: den Etatismus und den Kollektivismus. Doch wenn man sieht, welche Begeisterung bei den letzten französischen Wahlen Emmanuel Macron gerade unter den Jüngeren weckte, und das mit Ideen der rechten Mitte, die auf den ersten Blick denen ähneln, für die Raymond Aron sein Leben lang stritt, dann darf man sich fragen: Wird das heutige Frankreich in Aron, diesem einsamen liberalen und demokratischen Intellektuellen des zwanzigsten Jahrhunderts, einmal einen Vorläufer und eine Leitfigur sehen für eine Zeit, die eine verheißungsvolle neue Etappe in seiner politischen Entwicklung sein könnte?

Die mächtige Sowjetunion, gegen die Aron sein Leben lang ankämpfte, sie ist nicht mehr, Opfer der eigenen Unfähigkeit, die Wünsche ihrer Millionen Bürger zu befriedigen; stattdessen haben wir es mit einem autoritären, von Merkantilismus und Gangsterkapitalismus geprägten imperialen Regime zu tun, das das alte präpotente Zarentum fortzusetzen scheint. China hat sich vom Kommunismus verabschiedet und ist nun Modell für einen autoritären Kapitalismus. Zu sagen, die Geschichte hätte Raymond Aron recht gegeben, wäre jedoch voreilig. Denn auch wenn der Kommunismus für die Demokratie auf der Welt keine Bedrohung mehr ist – man müsste schon geistig umnachtet sein, um sich Nordkorea, Kuba oder Venezuela zum Vorbild zu nehmen –, hat die Demokratie das Spiel noch nicht gewonnen, und ganz und gar gewinnen wird sie es wahrscheinlich nie. Zwar schlägt sich in der westlichen Welt die Europäische Union trotz des Brexit recht wacker, und ein großer Teil Lateinamerikas bekennt sich zur Demokratie. Aber ihr sind neue Bedrohungen erwachsen wie der fanatische und extremistische Islamismus von Al-Kaida oder des IS, deren massiver Terrorismus allenthalben Unsicherheit verbreitet und womöglich dazu führt, dass im Namen der Sicherheit die öffentlichen Freiheiten jener Länder, die am meisten von ihm bedroht sind – die entwickelten Demokratien –, geschwächt werden. Außerdem breitet sich in der Mitte ebendieser offenen Gesellschaften das Gift der Korruption und des Populismus immer weiter aus, und beides könnte, so diesen Phänomenen nicht rechtzeitig Einhalt geboten wird, von innen heraus zerstören, was in ihnen am positivsten und befreiendsten ist. Zu all diesen Problemen – und dazu gehört auch die massive Einwanderung aus Afrika, mit der Westeuropa zu kämpfen hat und die uns längst untergegangen geglaubte nationalistische und rassistische Bewegungen beschert – vermissen wir Raymond Arons Ansichten und Analysen. Seine Intelligenz, seine Bildung, die Tiefe seiner Gedanken und die Weite seines Blicks würden uns zweifellos helfen, all die Herausforderungen besser zu verstehen und einen Weg zu finden, wie man sich ihnen am besten stellt. Dass es heute niemanden gibt, der seinen Platz einnehmen könnte, ist der schönste Beweis für sein außerordentliches intellektuelles und politisches Format. Und dafür, welches Glück wir hatten, dass zu unserer Zeit jemand wie er diese Aufgabe erfüllte.

Isaiah Berlin

1909–1997

Der diskrete Philosoph

Isaiah Berlin entdeckte ich vor vielen Jahren, als ich sein Buch über Karl Marx las, geschrieben so klar und vorurteilsfrei und anregend, dass ich eine ganze Weile versuchte, weitere Titel dieses Autors zu finden. Dabei musste ich zur Kenntnis nehmen, dass er es den Lesern nicht leicht machte, denn sein Werk war verstreut, um nicht zu sagen begraben in akademischen Publikationen. Mit Ausnahme seiner Bücher *Vico and Herder* (1976) und *Four Essays on Liberty* (1969), die in der englischsprachigen Welt zirkulierten, fristete das Gros seiner Schriften ein zurückgezogenes Dasein in Bibliotheken und Fachzeitschriften. Erst dank seinem Schüler Henry Hardy, der die Aufsätze versammelte, wurden sie nach und nach in mehreren Bänden einem breiteren Publikum zugänglich, einschließlich seiner Korrespondenz.

Es war ein echtes Ereignis, denn Isaiah Berlin, lettischer Herkunft und aufgewachsen in England, später in Oxford Professor für Sozialphilosophie und Politische Theorie und Präsident der British Academy, war einer der bemerkenswertesten Köpfe unserer Zeit, ein Denker von außerordentlicher Gelehrtheit, dessen Texte zu lesen nicht nur ein seltenes Vergnügen ist, sie sind auch eine unschätzbare Hilfe, will man die moralischen und historischen Fragen unserer Zeit in ihrer ganzen Komplexität verstehen.

Isaiah Berlin glaubte leidenschaftlich an die Ideen und an ihren Einfluss auf das Verhalten des Individuums und der Gesellschaft, auch wenn er sich, da war er ein pragmatischer Geist, sehr wohl bewusst war, dass in der Regel eine Lücke klafft zwischen den Ideen und den Worten, die sie ausdrücken, wie auch zwischen den Worten und den Taten, die sie verwirklichen. Doch bei aller intellektuellen Kompaktheit, von der seine Bücher nicht immer frei sind, kommen sie uns nie abstrakt vor – wie etwa die letzten Bücher von Michel Foucault und Roland Barthes mit ihrer spekulativ-rhetorischen Virtuosität, die die Beziehung zur Realität irgendwann kappte –, sie sind vielmehr fest verwurzelt in der gemeinsamen Erfahrung der Menschen.

Die Aufsatzsammlung *Russian Thinkers (Russische Denker)* ist ein episches Fresko des intellektuellen und politischen Russland im neunzehnten Jahrhundert, nur dass die herausragenden Gestalten nicht Menschen sind, sondern Ideen, und so lebhaft, wie sie sich bewegen und verändern, miteinander rivalisieren und strahlen, erinnern sie an die Helden eines guten Abenteuerromans. In Edmund Wilsons *Auf dem Weg zum Finnischen Bahnhof*, einem thematisch ähnlichen Buch, vermittelt sich das Denken der Protagonisten durch die vielfarbigen, überzeugenden Porträts, die der Autor von seinen Personen zeichnet; bei Berlin dagegen werden Figuren wie Tolstoi, Herzen, Belinsky, Bakunin und Turgenjew plausibel oder tadelnswert durch die Konzepte, die sie formulierten, die Ideale und Argumente, die sie ins Feld führten, ihre Ahnungen und Erkenntnisse.

Mehr noch als *Russian Thinkers* aber wird *Against the Current (Wider das Geläufige)* bleiben als einer von Berlins großen Beiträgen zur Kultur unserer Zeit. Jeder Text in dieser meisterlichen Sammlung liest sich wie das Kapitel eines Romans, dessen Handlung in der Welt des Denkens spielt, Fürsten und

Schurken sind hier die Ideen. Machiavelli, Vico, Montesquieu, Hume, Sorel, Marx, Disraeli, Verdi, sie alle erhalten durch diesen Gelehrten, der niemals das Maß verliert und dem der Baum niemals den Blick auf den Wald verstellt, eine außerordentliche Aktualität, und was immer sie glaubten, vorschlugen oder kritisierten, beleuchtet machtvoll politische und soziale Konflikte, von denen wir meinten, sie seien spezifisch für unsere Zeit.

Am überraschendsten bei diesem Denker ist auf den ersten Blick, dass er keinen eigenen Gedanken hat. Das mag unsinnig klingen, ist es aber nicht, denn bei der Lektüre hat man den Eindruck, dass Isaiah Berlin mit seinen Essays gelang, wonach die meisten modernen Romanciers seit Flaubert gestrebt haben: sich selbst abzuschaffen, sich unsichtbar zu machen, die Leser in der Illusion zu wiegen, die Geschichten hätten sich selbst erzeugt. Natürlich gibt es viele Techniken, mit denen sich in einem Roman der Erzähler zum Verschwinden bringen lässt. Die Technik, die Isaiah Berlin anwandte, um uns das Gefühl zu geben, nicht er stecke hinter seinen Texten, ist das Fair Play, die Gewissenhaftigkeit und Redlichkeit, mit der er das Denken der anderen analysiert, darlegt, zusammenfasst und zitiert, dabei alle ihre Argumente berücksichtigend, mildernde Umstände und die historische Bedingtheit in Betracht ziehend, ohne die fremden Worte oder Gedanken jemals auf eine bestimmte Position hin, etwa die eigene, zu lenken. Durch diese Objektivität in der Vermittlung dessen, was andere sich ausgedacht oder entdeckt haben, gewinnen wir den etwas kuriosen Eindruck, dass Isaiah Berlin selbst in diesen Büchern, die so viel sagen, nichts Persönliches zu sagen hätte.

Ein falscher Eindruck, klar. Das Fair Play ist nur eine Technik, die wie jede narrative Technik lediglich die Funktion hat, einen Inhalt umso glaubhafter zu gestalten. Denn eine Geschichte, die den Anschein erweckt, sie wäre von niemand

Besonderem erzählt worden, und vielmehr so tut, als würde sie sich selbst erschaffen, aus sich heraus, im Augenblick der Lektüre, ist für Leser womöglich umso wahrhaftiger und verlockender. Ein Gedanke, der nicht schon zu existieren scheint und indirekt zu uns kommt, durch das, was in einem bestimmten Moment ihres Lebens Menschen der unterschiedlichsten Epochen und Kulturen gedacht haben; oder der so tut, als wäre er nicht aus der kreativen Bemühung eines einzelnen Kopfes geboren, sondern aus der Gegensätzlichkeit philosophischer und politischer Konzepte anderer, aus den Irrtümern dieser Konzepte oder ihren Leerstellen – ein solcher Gedanke kann überzeugender sein als einer, der sich mit arroganter Explizitheit als einzigartige Theorie präsentiert. Isaiah Berlins Zurückhaltung und Bescheidenheit ist in Wahrheit Ausdruck eines gewitzten Talents.

Schon seit Jahren kann ich mit politischen Utopien nichts mehr anfangen, mit all diesen Apokalypsen, wenn Bewegungen wie der Leuchtende Pfad im Peru der 1980er Jahre den Himmel auf Erden versprechen und dann Ungerechtigkeiten schaffen, die schlimmer sind als die, die sie beheben wollen. Seither denke ich, dass die Vernunft, der gesunde Menschenverstand die wertvollste politische Tugend ist. Bei der Lektüre von Isaiah Berlin wurde mir klar, was ich bis dahin nur verschwommen ahnte. Wenn Fortschritt all jene Gewohnheiten und barbarischen Institutionen, die Quell unendlichen Leids für den Menschen waren, zurückgedrängt oder aus der Welt geschafft und zivilisiertere Beziehungen und Lebensweisen etabliert hat, dann wurde dieser Fortschritt, der wahre Fortschritt, immer erreicht, weil Gesellschaftstheorien nur teilweise und auf heterodoxe, abgewandelte Art Anwendung fanden. Gesellschaftstheorien *im Plural*, denn unterschiedliche, gar miteinander unversöhnliche politische Systeme sind bestimmend gewesen für einen gleichen oder ähnlichen Fortschritt. Voraussetzung war dabei immer, dass die Systeme flexibel waren, verbessert oder neu gedacht werden konnten, sobald es vom Abstrakten ans Konkrete ging und sie sich der täglichen Erfahrung der Menschen stellen mussten. Und die Instanz, die sich in der Regel nicht vertut, wenn in diesen Systemen voneinander getrennt werden will, was für die Menschen gut ist und was schlecht, ist die praktische Vernunft. Es ist schon ein Paradox, dass jemand wie Isaiah Berlin, der so sehr die Ideen liebte und sich mit einer solchen Sicherheit in ihnen bewegte, davon überzeugt war, dass ebendiese Ideen sich, sobald sie in Widerspruch zur menschlichen Wirklichkeit treten, unterordnen sollten, denn verliefe es umgekehrt, wären Guillotinen und Erschießungskommandos die Folge, die Herrschaft von Zensur und Polizei.

Der Mann, der zu viel wusste

Hätte Isaiah Berlin nicht allenthalben solche Sympathie und Zuneigung geweckt, er wäre, trotz seiner Genialität, wahrscheinlich nie zu diesem weltweit anerkannten Intellektuellen geworden, der er bei seinem Tode war, und das Gros seines Werks wäre für die meisten seiner Leser unbekannt geblieben, rezipiert nur von einer Handvoll Kollegen und Schüler, die in Oxford oder an den amerikanischen Universitäten mit ihm verkehrten. Sein Leben lang zeigte er, wahrlich ein Sonderfall, ein kolossales Desinteresse daran, die eigenen Schriften veröffentlicht zu sehen und eine Leserschaft zu finden – er dachte in aller Aufrichtigkeit, sie hätten diese Ehre nicht verdient –, wozu auch die Entscheidung gehörte, keine Autobiografie zu schreiben und kein Tagebuch zu führen, als wäre ihm das Bild, das der Nachwelt überliefert blieb, völlig egal (»Après moi le déluge«, sagte er gerne, nach mir die Sintflut).

All diejenigen, die wie ich nicht in seinen Vorlesungen saßen und sich dennoch als seine Schüler fühlen, werden Henry Hardy, dem Doktoranden der Philosophie am Wolfson College (das Isaiah Berlin in Oxford gründete und von 1966 bis 1975 leitete), niemals dankbar genug sein können dafür, dass er 1974 seinem Lehrer vorschlug, dessen Schriften zu sammeln und herauszugeben oder neu herauszugeben. Es mag unglaublich klingen, aber bis dahin waren tatsächlich nur drei Bücher Berlins erschienen, der ganze Rest seines vorliegenden umfangreichen Werks ruhte, noch unveröffentlicht, in staubigen Kisten in seiner Abstellkammer oder verlor sich in Zeitschriften und Gelegenheitspublikationen – Festschriften, Reden, Berichte, Besprechungen, Nachrufe –, wenn nicht in den Archiven irgendwelcher Institutionen, Futter für die Motten. Doch Hardy gelang es, Isaiah Berlins Vorbehalte gegen ein solch archäologisches Unterfangen zu überwinden, und dank seinem unermüdlichen Eifer als Bibliotheksspürhund und akribischer Herausgeber erschienen nach und nach all die Bücher, die Berlins Ansehen innerhalb und außerhalb der Hochschulen begründeten, erschienen auch die ersten Bände mit seiner Korrespondenz. Und ohne den nicht minder hartnäckigen Michael Ignatieff, ebenfalls ein Freund und Anhänger des lettischen Professors, wäre dieser nicht viel mehr als ein Phantom ohne Fleisch und Knochen, unkenntlich hinter einer zerstreuten Bibliografie.

So wie die von Hardy zusammengestellten Bände der Welt bewiesen, dass nichts dran war an den Andeutungen seiner Gegner, wonach Isaiah Berlin bloß ein überaus brillanter Plauderer sei, ein Salonphilosoph ohne Geduld noch Energie für Werke, die einen größeren intellektuellen Atem verlangten, so wissen wir dank Michael Ignatieffs 1998 erschienener Biografie *Isaiah Berlin: A Life (Isaiah Berlin. Ein Leben)*, dass er sehr wohl eine interessante, zeitweise auch dramatische Vita hatte. Denn sein Leben spielte sich keinesfalls nur hinter den klösterlichen Mauern von Oxford ab mit all seinen Ritualen und seiner eleganten Unwirklichkeit; es ging vielmehr – mal direkt, mal indirekt – einher mit den großen Ereignissen des Jahrhunderts wie der Oktoberrevolution in Russland, der Verfolgung und Vernichtung der Juden in Europa, der Gründung des Staates Israel, dem Kalten Krieg und dem ideologischen Antagonismus zwischen Kommunismus und Demokratie nach dem Zweiten Weltkrieg. Das Buch ist ein liebevolles und loyales, unabhängiges, und getreu dem Berlin'schen ethischen Prinzip schlechthin, dem sauberen Spiel, zögert Ignatieff nicht, neben Tugenden und brillanten Ideen auch auf Irrtümer und Mängel hinzuweisen. Der Mensch Isaiah Berlin, der aus der Biografie hervortritt, ist ein charmanter und warmherziger, doch hinter seinem bescheidenen, herzlichen, unterhaltsamen und umgänglichen Wesen, das aus ihm die Legende machte, die ihn zu Lebzeiten begleitete, erkennen wir auch jemanden, der vielschichtiger war, widersprüchlicher, menschlicher und tiefer: ein Intellektueller, der einerseits in Großbritannien zu höchsten Ehren gelangte – Gründungspräsident eines Colleges in Oxford, Präsident der British Academy, Träger des Order of Merit, geadelt von der Queen –, der sich andererseits aber, auf dem Grund seiner Seele, immer als Exilierter und als Jude fühlte, solidarisch mit einer Tradition und einer Gemeinschaft, die seit unvordenklichen Zeiten der Diskriminierung ausgesetzt war, dem Vorurteil und der Gefahr. Es war ein Umstand, der entscheidend zu dieser Unsicherheit beitrug, die in allen Lebensabschnitten sein Schatten war. Und ohne Zweifel rührten daher auch seine Vorsicht und das Bemühen, sich in die Gesellschaft zu integrieren und nicht aufzufallen, nicht hineingezogen zu werden ins grelle Licht der Macht und des Erfolgs; sein systematisches Einstehen für die Toleranz, den Pluralismus und die politische Vielfalt; sein Hass auf Fanatiker jeder Couleur. Hinter dem Plauderer, der bei Abendessen und auf Festen mit seinem Anekdotenschatz bezauberte, hinter seiner Redegewandtheit und der Fähigkeit, mit Erinnerungen zu glänzen, verbarg sich ein Mensch, der zerrissen war von all den moralischen Konflikten, die er früher und besser als jeder andere beschrieb: dem Konflikt zwischen Freiheit und Gleichheit, Gerechtigkeit und Ordnung, zwischen dem atheistischen Juden und dem, der seine Religion praktiziert, dem Streit im Herzen des Liberalen, der sich vor einer uneingeschränkten Freiheit fürchtet, denn »die Freiheit der Wölfe ist der Tod der Lämmer«. Der unaufgeregte, klare, lichte Denker, der sich in seinen Schriften zeigt, bleibt es auch in Michael Ignatieffs Porträt seiner Person. Doch unter dieser leuchtenden gedanklichen und rhetorischen Klarheit erscheint ein immer wieder von Zweifeln Bestürmter, der irrt und den seine Irrtümer ängstigen, der in diskreter, aber ständiger Anspannung lebt und so daran gehindert ist, sich in seinem Milieu vollkommen integriert zu fühlen, sosehr die äußeren Anzeichen eines bürgerlichen Lebens auch das Gegenteil nahelegen.

Eine Autobiografie wollte Isaiah Berlin nie auch nur in Betracht ziehen, aber er war einverstanden, seinem Freund Michael Ignatieff vor einem Aufnahmegerät über sein Leben Auskunft zu geben. Bedingung war, dass das Ergebnis erst nach seinem Tod veröffentlicht würde. Das Gespräch ging über zehn Jahre und endete in der letzten Oktoberwoche 1997, nur wenige Tage vor seinem Tod. Von der Krankheit schon fast besiegt, rief Sir Isaiah seinen Biografen noch einmal zu sich in sein Oxforder Landhaus Headington House, weil er ein paar Angaben, die sein Gedächtnis geklärt hatte, korrigieren wollte;

dabei erinnerte er ihn nachdrücklich daran, dass seine Frau Aline der Mittelpunkt seines Lebens gewesen sei, er stehe tief in ihrer Schuld. Die persönlichen Zeugnisse hat Ignatieff in Russland, den USA, Israel und England akribisch vervollständigt. Er interviewte Dutzende, wenn nicht Hunderte von Personen, die mit Berlin verbunden gewesen waren, und er sammelte unzählige Belege aus Zeitungen, Büchern und Archiven, so dass die Biografie eine vielleicht nicht endgültige, aber doch recht umfassende Vorstellung gibt von den Wechselfällen im Leben dieses großen Denkers, das alles verwoben mit seinen Interessen, Überzeugungen, Ideen und Arbeiten und wie sie sich jeweils entwickelten. Ignatieffs Buch ist eine literarische Biografie, in der Leben und Werk ineinander übergehen, es sind die beiden Seiten ein und derselben Medaille.

Isaiah Berlin verbrachte zwar nur seine ersten zwölf Jahre in Russland (als er 1909 in eine wohlhabende Rigaer Familie geboren wurde, gehörte Lettland zum Russischen Kaiserreich), doch die Erfahrungen dieser Kindheitsjahre unter dem Eindruck gesellschaftlicher Umwälzungen und familiärer Turbulenzen prägten ihn für immer und hinterließen als unauslöschliche Spur zwei Wesenszüge seiner Persönlichkeit: eine tiefsitzende Aversion gegen Totalitarismus und Diktatur und das Bewusstsein, dass er Jude war. Das wichtigste Ereignis in seiner Kindheit war ohne Zweifel die bolschewistische Revolution. Er erlebte sie von nahem, in Petrograd (Sankt Petersburg), wohin sich seine Familie vor der Unsicherheit und den Bedrohungen, denen die jüdische Gemeinschaft ausgesetzt war, flüchtete und wo er mit siebeneinhalb Jahren Zeuge von Straßengewalt wurde, Szenen, die ihn für immer gegen den revolutionären Überschwang und das »politische Experiment« impften. Seine feindselige Haltung gegenüber dem Kommunismus hat in jenen Tagen ihren Ursprung, und er blieb ihr sein Leben lang treu, selbst in den Zeiten des Kalten Kriegs, als die meisten aus dem intellektuellen Milieu, das das seine war, dem Marxismus mehr oder weniger nahestanden. Doch dieser Versuchung erlag er nie, sein Antikommunismus war so ausgeprägt, dass er auch schon mal, bei ihm wahrlich selten, extreme Positionen einnahm. So verteidigte er die USA während des unpopulären Vietnamkriegs und weigerte sich im Mai 1961, einen Appell an Washington zu unterschreiben, um gegen die Invasion in der Schweinebucht auf Kuba zu protestieren (»Castro mag vielleicht kein Kommunist sein«, schrieb er an Kenneth Tynan, »aber ich glaube, dass die bürgerlichen Freiheiten ihn so wenig kümmern wie Lenin und Trotzki«). Diese Einstellung verleitete ihn auch zu einer Tat, die zu seiner pluralistischen Ethik nicht gerade passte. Dank seinem akademischen Einfluss verhinderte er nämlich, dass Isaac Deutscher, exilierter Jude so wie er, aber antizionistisch und links (Autor der bekanntesten Trotzki-Biografie), an der Universität Sussex einen Lehrstuhl für Politikwissenschaft erhielt. Als man ihm vorwarf, sich dabei verhalten zu haben wie »die amerikanischen Hexenjäger«, war seine nicht eben überzeugende Antwort, er könne für einen Lehrstuhl nicht jemanden empfehlen, der die Erkenntnis der Ideologie unterordne.

Erneut auf der Flucht, diesmal nicht nur aus Angst, sondern auch vor dem Hunger, kehrte die Familie Berlin 1920 für kurze Zeit nach Riga zurück, und noch auf der Zugfahrt wurde sie Opfer von Beschimpfungen und Aggressionen durch antisemitische Fahrgäste und Beamte, die ihm, so Berlin, zum ersten Mal und für alle Zeit klarmachten, dass er kein Russe war, auch kein Lette, sondern Jude, und dass er es auf immer bleiben würde. Zwar genoss er in England eine weltliche Schulbildung und war erklärter Atheist, aber mit der Gemeinschaft und der Kultur seiner Vorfahren zeigte er sich immer solidarisch, und in der Familie hielt er die jüdischen religiösen Riten genauestens ein. Er war, schon kurios, ein nichtgläubiger praktizierender Jude. Und als Zionist arbeitete er eng mit Chaim Weizman zusammen, einem der Gründer des Staates Israel, auch wenn er im Unterschied zu nicht wenigen seiner Verwandten nie daran dachte, israelischer Staatsbürger zu werden. Die Zusammenarbeit fand zum großen Teil während des Zweiten Weltkriegs statt, in diesen Jahren arbeitete er als politischer Beobachter und Berater für die britische Regierung in New York und in Washington, und es muss für ihn eine beklemmende Situation gewesen sein, wenn man sieht, wie angespannt die Beziehung zwischen dem proarabischen Foreign Office und der zionistischen Führung war. In dem 2000 erschienenen Sammelband *The Power of Ideas (Die Macht der Ideen)* gibt es zwei längere Aufsätze, in denen Berlin den Zionismus und die Gründung Israels mit soliden Argumenten verteidigt. Allerdings macht er in beiden auch einen Bogen um die nicht unwesentliche Tatsache, dass in Palästina, als die ersten Wellen europäischer Zionisten kamen, seit vielen Jahrhunderten Araber wohnten, und er sagt auch nichts dazu, wie man seiner Meinung nach die Frage einer künftigen Koexistenz angehen sollte.

All diese Widersprüche in Isaiah Berlins Biografie genauer zu kennen ist hilfreich, will man die tieferen Wurzeln einer seiner besten Theorien verstehen.

Die widersprüchlichen Wahrheiten

Eine Konstante im westlichen Denken ist der Glaube, es gebe eine einzige wahre Antwort auf jedes menschliche Problem, und sobald diese Antwort gefunden sei, seien alle anderen als irrig zurückzuweisen. Damit einhergehend und ebenso alt ist der Glaube, die vornehmsten Ideale, die die Menschen beseelen – Gerechtigkeit, Freiheit, Frieden, Freude – seien miteinander vereinbar. Für Isaiah Berlin sind diese Überzeugungen falsch und Ursprung nicht weniger Tragödien der Menschheit. Aus seiner Skepsis bezog er einige machtvolle und originelle Argumente für die individuelle Wahlfreiheit und den Pluralismus.

Getreu seiner indirekten Methode nimmt Isaiah Berlin für seine Theorie von den widersprüchlichen Wahrheiten oder unversöhnlichen Zielen den Weg über andere Denker, bei denen er Hinweise darauf sieht, Ahnungen. So etwa in seinem Essay über Machiavelli, in dem er uns sagt, dieser habe auf unbeabsichtigte, zufällige Weise eine unbequeme Wahrheit herausgefunden: dass nicht alle Werte miteinander vereinbar seien, schon die Vorstellung von einer einzigen und endgültigen Philosophie zur Errichtung der vollkommenen Gesellschaft sei materiell und konzeptuell unmöglich. Machiavelli war durch das Studium der Machtmechanismen zu diesem Schluss gelangt, als er feststellte, dass sie im Hinblick auf jene Werte des christlichen Lebens, die theoretisch das gesellschaftliche Leben regelten, keinerlei Wirkung entfalteten. Ein »christliches Leben« zu führen, unter strikter Anwendung der vorgeschriebenen ethischen Normen, hieß zugleich, sich mit der politischen Ohnmacht abzufinden, sich den Skrupellosen und Gaunern auszuliefern. Wer dagegen politisch etwas bewirken und ein ruhmreiches Gemeinwesen wie Athen oder Rom aufbauen wollte, musste auf eine christliche Lebensführung verzichten und sich einer befleißigen, die zu dem anvisierten Ziel passte. Für Berlin scheint Machiavellis vorgeschlagene Alternative weniger bedeutend gewesen zu sein als die Ahnung, dass moralisch wie gesellschaftlich beides gleichermaßen überzeugend und verlockend war. Offenbar hatte der Autor von *Der Fürst* erkannt, dass der Mensch hin- und hergerissen ist zwischen

Zielen, die ihn gleichermaßen umwerben und doch gegensätzlicher, unverträglicher nicht sein können.

Alle gesellschaftlichen Utopien, von Platon bis Marx, beruhen auf einem Glaubensakt: dass die menschlichen Ideale, die großen Bestrebungen des Individuums und der Gemeinschaft miteinander in Einklang zu bringen sind und dass das Erreichen eines oder mehrerer dieser Ziele kein Hindernis ist für die Verwirklichung auch der anderen. Dergleichen Optimismus bringt wohl nichts besser zum Ausdruck als die rhythmische Parole der Französischen Revolution: Freiheit, Gleichheit, Brüderlichkeit. Allerdings zeigte diese edle Bewegung, die sich vornahm, die Herrschaft der Vernunft auf Erden zu etablieren und solch einfache, unbestreitbare Ideale zu verwirklichen, mit ihren wiederholten Blutbädern und vielfachen Enttäuschungen aller Welt, dass die gesellschaftliche Wirklichkeit stürmischer und unvorhersehbarer war, als es die Abstraktionen der Philosophen mit ihren Rezepten für das Glück der Menschheit hatten vermuten lassen. Die wenigsten rechneten damit – und noch heute wollen es viele partout nicht wahrhaben –, dass diese Ideale, kaum ging es von der Theorie zur Praxis, einander abstießen, dass sie sich nicht gegenseitig stützten, sondern ausschlossen. Verwundert stellten die französischen Revolutionäre fest, dass die Freiheit ein Quell von Ungleichheit ist und dass ein Land, in dem die Bürger zur gänzlichen oder weitgehenden Eigeninitiative befähigt sind und über ihr Handeln und ihre Güter selbst bestimmen, früher oder später ein von zahlreichen materiellen und geistigen Differenzen gespaltenes ist. Ihnen blieb also, wollten sie Gleichheit, nichts anderes übrig, als die Freiheit zu opfern und den Zwang einzuführen, die Überwachung und die allmächtige, alles nivellierende Aktion des Staates. Dass aber soziale Ungerechtigkeit der Preis für die Freiheit ist und die Diktatur der Preis für die Gleichheit – und dass Brüderlichkeit nur auf relative, vorübergehende Weise zu haben ist, aus negativem Anlass mehr denn aus positivem, bei einem Krieg etwa oder einer Naturkatastrophe, was die Bevölkerung solidarisch zusammenschweißt –, das ist ein trauriger Befund und nur schwer zu akzeptieren.

Doch schlimmer, als dieses Menschheitsdilemma zu akzeptieren, ist für Isaiah Berlin, sich einer solchen Einsicht zu verweigern (Vogel Strauß zu spielen). So tragisch die Wirklichkeit auch sein mag, erlaubt sie zumindest, praktische Lehren daraus zu ziehen. So haben all jene Philosophen, Historiker und politischen Denker, die diesen Konflikt – der widersprüchlichen Wahrheiten – erkannten, eine größere Befähigung darin bewiesen, den Prozess der Zivilisation zu verstehen. Auf einem anderen Weg als dem von Machiavelli beschrittenen hatte auch Montesquieu als ein grundlegendes Merkmal der Geschichte der Menschheit begriffen, dass die von den Menschen verfolgten Ziele viele, vielfältig und oft miteinander unvereinbar sind; dass dies unvermeidlich zu Konflikten zwischen Zivilisationen führt, zu unterschiedlichen Idealen derselben Gemeinschaft zu verschiedenen Zeiten und verschiedener Gemeinschaften zur selben Zeit; zu Konflikten innerhalb der Gemeinschaften, zwischen ihren Klassen und Gruppen und sogar im Bewusstsein des Individuums selbst.

So wie Montesquieu im achtzehnten Jahrhundert erkennt im neunzehnten auch der große russische Schriftsteller und Dissident Alexander Herzen das Dilemma, und scharfsinniger als andere Zeitgenossen analysiert er das Scheitern der europäischen Revolutionen von 1848 und 1849. Für Isaiah Berlin ist Herzen der ideale Sprecher. Die Affinitäten sind nicht zu übersehen, und man versteht, warum er ihm einen seiner brillantesten Aufsätze widmet. Bei beiden hat der Skeptizismus ein seltsam positives und stimulierendes Vorzeichen, es ist ein Aufruf zur Tat, unterlegt mit pragmatischen Betrachtungen und einem Hauch von Optimismus. Herzen war einer der Ersten, die sich, da eine Quelle von Verbrechen, gegen die Vorstellung wandten, für die Menschheit gebe es eine leuchtende Zukunft, der die gegenwärtigen Generationen zu opfern seien. Wie Herzen führt auch Berlin immer wieder historische Belege dafür an, dass es keine Gerechtigkeit gibt, die aus einer ungerechten Politik erwachsen wäre, so wenig wie Freiheit aus Unterdrückung. Weshalb beide der Meinung sind, in gesellschaftlichen Fragen seien die partiellen, aber effektiven Erfolge stets den großen, allumfassenden und zwangsläufig schimärischen Lösungen vorzuziehen.

Dass es widersprüchliche Wahrheiten gibt und die Ideale der Menschen einander womöglich feindlich gegenüberstehen, heißt für Isaiah Berlin nicht, dass wir verzweifeln oder uns für machtlos erklären müssten. Es heißt nur, dass wir uns über die Bedeutung der Wahlfreiheit bewusst sein müssen. Wenn es nicht eine einzige Antwort für unsere Probleme gibt, sondern mehrere, ist es unsere Pflicht, immer wachsam zu sein und die Gedanken, Gesetze und Werte, die unsere Welt regieren, auf die Probe zu stellen; sie miteinander zu konfrontieren und die Auswirkung auf unser Leben abzuwägen, die einen auszuwählen und die anderen zurückzuweisen, je nachdem auch, wenn es nicht anders geht, die übrigen zu modifizieren. Und so wie Isaiah Berlin in dieser schicksalhaften Conditio ein Argument für die Verantwortung und die individuelle Wahlfreiheit sieht, ergibt sich für ihn daraus auch unabweisbar, dass Toleranz und Pluralismus nicht nur moralische Imperative sind, sondern eine praktische Notwendigkeit für das Überleben der Menschen. Wenn es Wahrheiten gibt, die einander feind sind, und Ziele, die einander negieren, müssen wir die Möglichkeit des Irrtums akzeptieren und den anderen gegenüber tolerant sein. Auch zugestehen, dass die Vielfalt – in Gedanken und Taten, Gebräuchen, Moralvorstellungen, Kulturen – unser einziger Garant dafür ist, dass der Irrtum, so er die Oberhand gewinnt, nicht allzu große Verheerungen anrichtet, schließlich gibt es nicht die *eine* Lösung für unsere Probleme, sondern viele, und sie alle sind ungewiss.

Die lettische jüdische Gemeinschaft, in die Isaiah geboren wurde, sprach Russisch, Lettisch und Deutsch, und auch wenn der Junge alle drei Sprachen lernte, identifizierte er sich kulturell vor allem mit dem Russischen, dem er sich sein Leben lang verbunden fühlte. In England besuchte er zunächst eine christliche Privatschule, die altehrwürdige St. Paul's School, und dank glänzender Noten studierte er danach in Oxford Philosophie. Die Nabelschnur, die ihn an sein Heimatland band, war zwar gerissen, als er gerade mal zwölf war, doch auch später noch, bereits britischer Staatsbürger und in der Kultur seiner zweiten Heimat zu Hause, blieben seine geistige Affinität und seine Liebe zur russischen Sprache und Literatur, wie man an seinen zahlreichen, von großer Nonchalance und profunder Kenntnis zeugenden Aufsätzen zu russischen Themen sieht, Essays zu Schriftstellern und Denkern wie Tolstoi, Turgenjew oder eben dem liberalen Alexander Herzen, seinem bewunderten Vorbild. Als er 1945, in diplomatischen Diensten Großbritanniens, für ein paar wenige Monate nach Russland zurückkehrte – eine Reise mit beträchtlichen Folgen nicht zuletzt für sein Gefühlsleben –, waren zwei große Schriftsteller, die ihn kannten, Boris Pasternak und Anna Achmatowa, überwältigt von der Eleganz, mit der dieser Professor aus einer anderen Welt das Russisch der gebildeten Kreise aus einer anderen Zeit parlierte, noch dazu zeigte er sich beschlagen in einer Literatur, die wie ihre Autoren in dieser Gesellschaft unter der Knute Stalins immer unsichtbarer wurde oder in die Ferne entschwand.

Die Erfahrung in Washington

Mit dem Zweiten Weltkrieg änderte sich Isaiah Berlins privater Horizont radikal. Ohne den Krieg wäre sein Leben wahrscheinlich, so wie das Leben anderer *dons* in Oxford, auf dem Campus verstrichen, zwischen den Hörsälen, wo er seine Vorlesungen in Philosophie und später in Ideengeschichte hielt, den Bibliotheken und seiner Privatwohnung im traditionellsten und nobelsten College der Universität, dem All Souls, das ihn im erstaunlichen Alter von nur dreiundzwanzig Jahren zum Fellow gewählt hatte (auch war er der erste Jude, den man in diese Institution aufnahm). Doch nach Ausbruch des Kriegs erfuhr dieses »asexuelle und gelehrte« Leben einen plötzlichen Wandel: Der junge Professor, der sich mit seiner Mehrsprachigkeit und als Spezialist für europäische Kulturen – die russische und die deutsche vor allem – im akademischen Milieu einen Namen gemacht hatte, wurde von der britischen Regierung in die USA entsandt, um von New York und Washington aus die Botschaft und das Außenministerium zu beraten. Zwischen 1941 und 1945 entfaltete er eine außerordentliche Aktivität im Dienst seiner Wahlheimat. Seine Berichte zur internationalen Lage und zu den heiklen diplomatischen Beziehungen zwischen den Alliierten waren in der Geschichte des Foreign Office die vielleicht meistgelesenen. (Churchill war so beeindruckt, dass er 1944 wissen wollte, wer sie schrieb. Anthony Eden antwortete ihm: »Mr Berlin, baltisch-jüdischer Herkunft, von Beruf Philosoph.« Und eigenhändig fügte er hinzu: »Sie sind gut, das stimmt. Wenn auch vielleicht mit einer etwas orientalischen Note.«*)

* Eine Auswahl dieser bemerkenswerten Berichte, viele davon wahre politische Essays, wurden schließlich veröffentlicht: *Washington Despatches,*

Außerdem knüpfte Berlin ein Netz von Freundschaften in den höchsten Kreisen der USA, was ihm mit seiner Weltgewandtheit und seinem Charme nicht schwerfiel. Als pyrotechnischer Plauderer entzückte er die Anwesenden bei Abendessen und in diplomatischen Versammlungen, und nicht nur unterhielt und hypnotisierte er sie mit seiner guten Laune, seinen Anekdoten und seinem Wissen, er gab seinen Gesprächspartnern auch das stimulierende Gefühl, sich selbst, dank ihm, mit einem Bad in der Hochkultur zu beschenken. Erstaunlich ist, dass dieser snobistische Aspekt seines Lebens – angefüllt mit gesellschaftlichen Verpflichtungen, Abendessen, mondänen Galas und Empfängen – nicht im Geringsten seine geistige Arbeit berührte, da machte er keine Zugeständnisse und verfiel auch nie ins Banale. Sich in der High Society zu bewegen machte ihn jedenfalls glücklich, und er genoss all die Banketts, umgeben von Menschen, die vielleicht nicht immer die gebildetsten waren, aber zumindest mächtig, vermögend oder einflussreich. Man mag in dieser ein wenig frivolen Seite seiner Persönlichkeit eine Kompensation sehen, einen Ersatz für das Sexualleben, das er offenbar nicht hatte oder bis ins reifere Alter kaum kennenlernte. In Oxford waren sich seine Freunde und Bekannten sicher, dass er auf ewig Junggeselle bleiben würde.

1941-1945. Weekly Political Reports from the British Embassy, hrsg. von H. G. Nicholas, mit einer Einführung von Isaiah Berlin, London 1981.

Die Nacht mit der Achmatowa

Vielleicht war das auch der Grund, weshalb eine einzige Nacht Isaiah Berlin so tief prägte, jene Nacht, die er im November 1945 in Leningrad in einer trostlosen Wohnung mit Anna Achmatowa verbrachte, der damals bedeutendsten lebenden russischen Dichterin. Er war, als man ihn für ein paar Monate an die Britische Botschaft in Moskau schickte, einmal nach Leningrad gefahren, ehemals Petrograd, eine Wehmutsreise auf der Suche nach Büchern und Erinnerungen aus der Kindheit. Rein zufällig hörte ihn in einer Buchhandlung jemand nach der Dichterin fragen, und er bot sich an, ihn zu ihrem Haus ganz in der Nähe zu bringen. Anna Achmatowa war sechsundfünfzig, zwanzig Jahre älter als Berlin, bekannt für ihre Schönheit und schon vor der Revolution als Dichterin berühmt. Unter dem neuen Regime war sie in Ungnade gefallen und durfte seit 1925 keine Zeile mehr veröffentlichen und nichts vortragen. Ihre tragische Odyssee ist eine der schmerzlichsten in diesen schrecklichen Jahren. Ihr erster Mann wurde von den Bolschewisten erschossen, ihr dritter ging in einem sibirischen Arbeitslager zugrunde, und ihren Sohn Lew – ein talentierter junger Mann, mit dem Isaiah Berlin sich an diesem Abend kurz unterhielt – schickte Stalin für dreizehn Jahre in den Gulag. Mit dem erpresserischen Versprechen, ihn nicht zu töten, zwangen die sowjetischen Kommissare Achmatowa, lobhudelnde Oden auf den Diktator zu schreiben. Da das Leid der Dichterin nach jener Nacht nur noch schlimmer wurde, konnte Isaiah Berlin sich nie freimachen von dem Gefühl, ungewollt dafür verantwortlich zu sein. (In den Archiven des KGB findet sich ein Bericht über ihr Zusammentreffen. Stalin kommentierte es gegenüber Schdanow, dem Kulturkommissar, folgendermaßen: »Das heißt, unsere Nonne tröstet sich jetzt mit britischen Spionen, was hältst du davon.«)

Nachdrücklich hat Isaiah Berlin immer betont, die elf oder zwölf Stunden, die er und die Achmatowa zusammen verbrachten, seien keusche Stunden gewesen, ein intensives, funkelndes Gespräch, wobei Anna ihm irgendwann eine Reihe jener berühmten Gedichte aus dem Buch vorgetragen habe, das sie – der Verfolgung ein Schnippchen schlagend – in Gedanken schrieb, *Requiem*, später einmal eines der erhabensten Zeugnisse des dichterischen Widerstands gegen den stalinistischen Terror. Ihre Unterhaltung war eine literarische, ein Heraufbeschwören der großen Autoren von vor der Revolution, viele von ihnen tot oder im Exil, Isaiah konnte über sie Auskunft geben, und diskret war es auch ein Gespräch über die mehr als schwierige Situation für Annas Leben, immer auf dem Drahtseil, und wie sie mit ansehen musste, wie die Repression um sie herum näher und näher rückte, jeden Moment rechnete sie damit, dass es sie selber traf. Doch auch wenn es nicht den geringsten körperlichen Kontakt zwischen ihnen gegeben hat, eins steht fest: Als der enthaltsame Isaiah Berlin am nächsten Tag zurück ins Hotel Astoria kam, taumelte er im Glück und rief: »Ich bin verliebt, ich bin verliebt!« Bis zu seinem Tod sollte er immer wieder sagen, diese Begegnung sei das wichtigste Ereignis in seinem Leben gewesen. Auch bei Achmatowa hinterließ der Besuch einen bleibenden Eindruck, seinen Niederschlag fand er in den wunderbaren Liebesgedichten in dem Zyklus *Cinque*. Natürlich war es eine unmögliche Liebesgeschichte, denn fortan unterband das Regime jede Verbindung und jeden Kontakt der Dichterin mit der Außenwelt, und sechs Jahre lang wusste Berlin nicht einmal, wo sie sich aufhielt. (Auf seine Bitten, Nachforschungen anzustellen, antwortete die Britische Botschaft in Moskau, es sei besser für die Achmatowa, eine Kontaktaufnahme erst gar nicht zu versuchen.) Viele Jahre später, 1965, ein Jahr vor ihrem Tod, leiteten Isaiah Berlin und andere Professoren eine Ehrendoktorwürde für die große russische Dichterin in die Wege, und die sowjetischen Behörden erlaubten ihr aus diesem Anlass die Ausreise nach England. Sie war da bereits eine betagte Frau, doch das lange Martyrium hatte es nicht vermocht, sie zu brechen. Die Wiederbegegnung war kühl, und als sie einen Blick auf Headington House warf, das prächtige Domizil, wo Isaiah mit seiner Frau Aline wohnte, konnte sie sich eine schmerzhafte Spitze nicht verkneifen: »Da ist der Vogel jetzt in seinem goldenen Käfig.«

Die zwei Freiheiten

Für die »Freiheit« hat man, wie es scheint, zweihundert verschiedene Bedeutungen zusammengetragen. Um dieses Wort, das er zu Recht proteisch nennt, genauer zu fassen, bedient sich Isaiah Berlin der beiden Begriffe »negative« Freiheit und »positive« Freiheit. Abstrakt gesehen mag eine solche Unterscheidung allzu subtil und wenig handfest sein; sehr klar wird der Unterschied zwischen den beiden Sinngehalten einer Vorstellung von Freiheit jedoch, wenn es darum geht, konkrete Optionen zu beurteilen, spezifische historische und politische Situationen. Und vor allem ist eine solche Unterscheidung hilfreich, will man wirklich verstehen, was sich hinter der ein wenig künstlichen Alternative zwischen den »formalen« Freiheiten und den »realen« verbirgt, die fast immer gerade von denen ins Feld geführt werden, die die »formalen« abschaffen wollen.

Freiheit ist eng an den Zwang geknüpft, an das also, was sie negiert oder beschränkt. Frei ist man in dem Maße, wie man nicht daran gehindert ist, über sein Leben so zu entscheiden, wie es einem gefällt. Je weniger Macht auf mein Verhalten ausgeübt wird, je autonomer es bestimmt wird von meiner eigenen Motivation – von Bedürfnissen, Ambitionen, persönlichen Fantasien –, ohne Einmischung eines fremden Willens, desto freier bin ich. Das ist der »negative« Freiheitsbegriff.

Es ist ein individuelles Konzept mehr denn ein soziales, ein sehr modernes auch. Seinen Ursprung hat es in Gesellschaften, die ein hohes zivilisatorisches Niveau erreicht haben und einen gewissen Wohlstand. Grundgedanke ist der Respekt vor der Souveränität des Einzelnen, weil diese Souveränität menschliche Kreativität, geistige und künstlerische Entfaltung, wissenschaftlichen Fortschritt überhaupt erst ermöglicht. Wird das Individuum erstickt, konditioniert, mechanisiert, versiegt die Quelle der Kreativität, das Ergebnis ist eine graue, mediokre Welt, ein Volk von Ameisen oder Robotern. Diejenigen, die für einen solchen Freiheitsbegriff eintreten, sehen die größte Gefahr in der Macht und in der Obrigkeit; und da es ohne diese Instanzen nun mal nicht geht, schlagen sie vor, ihren Aktionsradius so klein wie möglich zu halten, reduziert aufs Unerlässliche – zur Verhinderung von Chaos und Zerfall der Gesellschaft –, und ihre Aufgaben genauestens zu regeln und zu kontrollieren.

Denker wie John Stuart Mill und Benjamin Constant waren die eifrigsten Vertreter einer solchen Vorstellung von Freiheit, im Liberalismus des neunzehnten Jahrhunderts fand sie ihren deutlichsten politischen Ausdruck. Doch wäre es irrig zu glauben, die »negative« Freiheit würde sich darin erschöpfen, in Wahrheit umfasst sie nämlich sehr viel mehr, sehr viel Unterschiedlicheres, Dauerhafteres auch, und wonach sie trachtet, liegt einer Vielzahl von politischen Programmen, intellektuellen Formulierungen und Handlungsweisen zugrunde. So steht das »negative« Konzept von Freiheit zum Beispiel hinter allen demokratischen Theorien, für die das Nebeneinander von Standpunkten oder Anschauungen dazugehört, auch die Achtung von Minderheiten, es lebt von der Überzeugung, dass es die Freiheiten – ob Pressefreiheit, Religionsfreiheit, Personenfreizügigkeit oder freie Berufswahl, heute auch die sexuelle Freiheit – zu bewahren gilt, denn ohne verarmt das Leben und verkümmert.

So ungleiche Phänomene wie die literarische Romantik, die Klosterorden und die Mystik, einige anarchistische Strömungen, die Sozialdemokratie, die Marktwirtschaft und die liberale Philosophie sind, über alle Diskrepanzen hinweg, insofern miteinander verbunden, als sie diese Auffassung von Freiheit teilen. Nur sind es in der Politik eben nicht nur die demokratischen Systeme, die sie verwirklichen. Isaiah Berlin zeigt auf, dass, so paradox es klingt, manche Diktaturen, die mit keinem Gewissen vereinbar sind, sich auf sie einstellen und sie zumindest teilweise leben. In Lateinamerika kennen wir das, und auch die Spanier haben es in den letzten Jahren unter Franco kennengelernt. Manche rechten Diktaturen, die Wert auf die wirtschaftlichen Freiheiten legen, garantieren ihren Bürgern – bei allen Übergriffen und Verbrechen, die sie begehen, so in Chile unter Pinochet – in der Regel eine größere »negative« Freiheit als die sozialistischen und quasisozialistischen Regime wie in Kuba oder im heutigen Venezuela.

Will die »negative« Freiheit vor allem die Macht in ihre Schranken weisen, sucht die »positive« danach, sie an sich zu reißen, sie auszuüben. Der Begriff versteht sich eher sozial als auf das Individuum gerichtet, denn er gründet auf der (sehr richtigen) Vorstellung, dass die Möglichkeiten des Einzelnen, über sein Schicksal zu bestimmen, in großem Maße abhängig sind von gesellschaftlichen Bedingungen, die außerhalb des eigenen Willens liegen. Was hat der Analphabet von der Pressefreiheit? Was nutzt jemandem die Reisefreiheit, wenn er im Elend lebt? Bedeutet die freie Berufswahl für den Eigentümer eines Unternehmens etwa dasselbe wie für einen Arbeitslosen? Während die »negative« Freiheit im Wesentlichen berücksichtigt, dass die einzelnen Menschen verschieden sind, zieht die »positive« vor allem in Rechnung, worin sie sich ähneln. Im Gegensatz zur »negativen«, für die die Freiheit umso geschützter ist, je mehr Varianten und Sonderfälle respektiert werden, setzt die »positive« darauf, dass insgesamt die Freiheit umso größer ist, je weniger die Unterschiede in der Gesellschaft hervortreten, je homogener also eine Gemeinschaft ist.

Alle Ideologien und totalisierenden, einem Zweck untergeordneten Anschauungen, wonach es für eine bestimmte Gemeinschaft – Nation, Volk, Klasse, die ganze Menschheit – ein höheres und einziges Ziel gebe, teilen den »positiven« Freiheitsbegriff. Eine Vielzahl von Wohltaten für den Menschen lässt sich auf diese Freiheit zurückführen, dank ihr gibt es auch das soziale Gewissen: das Bewusstsein dafür, dass die wirtschaftlichen, gesellschaftlichen und kulturellen Ungleichheiten ein zu korrigierendes Übel sind, dass man sie bekämpfen kann und bekämpfen muss. Mit dem »positiven« Freiheitsbegriff hat sich die Vorstellung von menschlicher Solidarität, gesellschaftlicher Verantwortung und Gerechtigkeit mit Inhalt gefüllt und ausgeweitet, und er ist hilfreich gewesen, um der Sklaverei, dem Rassismus, der Knechtschaft und der Diskriminierung Einhalt zu gebieten oder sie abzuschaffen.

Aber auch dieses Freiheitskonzept hat seine Ungerechtigkeiten hervorgebracht. Denn so wie die Generäle Pinochet und Franco (in den Jahren der wirtschaftlichen Modernisierung) mit einem gewissen Recht von »negativer« Freiheit sprechen konnten, konnten Hitler, Stalin und die Brüder Castro ohne allzu große Übertreibung sagen, ihre Regime etablierten in ihrem jeweiligen Herrschaftsbereich die wahre (die »positive«) Freiheit. Alle Gesellschaftsutopien, ob rechts oder links, religiös oder weltlich, gründen auf dem »positiven« Freiheitsbegriff. Ihnen liegt die Überzeugung zugrunde, dass es in jedem Menschen – jenseits des Individuums mit seinen Eigenheiten und Unterschieden – etwas Wichtigeres gibt, ein identisches gesellschaftliches »Ich«, das nach der Verwirklichung eines kollektiven, solidarischen Ideals strebt, eines Ideals, das in einer gegebenen Zukunft Wirklichkeit wird und dem alles, was ihm entgegensteht oder hinderlich ist, geopfert werden muss. Die ganzen Einzel- und Sonderfälle etwa, die eine Bedrohung für die soziale Harmonie und Homogenität darstellen. Weshalb im Namen der »positiven« Freiheit – dieser utopischen künftigen Gesellschaft, des siegreichen auserwählten Volks, der klassenlosen Gesellschaft oder der Stadt der ewig Seligen – die grausamsten Kriege geführt wurden, Konzentrationslager errichtet, Millionen Menschenleben ausgelöscht. Und den Menschen zwang man erstickende Systeme auf und eliminierte jede Art von Dissidenz oder Kritik.

Die beiden Freiheitsbegriffe reagieren allergisch aufeinander, lehnen sich gegenseitig ab. Aber es bringt nichts, beweisen zu wollen, dass die eine Freiheit wahr ist und die andere falsch, denn auch wenn das Wort in beiden Begriffen dasselbe ist, handelt es sich doch um Verschiedenes. Es ist einer dieser Fälle von widersprüchlichen Wahrheiten oder unvereinbaren Zielen, mit denen es der Mensch nach Isaiah Berlin zu tun hat. Theoretisch lassen sich unendlich viele Argumente für die eine oder die andere Auffassung von Freiheit vorbringen, beide gleichermaßen gültig oder widerlegbar. In der Praxis – im sozialen Leben, im Lauf der Geschichte – wäre es ideal, zwischen beiden einen Mittelweg zu finden. Die Gesellschaften, die in der Lage waren, sich zu einem Kompromiss zwischen beiden Formen von Freiheit durchzuringen, sind ebenjene, die es zu würdigeren und gerechteren (oder zumindest weniger unwürdigen und ungerechten) Standards gebracht haben. Aber ein solches Aushandeln ist nicht leicht, und das Ergebnis wird immer ein problematisches sein, denn die »negative« Freiheit und die »positive« sind nicht zwei Interpretationen eines Konzepts, sondern vielmehr zwei zutiefst unterschiedliche und unvereinbare Haltungen gegenüber den Zielen der Menschen.

Im goldenen Käfig

Dass der eingefleischte Junggeselle, der Isaiah Berlin zu sein schien, 1956 schließlich Aline Halban heiratete – sie entstammte einer aristokratischen, sehr wohlhabenden französisch-jüdischen Familie –, war nicht nur für seine unzähligen Freunde eine Überraschung, es war der Höhepunkt einer unglaublichen Liebesaffäre, die Stoff böte für eine rasante Beziehungskomödie.

1945, als seine diplomatische Mission beendet war, kehrte Berlin nach Oxford zurück und widmete sich wieder seinen Vorlesungen, seinen Vorträgen und der Forschung. Auf beiden Seiten des Atlantiks war sein Name nun schon einigermaßen bekannt, und immer wieder verbrachte er eine Zeit an nordamerikanischen Universitäten, vor allem in Harvard, hinzu kamen regelmäßige Reisen nach Jerusalem. Auch Auszeichnungen regnete es auf ihn herab, und beim britischen Establishment standen ihm alle Türen offen. Da scheint, er war schon Anfang vierzig, der Sex in sein Leben eingebrochen zu sein, aus dem akademischen Hinterhalt gewissermaßen, denn es waren Affären mit Frauen seiner Universitätskollegen. Eine unwiderstehliche Komik durchzieht die Passagen, in denen Ignatieff – im Übrigen sehr liebevoll und wohlwollend – eine erste Liaison beschreibt, die über mehrere Jahre ging, mit Rendezvous in Kirchen, Bibliotheken, Parks, auf Fluren und selbst im Schlafzimmer der Eltern des Philosophen. Von Gewissensbissen geplagt, geht er zum Ehemann und sagt ihm die Wahrheit: »Ich bin verliebt in deine Frau.« Der Gehörnte wischt die Sache mit einem entschiedenen »Das ist unmöglich« vom Tisch und wechselt das Thema.

Die zweite Liaison war ernsthafter. Aline war mit einem bedeutenden Physiker deutscher Herkunft verheiratet, Hans von Halban, der beim französischen Nuklearprogramm gearbeitet hatte, bevor er in Oxford lehrte. Sie war attraktiv, gebildet, wohlhabend und hatte eine Leidenschaft, so wie auch Isaiah, für die klassische Musik und das Gesellschaftsleben. Die enge Freundschaft, die sich aus dieser Wesensverwandtschaft ergab, entwickelte sich in eine »schuldhafte« Richtung. Als der Physiker davon Wind bekam, versuchte er Alines Ausflügen ein Ende zu setzen. Isaiah Berlin ging zu ihm nach Hause. Während die beiden (da bin ich mir sicher) eine Tasse Tee tranken, erörterten sie die Problematik. Unterdessen spazierte Aline durch den Garten und wartete auf das Ergebnis des Gesprächs. Die Logik des Philosophen war bestechend, und der Physiker beugte sich ihr. Beide traten hinaus, und zwischen den Rosenstöcken und Hortensien einhergehend, teilten sie Aline die getroffene Vereinbarung mit: Einmal pro Woche könne sie sich mit ihrem Geliebten treffen, das Plazet ihres Mannes habe sie. Und so scheinen die Dinge funktioniert zu haben, in freundschaftlicher dreiseitiger Eintracht, bis Hans von Halban nach Paris zurückkehren musste. Darauf beschlossen die Eheleute, sich scheiden zu lassen, und Isaiah und Aline konnten heiraten. Die Ehe war eine glückliche. In Aline fand Berlin mehr als eine Ehefrau: eine Komplizin, die seine Interessen und Vorlieben teilte und ihm bei der Arbeit half, die ihm das Leben mit einer Ungezwungenheit, wie sie ein Vermögen und die Erfahrung schenken, zu organisieren verstand und um ihn herum einen angenehmen und bestens aufgeteilten Raum schuf. Und in diesem Raum war Platz sowohl für das weltläufige Leben – die italienischen Sommer in Paraggi, die Festspiele in Salzburg, Pesaro, Glyndenbourne, die Abendessen und Ausflüge mit erlesenen Gästen – wie auch für die Stunden, die der Lektüre gewidmet waren und dem Verfassen seiner Aufsätze.

Der Igel und der Fuchs

In einem Versfragment des griechischen Dichters Archilochos heißt es: »Der Fuchs weiß viele Dinge, aber der Igel weiß eine große Sache.« Nach Isaiah Berlin lassen sich damit zwei Arten von Schriftstellern, Denkern, von Menschen überhaupt unterscheiden: zum einen jene, die eine zentrale, systematisierte Sicht auf das Leben haben, nach einem einzigen gestaltenden Prinzip, das allem, den historischen Ereignissen wie den kleinen individuellen Ereignissen, dem Einzelnen wie der Gesellschaft, eine Bedeutung verleiht und alles miteinander verbindet; und zum anderen solche, die eine sprunghafte und vielfältige Sicht auf die Wirklichkeit und die Menschen haben und das Existierende nicht in eine Erklärung oder eine kohärente Ordnung fassen, da sie die Welt als eine komplexe Vielfalt wahrnehmen, in der das Ganze, auch wenn bestimmte Ereignisse oder Phänomene Bedeutung und Kohärenz besitzen, unzusammenhängend ist, widersprüchlich, nicht greifbar. Erstere Sicht ist eine »zentripetale«, letztere eine »zentrifugale«. Dante, Platon,

Hegel, Dostojewski, Nietzsche, Proust waren nach Isaiah Berlin Igel. Und Füchse: Shakespeare, Aristoteles, Montaigne, Molière, Goethe, Balzac, Joyce.

Isaiah Berlin gehört ohne Zweifel zu den Füchsen. Nicht nur aufgrund seiner offenen, pluralistischen Auffassung vom Menschen, sondern weil es ihm auf höchst raffinierte Weise gelingt, seine großartigen Intuitionen und Entdeckungen von der Seite aus zu platzieren, wie einfache rhetorische Figuren, en passant eingestreut oder als vorübergehende Arbeitshypothese. Das Bild vom Igel und vom Fuchs erscheint zu Beginn seines meisterlichen Essays über Tolstois Geschichtsverständnis und die Ähnlichkeiten mit den Ansichten des ultramontanen Joseph de Maistre. Kaum formuliert, beeilt sich Isaiah Berlin, uns zu warnen vor den Gefahren einer jeden derartigen Klassifikation. Tatsächlich kann so etwas rasch künstlich wirken, gar absurd.

Seine Klassifikation aber ist alles andere als künstlich. Sie trifft den Nagel auf den Kopf und ist zum Verständnis zweier Haltungen gegenüber dem Leben genauso erhellend wie seine Unterscheidung zwischen »negativer« und »positiver« Freiheit zum Verständnis der Freiheitsproblematik. Es stimmt ja auch, dass es eine zentripetale Sicht gibt, eine Igelsicht, die explizit oder implizit alles, was ist und geschieht, auf einen wohlgefügten Kern von Ideen reduziert, eine Anschauung, durch die das Chaos des Lebens zu Ordnung wird und das Durcheinander der Dinge transparent. Sie beruht mal auf dem Glauben, so bei Augustin oder Thomas von Aquin, mal auf der Vernunft wie bei de Sade, Marx oder Freud, und jenseits aller Unterschiede in Form, Inhalt und Absicht der Autoren (und jenseits allen Talents) etabliert sie zwischen ihnen eine Verwandtschaft. Es ist vor allem eine totalisierende Sicht, sie bedient sich eines universalen Instruments, das an die Wurzel aller Erfahrungen geht, eines Schlüssels, mit dem sie sich erkennen und miteinander in

Verbindung bringen lassen. Dieses Instrument, dieser Schlüssel – die Gnade, das Unbewusste, die Sünde, die Produktionsverhältnisse, die Lust – ist zugleich die Grundstruktur, auf der das Leben aufbaut, der Rahmen, in dem die Menschen sich entwickeln, leiden oder ihre Freude haben, die Erklärung für das Wie und das Warum. Das Schicksal, das Zufällige, das Grundlose verschwindet aus der Welt, oder es bleibt, aus Sicht der Igel, verbannt in einen so untergeordneten Bereich, als gäbe es das alles gar nicht.

Im Unterschied zu den Igeln, bei denen das Allgemeine im Vordergrund steht, ist der Fuchs auf das Besondere gepolt. Für ihn gibt es letztlich kein Allgemeines: es gibt nur Sonderfälle, so viele und so in sich verschiedene, dass die Summe keine signifikante Einheit ergibt, vielmehr ein einziges wildes Gemenge, eine Flut von Widersprüchen. Shakespeare und Balzac, die Isaiah Berlin als Beispiel anführt, sind prototypisch. Im literarischen Werk beider wimmelt es von Individuen, die sich weder in ihren verborgenen Motiven noch in ihren öffentlichen Aktionen ähneln, sie stehen vielmehr für einen weiten Fächer von Verhaltensweisen und Moralvorstellungen, von menschlichen Möglichkeiten. Wer immer den Versuch unternimmt, aus diesen Welten »Konstanten« herauszufiltern und das Bild vom Menschen und seinem Leben in einer einzigen Interpretation zusammenzufassen, vermittelt eher den Eindruck eines verarmten Shakespeare oder Balzac, eines verratenen. Denn sie hatten nun mal nicht *eine* Sicht, sondern mehrere, widersprüchliche.

Ob offen oder verkappt, steckt in jedem Igel ein Fanatiker, in jedem Fuchs ein Skeptiker und Agnostiker. Wer glaubt, er habe für die Welt eine letzte Erklärung, kaserniert sich mit seiner Weigerung, andere zur Kenntnis zu nehmen, letztlich darin ein; und wer nicht in der Lage ist, eine andere Erklärung zu begreifen, zieht früher oder später die Existenz einer solchen überhaupt in Zweifel. Dank den Igeln wurden außerordentliche Taten vollbracht – Entdeckungen, Eroberungen, Revolutionen –, denn für solche Unternehmungen bedürfen ihre Akteure geradezu handgreiflich dieses Eifers und Heldenmuts, der sich in der Regel aus einer zentripetalen und finalistischen Sicht speist, einer Einstellung, wie wir sie von strenggläubigen Christen, Juden, Muslimen und Marxisten kennen. Dagegen hat sich dank den Füchsen die »Qualität« des Lebens verbessert, denn die Vorstellung von Toleranz und dem, was erlaubt ist, von Pluralismus, Respekt vor dem Gegner und von Freiheit ist für diejenigen leichter zu akzeptieren – und fürs Leben manchmal auch notwendiger –, die eine einzige, singuläre Ordnung anzunehmen nicht in der Lage sind und stillschweigend zugestehen, dass es mehrere und unterschiedliche gibt.

In manchen Bereichen behaupten sich ganz natürlich die Igel. In der Politik zum Beispiel, wo die klaren und kohärenten, umfassenden Erklärungen eines Problems die populäreren sind und, sobald es ans Regieren geht, auch die effizienteren, zumindest dem Anschein nach. In den Künsten, in der Literatur sind die Füchse zahlreicher, anders als in den Wissenschaften, da sind sie in der Minderheit.

An Tolstoi zeigt Isaiah Berlin nun, dass ein Igel und ein Fuchs in ein und derselben Person zusammenleben können. Denn in dem genialen Romancier des Persönlichen, dem begnadeten Schilderer der menschlichen Vielfalt und der protoplasmatischen Differenzierung von Einzelfällen, aus denen die alltägliche Wirklichkeit besteht; dem unerbittlichen Kritiker aller Abstraktionen, mit denen Historiker und Philosophen sich vornahmen, die Entwicklung des Menschen innerhalb eines rationalen Systems zu erklären: in diesem Fuchs Tolstoi schlummerte der brennende Wunsch nach einer einheitlichen, zentralen Weltanschauung. Und schließlich verfiel er ihr, zunächst mit seinem historischen Determinismus in *Krieg und Frieden*, vor allem aber mit seinem religiösen Prophetismus der letzten Jahre.

Tolstoi, denke ich, ist keine Ausnahme. Wir alle, die wir Füchse sind, beneiden die Igel. Für sie ist das Leben lebbarer. Das Auf und Ab des Daseins mag für beide gleich sein, aber Leiden und Sterben wird, aus welchem Grund auch immer, weniger schwer und unerträglich – manchmal sogar leicht –, wenn man sich im Besitz einer universellen und zentralen Wahrheit wähnt, als Teilchen im Inneren dieses Mechanismus, der das Leben ist und dessen Funktionsweise man zu kennen glaubt. Genauso aber ist die Existenz der Füchse eine ewige Herausforderung für die Igel, ein Sirenengesang, wie er schon Odysseus betörte. Denn selbst wenn ein Leben in Klarheit und Ordnung einfacher ist, ist es nun mal eine Eigenschaft des Menschen, dass er auf diese Einfachheit verzichtet und nicht selten auch den Schatten sucht, die Unordnung.

Helden unserer Zeit

Welchen Einfluss hat das Individuum auf die Geschichte? Sind die großen kollektiven Ereignisse und die Entwicklung der Menschheit das Ergebnis unpersönlicher Kräfte und gesellschaftlicher Mechanismen, in die einzugreifen dem Einzelnen nur schwer oder gar nicht möglich ist? Oder wird im Gegenteil alles Geschehen im Wesentlichen bestimmt von der Vision, dem Genie, der Fantasie und den Taten einiger Heldenfiguren, wie Carlyle behauptete? Auf diese Fragen will ein 1980 erschienener Band von Isaiah Berlin Antwort geben: *Personal Impressions (Persönliche Eindrücke)*.

Das Buch versammelt eine Reihe von Texten, die Berlin zwischen 1948 und 1980 schrieb, meist Elogen auf Politiker, Akademiker und Schriftsteller und bestimmt zum Vortrag bei Festakten an der Universität oder zur Veröffentlichung in Zeitungen. Es sind Gelegenheitstexte, zu manchen fühlte er sich auch einfach verpflichtet, doch in allen ist die klare Prosa, die Intelligenz, die umfassende Bildung und anregende Intuition seiner anspruchsvolleren Essays erkennbar. Das Ganze ergibt ein repräsentatives Bild von Zeitgenossen, die Berlin am meisten beeindruckt haben, die er für bewunderungs- und verehrungswürdig hielt, seine persönliche Galerie von Helden unserer Zeit.

Es ist eine kuriose, zuweilen unerwartete Gesellschaft, in der sich zu Berühmtheiten wie Churchill und Pasternak auch unbekannte Bücherwürmer aus Oxford gesellen, und nach dem ersten Eindruck, den man als Leser mitnimmt, trifft auf Isaiah Berlin zu, was ihm zufolge Einstein dachte, eines seiner Vorbilder: Wenn man schon Menschen huldigen muss, sollten es auch die sein, die sich mit ihrem Intellekt auf dem Gebiet der Kultur hervorgetan haben, nicht als Eroberer auf dem Feld der Macht.

Der abstrakten, kollektivistischen Sicht des Positivismus und des Sozialismus zieht Berlin die individualistische, romantische vor, wenn auch, so wie immer, abgemildert, nuanciert, denn jede strikt einseitige Position ist für ihn undenkbar. Er bestreitet nicht die Existenz objektiver Kräfte in den gesellschaftlichen Prozessen. Doch seine Texte über Churchill, Roosevelt und Chaim Weizmann lassen keinen Zweifel daran, dass der Einfluss von Individuen – Anführern, Regierenden, Ideologen – auf die Historie für ihn fundamental und entscheidend ist. Und dass er daran glaubt, dass sie diese objektiven Kräfte in den Hintergrund drängen können, indem sie, wie oftmals geschehen, einem ganzen Volk eine Richtung geben, das Verhalten der Menschen und ihre Ziele prägen, ihnen die Energie, den Willen oder den Opfergeist einflößen, mit denen sich eine bestimmte Sache verteidigen oder eine bestimmte Politik verwirklichen lässt. Der großartige, lange Zeit einsame britische Widerstand gegen den Nationalsozialismus wäre in dieser Form nicht möglich gewesen ohne Winston Churchill. Auch der New Deal, dieses soziale Experiment einer staatlichen Interventionspolitik in den USA, wäre nicht derselbe gewesen ohne Franklin D. Roosevelt; so wenig, wie der moderne Zionismus und die Gründung des Staates Israel auf die bekannte Weise Eingang in die Historie gefunden hätten ohne Chaim Weizmann. Als klares Beispiel jüngeren Datums lässt sich hier Nelson Mandela nennen und seine Rolle bei der friedlichen Lösung des Konflikts in Südafrika.

Isaiah Berlin weiß natürlich um all die Verzerrungen dieses Konzepts vom »Helden« als Angelpunkt der Geschichte, um die Demagogie, die zuweilen damit einhergeht, angefangen bei Carlyles einschlägigem Buch bis hin zur Rechtfertigung des unumschränkten, sein Volk personifizierenden Herrschers à la Hitler, Franco, Mussolini, Mao, Fidel und was immer unsere Zeit an kleinen Halbgöttern hervorgebracht hat. Und so betont der überzeugte Antitotalitäre, der er war, in seinen Elogen auf die drei genannten »Helden«, dass seine Bewunderung vor allem der Tatsache geschuldet ist, dass sie – als große Männer der Geschichte und ausgestattet mit einer außerordentlichen Fähigkeit, auf die Mitbürger Einfluss auszuüben und Veränderungen in der Gesellschaft anzustoßen – stets innerhalb eines demokratischen Rahmens gehandelt haben, dass sie die Gesetze achteten, tolerant waren gegenüber der Kritik und ihren Gegnern und sich dem Urteil der Wähler fügten. Gerade die Achtung vor dem Gesetz und die Liebe zur Freiheit schafft für Berlin über alle doktrinären Differenzen hinweg eine Verbindung zwischen dem Konservativen Churchill, dem Demokraten Roosevelt und dem Liberalen Weizmann.

Doch wird die Geschichte nicht nur von Politikern gemacht, sie besteht auch nicht allein aus objektiven Tatsachen. In Isaiah Berlins bürgerlichem Pantheon stehen an prominenter Stelle die Wissbegierigen, die Denker, die Lehrenden. All jene also, die Ideen hervorbringen, kritisieren oder verbreiten. Genau wie in seinen anderen Büchern kommt auch hier die Überzeugung zum Ausdruck, dass die Ideen die treibende Kraft sind, der Hintergrund, in den sich das gesellschaftliche Geschehen einschreibt, die Schlüssel zum Verständnis der äußeren Wirklichkeit und zu dieser Tür, hinter der sich das Innerste des Menschen erforschen lässt. Und so gilt seine Begeisterung rückhaltlos jenen, die wie Einstein unser Wissen von der physikalischen Welt erneuert oder wie Aldous Huxley und Maurice Bowra oder Anna Achmatowa und Boris Pasternak den Geist ihrer Zeit bereichert haben, indem sie die etablierten Werte hinterfragten und sich unerforschten Themen zuwandten oder Werke schufen, deren überwältigende Schönheit und Tiefe die Mitmenschen zugleich erhellte.

In dem überzeugten Rationalisten Isaiah Berlin steckte auch ein Moralist. Zwar sagt er es nicht mit diesen Worten, aber aus seinen Lobreden geht hervor, dass es für ihn schwer bis unmöglich war, die künstlerische und intellektuelle Größe eines Menschen losgelöst von seiner ethischen Geradlinigkeit zu betrachten. Alle Personen, die in diesen respektvollen Texten an einem vorbeiziehen, tragen in zweierlei Hinsicht – intellektuell und moralisch – ein positives Signum; manchmal hat man gar den Eindruck, für Berlin sei beides ein und dasselbe. Zwar zeichnen sich einige seiner beispielhaften Menschen, so etwa der Historiker L. B. Namier, durch eine schwierige, bisweilen unerträgliche Psyche aus, doch auf dem Grund ihrer Persönlichkeit ist ihnen allen eine Redlichkeit der Gefühle zu eigen, Großzügigkeit, Anstand, Lauterkeit in den Absichten. Isaiah Berlin ist darin so überzeugend, dass man bei der Lektüre am liebsten glauben möchte, Talent und Tugend gehörten immer zusammen. Aber ist das so?

Der Magus aus dem Norden

Isaiah Berlin war ein Demokrat und ein Liberaler, einer dieser seltenen toleranten Intellektuellen, die anzuerkennen imstande sind, dass ihre eigenen Überzeugungen falsch und die der ideologischen Gegner richtig sind. Den besten Beweis für diesen offenen und sensiblen Geist, der die Ideen immer an der Wirklichkeit überprüfte, gab er, indem er sich in seinen Studien weniger den Denkern und Bewegungen zuwandte, die der Kultur der Freiheit nahestanden, als vielmehr ihren erbittertsten Feinden, Karl Marx und dem Kommunismus etwa, denen er einen Großteil der Untersuchungen in seinem Buch *The Sense of Reality (Wirklichkeitssinn)* widmete, oder Joseph de Maistre, diesem ultrareaktionären Vorläufer des Faschismus, über den er einen seiner leuchtendsten Essays schrieb. Wissen und Erkenntnis waren seine Leidenschaft, und ehe er sich daranmachte, diejenigen zu widerlegen, die beförderten, was er verabscheute – Autoritarismus, Rassismus, Dogmatismus und Gewalt –, wollte er sie verstehen, wollte herausfinden, wie und warum sie dazu gekommen waren, sich mit einer Causa oder einer Doktrin zu identifizieren, die nur noch mehr Unrecht, Barbarei und Leid über die Welt brachte.

Ein Beispiel hierfür ist *The Magus of the North. J. G. Hamann* *and the Origins of Modern Irrationalism** (1993), eine Sammlung von Notizen, Essays und Entwürfen, die Berlin nicht in ein organisches Buch zu integrieren vermochte, zusammengestellt und mit einem Vorwort versehen von Henry Hardy.

Außergewöhnlich an diesen Texten, die Berlin dem theologisch-philosophischen Autor Johann Georg Hamann (1730-1788) aus Königsberg widmete, einem erbitterten Gegner der Aufklärung und fiebrigen Wortführer des Irrationalismus, ist die Tatsache, dass dieser unverbesserliche Reaktionär hier zu einer sympathischen und in vielerlei Hinsicht sogar modernen Gestalt wird. Hamanns Verteidigung des Irrationalen – Leidenschaften, Triebe, Abgründe der Persönlichkeit – als integraler Bestandteil des Menschlichen kann man nur unterschreiben, ebenso den Gedanken, dass jedes ausschließlich rationale und abstrakte philosophische System eine Verstümmelung der Wirklichkeit und des Lebens ist. Und seine gewagten Theorien, zum Beispiel über die Sexualität und die Sprache, lassen in gewisser Weise bereits radikale libertäre und anarchische Positionen wie die eines Michel Foucault erahnen. Prophetisch ist auch seine Klage, dass die Philosophie der Zukunft, sollte sie den eingeschlagenen Weg weiterbeschreiten, in einem undurchdringlichen Obskurantismus enden würde, einer Maske der Leere und des Nichts, für gewöhnliche Leser außerhalb jeder Reichweite.

Wo es dann aufhört mit den Gemeinsamkeiten, ist an diesem Scheideweg, an dem Gott erscheint. Hamann ordnet ihm alles Existierende unter, für den ostpreußischen Mystiker ist er zugleich Rechtfertigung und die einzige, letztgültige Erklärung

* Isaiah Berlin, *Der Magus in Norden. J. G. Hamann und der Ursprung des modernen Irrationalismus*, hrsg. von Henry Hardy, aus dem Englischen von Jens Hagestedt, Berlin Verlag, Berlin 1995.

der Geschichte der Gesellschaft und des individuellen Schicksals. Seine Absage an die Verallgemeinerungen und das Abstrakte und seine Verteidigung des Partikularen und Konkreten machten ihn zu einem Wortführer des Individualismus und einem Erzfeind des Kollektivs als identitätsstiftender sozialer Kategorie. In diesem Sinne war er, so Berlin, zum einen ein Vorläufer der Romantik und von dem, was zwei Jahrhunderte später der Existenzialismus sein sollte (zumal in der katholischen Version eines Gabriel Marcel), zum anderen aber auch einer der Begründer des Nationalismus und sogar, wie Joseph de Maistre, des Faschismus.

Hamann, geboren in Königsberg als Sohn eines Baders und Wundarztes, wuchs in einer im Pietismus verwurzelten Familie auf, in einem lutherischen Milieu, in dem man der Buchgelehrsamkeit und dem Intellektualismus misstraute. Trotzdem war er ein gieriger Leser und schaffte es auf die Universität, wo er sich in einem etwas extravaganten Spektrum bildete, in Geschichte, Geografie, Mathematik, Hebräisch, Theologie, während er zugleich auf eigene Faust Französisch lernte und Gedichte schrieb. Seinen Lebensunterhalt verdiente er sich zunächst als Lehrer, und eine Zeit lang schienen ihn die Ideen aus dem Frankreich Voltaires und Montesquieus zu verlocken. Doch nicht viel später, während eines Aufenthalts in London – die Motive für diese 1757 angetretene Reise blieben rätselhaft, es mögen kaufmännische oder politische Gründe gewesen sein – und nach Monaten der Ausschweifung, die ihn finanziell ruinierten, hatte er ein Erweckungserlebnis, das sein Leben verändern sollte.

Es geschah im Jahr 1758. Versunken im Elend, abgeschieden von der Welt, vergrub er sich in das Studium der Bibel, wie ein wahrer Schüler Luthers, so Berlin, fest davon überzeugt, »dass es über dem Buchstaben, der das Fleisch sei, noch eine unsterbliche Seele« gebe, »ein Licht, das zu sehen man aber Augen haben müsse«. Aus dieser Erfahrung ging er verwandelt hervor, und er war nun ein einsamer, streitsüchtiger Konservativer und Reaktionär, der in polemischen Pamphleten, die sich Schlag auf Schlag aneinanderreihten, bei der kleinsten sich bietenden Gelegenheit die Manifestationen der Moderne kritisierte: in der Wissenschaft, den Sitten, der Politik, der Philosophie, vor allem in der Religion. Er war, und das mit glühendem Eifer, zum lutherischen Protestantismus seiner Kindheit zurückgekehrt. Mit seinem unzugänglichen Charakter machte er sich allenthalben Gegner und Feinde. Oft auch unter Menschen, die ihn respektierten und ihm helfen wollten, so etwa Kant, der ihn las und der versuchte, ihm eine Stelle zu verschaffen. Kant nannte er »einen netten kleinen Homunculus«, mit dem sich, obwohl offenkundig blind für die Wahrheit, angenehm plaudern lasse. Für Herder, der ihn offen bewunderte und sich als sein Schüler betrachtete, hatte er nicht die geringste Wertschätzung übrig. Es ist also nicht verwunderlich, dass er sein Leben lang nahezu unbekannt blieb, nur von wenigen gelesen, und dass er mit seinen eher unerheblichen verwalterischen Beschäftigungen, mit denen er sich über Wasser hielt, ein recht bescheidenes Dasein fristete.

Nach seinem Tod war der »Magus in Norden«, wie Hamann sich selbst nannte, bald auch von dem kleinen Kreis der Kenner seiner Werke vergessen. Isaiah Berlin fragt sich, was von Hamanns Ansichten heute wert wäre, wiederbelebt zu werden. Die Antwort findet sich im besten Kapitel seines Buchs: »Der zentrale Kern«. Das wahrlich Originelle an Hamann ist für Berlin seine Auffassung von der Natur des Menschen, und die widersprach ganz und gar der optimistischen und rationalen Vorstellung, wie sie die französischen Enzyklopädisten und Philosophen der Aufklärung beförderten. Der Mensch ist eine göttliche und demnach einzigartige, souveräne Schöpfung, die nicht in einem Gemeinwesen aufgehen kann, wie es all jene gern hätten, die sich Theorien (für Hamann Fiktionen) zur Geschichte in ihrem Lauf ausdenken, hin zu einer Zukunft des Fortschritts, in der die Wissenschaft das Unwissen hinter sich lassen und alle Ungerechtigkeiten abschaffen würde. Die Menschen sind verschieden, ihre Schicksale nicht minder, und ihr größter Quell der Weisheit ist nicht die Vernunft und auch nicht die wissenschaftliche Erkenntnis, es sind vielmehr die Erfahrungen, ist die Summe alles Erlebten. In diesem Sinne schien ihm das offizielle Christentum des achtzehnten Jahrhunderts nichts als »Heidentum« zu sein, ferner von Gott als die »Diebe, Bettler und Kriminellen, Vagabunden und Straßenräuber«, diese »Freischärler des Lebens«, die mit ihrer gewagten Existenz der göttlichen Transzendenz oftmals auf sehr viel tiefere und direktere Weise nahekämen.

Hamann war Puritaner, im Sexuellen aber beförderte er Ideen, die seine Zeitgenossen empörten. Warum schämt man sich der großartigen Geschlechtsorgane?, fragt er sich. Der Versuch, die sexuellen Leidenschaften zu domestizieren, heißt für ihn, Spontaneität und Genie zu schwächen, deshalb müsse, wer sich wirklich kennenlernen wolle, alles erforschen, müsse gar tief ins Orgiastische, zu Bacchus und Ceres, hinabsteigen. Doch derselbe Hamann, der sich auf diesem Gebiet so offen zeigte, verfocht zugleich, dass die Gewährleistung der Ordnung in einer Gesellschaft nur möglich sei durch eine vertikale und absolute Autorität, die das Individuum, die Familie und die Religion als unantastbare Institutionen schütze.

Weise, diskret und liberal

Im Unterschied zu Frankreich, das seine großen Denker und Schriftsteller zu Medienfiguren und populären Ikonen macht, versteckt England sie, hält sie im Schatten, als würden ihre geistigen und künstlerischen Errungenschaften, ins Licht der Öffentlichkeit gerückt und dem Werberummel unterworfen, sogleich verarmen. Man kann aus diesem gegensätzlichen Umgang mit den heiligen Monstern des Wissens und des kreativen Schaffens seine Schlüsse ziehen zum Elitären in der britischen Kultur und den demokratischen Gepflogenheiten in Frankreich. Genauer gesagt: zum kulturellen Snobismus, wie er spätestens seit dem achtzehnten Jahrhundert das Wasserzeichen des französischen gesellschaftlichen Lebens ist, und, gleichsam als Gegenstück, zum antikulturalistischen Snobismus, wie er seit jeher die englischen Verhältnisse prägt.

Wie auch immer: Wäre die Familie Berlin nicht nach Großbritannien ins Exil gegangen, sondern nach Paris, hätte man Isaiah Berlin, als er 1997 mit achtundachtzig Jahren starb, mit allem Pomp beigesetzt, und ein Feuerwerk von Nachrufen hätte seinen Tod begleitet, nicht anders als bei Sartre oder Foucault. In seiner Wahlheimat dagegen wurde Sir Isaiah Berlin mit derselben Diskretion begraben, die auch das klösterliche Ambiente von Oxford auszeichnet, jener Universität, der er sein ganzes Leben gewidmet hatte.

Dass dieser bemerkenswerte Denker und Essayist außerhalb der englischsprachigen Welt kaum gelesen wurde, daran war Berlins krankhafte Bescheidenheit nicht ganz unschuldig. Ich habe keinen anderen derart talentierten Schriftsteller kennengelernt, der so sehr den Eindruck vermittelte, frei von all diesen Eitelkeiten zu sein, die seinesgleichen plagen, und ganz im

Ernst zu glauben, seine philosophischen und ideengeschichtlichen Arbeiten seien bloße Gelegenheitsbeiträge, ohne größere Relevanz. Aber auch die geheimnistuerische Manie der englischen Hochschulen, aus den Katakomben nicht herauszukommen, trug ihren Teil dazu bei. Dennoch war in diesem bescheidenen und gutmütigen Professor mit der prominenten Nase und der leuchtenden Glatze eine ungeheure Weisheit. Und so ungezwungen, wie er sich in einem Dutzend Sprachen bewegte – vom Russischen über das Deutsche, das Englische und die wichtigsten romanischen Sprachen bis hin zum Hebräischen –, so breitgefächert waren auch die Disziplinen und Wissenschaften, denen er sich unbefangen zuwandte, ob Philosophie, Geschichte, Literatur, Physik oder Musik.

Aber er war nicht nur weise und bescheiden, sondern auch ein großer Liberaler. Das macht uns natürlich stolz: uns, die wir glauben, dass die liberale Lehre für die demokratische Kultur schlechthin steht – für Toleranz, Pluralismus, die Menschenrechte, für individuelle Souveränität und Legalität –, dass sie die Fahne der Zivilisation hochhält. Dabei lag Isaiah Berlin innerhalb der verschiedenen Denkrichtungen, die der Begriff »liberal« umfasst, ganz und gar nicht auf einer Linie mit jenen, die wie Friedrich von Hayek oder Ludwig von Mises im freien Markt den Garanten für den Fortschritt sahen – nicht nur den wirtschaftlichen, sondern auch den politischen und kulturellen –, in einem System, das besser als andere dazu in der Lage sei, die nahezu unendliche Vielfalt von Erwartungen und Ambitionen der Menschen miteinander in Einklang zu bringen, und das in einer Ordnung, die die Freiheit sicherstelle. Isaiah Berlin hatte immer seine sozialdemokratischen Zweifel an einem solchen Laissez-faire-Liberalismus, und noch wenige Wochen vor seinem Tod betonte er es in einem wunderbaren Interview – einer Art Testament –, das er Steven Lukes gab.

Dabei sagte er noch einmal, wie sehr ihn eine uneingeschränkte wirtschaftliche Freiheit bedrücke, die Kinder in die Kohlegruben geschickt habe.

Isaiah Berlins Liberalismus bestand vor allem in der Ausübung der Toleranz, im ständigen Bemühen um Verständnis für den ideologischen Gegner, dessen Gründe und Argumente er nachvollziehen und begreiflich machen wollte. Er tat es auf eine solch skrupulöse Weise, dass es seine Kollegen aus der Fassung brachte: Wie konnte ein so unbestechlicher Anhänger des demokratischen Systems wie er, der jede Form von Kollektivismus ablehnte, ein derart unparteiisches Buch über Marx schreiben? Aber es war möglich, genauso wie die Tatsache, dass dieser große Feind der Intoleranz den besten modernen Aufsatz über Joseph de Maistre und die Ursprünge des Faschismus schrieb. Und dass seine Ablehnung jeglichen Nationalismus für ihn kein Hindernis war, vielmehr ein guter Grund, sich mit geradezu liebevollem Eifer dem ehrwürdigen Herder zuzuwenden, diesem Markstein der regionalistischen, antiuniversalistischen Sicht auf die Geschichte der Menschheit.

Die Erklärung war sehr einfach, und sie zeichnet ein Bild von Isaiah Berlin in seiner ganzen Größe. Denn wie er in einem Brief schrieb, wollte er nicht die Verbündeten lesen, die ihm nur bestätigten, was er bereits wusste oder glaubte. Viel lieber las er die Kritiker, Skeptiker, Feinde, die die eigene Position auf die Probe stellten. Er wollte wissen, was an seinen Ideen schwach oder falsch war. Es war für ihn viel lehrreicher und ein Ansporn, frühere Ansichten zu überdenken. Wer Isaiah Berlins Werk kennt, weiß, dass das keineswegs eine Pose war. Indem er sein Denken an dem seiner Gegner maß, verfeinerte und bereicherte er es ständig.

Wenn er sich in seiner reichen intellektuellen Tätigkeit auf Artikel und Essays, Vorträge und Rezensionen konzentrierte und die großen Synthesen mied, die ehrgeizigen, organischen Arbeiten, die einen langen Atem erfordern, dann nicht, wie Ignatieff betont, weil seine breitgefächerten Interessen oder vielfältigen Verpflichtungen dem entgegenstanden, im Gegenteil. Genau wie Borges fühlte er sich berufen zur Kürze, zum kleineren Format, zum kleinen Genre, für anderes war kein Platz. Wie zum Beweis dafür, dass seine Kritiker sich irrten, die ihm vorwarfen, kein Werk mit einem größeren thematischen Horizont in Angriff genommen zu haben, beschloss Berlin in den Achtzigerjahren, seine Vorträge von 1965 über die Wurzeln der Romantik – posthum veröffentlicht unter dem Titel *The Roots of Romanticism (Die Wurzeln der Romantik)* – zu erweitern, und monatelang arbeitete er zielstrebig in der British Library und füllte Hunderte von Karteikarten. Doch am Ende gab er auf: Solch umfangreiche Projekte waren nichts für ihn. Ihm fehlte der Ehrgeiz, der maßlose Glaube an sich selbst, diese Prise Obsession und Fanatismus, ohne die es Meisterwerke nun mal nicht gibt. Der knappe Aufsatz passte besser zu seinem bescheidenen Wesen, zur skeptischen Betrachtung seiner selbst, zum fehlenden Anspruch, als Genie oder weiser Mann zu gelten, auch zu der Überzeugung, dass das, was er geschrieben hatte, gering war in diesem sprühenden Feuerwerk des universalen Denkens.

Natürlich stimmte das nicht. Denn dieser geborene Essayist – darin vergleichbar einem anderen großen Liberalen: José Ortega y Gasset – hat in seinen relativ kurzen Texten, in denen er sich interpretierend und wiederlesend den großen Philosophen, Historikern und Schriftstellern des antiken und modernen Europa zuwandte, ein für die Kultur unserer Zeit und für das liberale Denken außerordentliches Werk hinterlassen. Und unter den Liberalen war er, neben Ortega y Gasset, auch derjenige, der die beste Prosa schrieb. Berlins Stil ist so transparent und anmutig wie der von Stendhal – seinerseits ein vielseitiger Autor, der seine Texte nicht schrieb, sondern diktierte –, und oft geben der Reichtum und die Bewegtheit seiner Gedanken, all die Zitate und Beispiele, die Lebendigkeit und Eleganz in der Argumentation seinen Schriften eine romanhafte Qualität von ansteckender Menschlichkeit.

Von den Autoren, die ich in den letzten dreißig Jahren gelesen habe, hat Isaiah Berlin mich mit am meisten beeindruckt. Seine philosophischen, historischen und politischen Ansichten waren für mich immer erhellend, ich konnte sie unterschreiben. Und dennoch, auch wenn in jüngerer Zeit vielleicht nur wenige so tief durchdrungen haben, was das Leben ist – das Leben des Individuums in der Gesellschaft, die Gesellschaften im Lauf der Zeit und was die Ideen für die tägliche Erfahrung bedeuten –, dennoch gibt es, denke ich, eine menschliche Dimension, die in seiner Sicht nicht oder nur verstohlen zum Vorschein kommt: diese Dimension, die niemand so gut wie Georges Bataille beschrieben hat. Es ist die Welt der Unvernunft, die unterschwellig wirkt und die Vernunft zuweilen trübt und auslöscht, die Welt des Unbewussten, das in einer kaum wahrnehmbaren und nie wirklich nachzuweisenden Dosis das Bewusstsein prägt, lenkt und auch schon mal versklavt; die Welt dieser dunklen Triebe, die auf unerwarteten Wegen plötzlich hervortauchen, um mit den Ideen zu konkurrieren, sie auch mal als Triebfeder zu ersetzen und das, was wir diesen Ideen verdanken, zu zerstören.

Tatsächlich ist nichts weiter entfernt von diesem lichten und klaren, heiteren, harmonischen, gesunden Bild, das Isaiah Berlin vom Menschen hatte, als das düstere und wirre, glühende, kranke Bild, wie wir es von Bataille kennen. Trotzdem kann ich mich des Verdachts nicht erwehren, dass das Leben wohl etwas ist, was in all seiner machtvollen Ungereimtheit diese beiden

Antipoden in einer einzigen Wahrheit miteinander verbindet und vereint.

Zweimal in meinem Leben habe ich Isaiah Berlin getroffen. Das erste Mal, ich erzählte es bereits, in den Achtzigerjahren bei einem Abendessen im Haus des Historikers Hugh Thomas, mit der Premierministerin Margaret Thatcher als Stargast. Das zweite Mal 1992 in Sevilla, auf einem Kongress anlässlich des fünfhundertsten Jahrestages der Entdeckung Amerikas. Die Leute überhäuften ihn mit Komplimenten, und er nahm sie errötend entgegen. Ich hatte eine Reihe von Artikeln über ihn geschrieben, zusammengefasst später als Vorwort für die spanische Ausgabe von *Der Igel und der Fuchs*, und darin war ich so tapsig gewesen, seinen Geburtsort von Lettland nach Litauen zu verlegen. »Nicht so schlimm«, sprang er mir mit seiner Gutmütigkeit bei, »als ich geboren wurde, war das ja alles Russland.« Danke, Meister.

Jean-François Revel
1924-2006

Wenn wir dem jüngeren Frankreich auf dem Gebiet der Ideen etwas Wertvolles verdanken, dann nicht die Strukturalisten, die Dekonstruktivisten oder die um Auffälligkeit bemühten, aber wenig konsistenten »neuen Philosophen«. Das Prädikat gebührt vielmehr einem Journalisten und politischen Essayisten: Jean-François Revel. Seine so besonnenen wie ikonoklastischen, originellen wie bissigen Artikel und Bücher waren erfrischend neben all den Stereotypen, Vorurteilen und konditionierenden Maßnahmen, unter denen die politische Debatte erstickte. Mit seiner Unabhängigkeit und seiner Fähigkeit, wahrzunehmen, wann die Theorie nicht länger dem Leben folgt und es zu verraten beginnt; mit seinem Mut, den intellektuellen Moden zu trotzen, und seinem systematischen Eintreten für die Freiheit, wo immer sie bedroht oder entstellt wird, erinnert Revel an einen Albert Camus oder George Orwell in erneuertem Gewand. Wie bei ihnen war sein Kampf ein oft unverstandener und einsamer.

Vergleichbar dem Autor von *1984* zielte Revels härteste Kritik, auch wenn er einen nicht geringen Teil seines Lebens Sozialist war, auf die Linke, und von dieser Seite wurde er auch am heftigsten attackiert. In der Politik ist die Feindschaft unter den nächsten Verwandten nun mal am größten. Aber wenn sich im intellektuellen Milieu jemand den heute so abgewirtschafteten Titel »fortschrittlich« verdient hatte, dann er, denn immer ging es ihm darum, die Klischees und geistigen Routinen aufzubrechen, die die jeweilige politische Avantgarde daran hinderten, die sozialen Probleme zu verstehen und radikale, aber auch praktikable Lösungen vorzuschlagen. Um dieser Aufgabe gerecht zu werden, entschied sich Revel – so wie Orwell in den Dreißigerjahren – für eine relativ einfache Haltung, auch wenn die herrschende Mode dagegensprach: zurück zu den Tatsachen, das Gelebte vor dem Gedachten. Die Gültigkeit einer politischen Theorie an der konkreten Erfahrung zu messen ist mittlerweile allerdings revolutionär, denn sehr viel verbreiteter und zweifellos auch der Klotz am Bein der Linken ist die gegenteilige Haltung: das Wesen der Fakten von der Theorie her zu bestimmen, bis die Fakten so weit verbogen sind, dass sie mit der Theorie übereinstimmen. Es gibt aber nichts Absurderes, als zu glauben, die Wahrheit sickere von den Ideen hinab ins menschliche Handeln, so als wäre nicht das Handeln der Rohstoff, der die Ideen mit Wahrheit versieht. Im Ergebnis heißt das nur, dass man beides voneinander scheidet, und genau das war zu Revels Zeiten (vor allem in den Ländern der sogenannten Dritten Welt) das Charakteristikum der linken Ideologien, die vor allem durch ihre grandiose Realitätsferne hervorstachen.

Revel interessierten die Tatsachen mehr als die Theorien, und nie hatte er die geringste Hemmung, einer Theorie entgegenzutreten, wenn er fand, sie gehe an den Fakten vorbei. Dabei muss die politische Entfremdung schon sehr tief sein, wenn jemand, der bei seinen Überlegungen zur Gesellschaft den gesunden Menschenverstand ins Feld führt – denn nichts anderes tut, wer Ideen ein ums andere Mal an der konkreten Erfahrung misst –, als geistiger Sprengmeister gilt.

Wozu Philosophen?

Geboren wurde Revel 1924 in Marseille, und er erfüllte alle Voraussetzungen für eine brillante akademische Laufbahn in Frankreich: École normale supérieure, Diplom in Philosophie, während der deutschen Besetzung aktiv in der Résistance; Französischlehrer in Mexiko und Florenz, wo er Spanisch und Italienisch lernte, zwei der fünf Sprachen, die er fließend beherrschte. Seiner offiziellen Biografie zufolge war sein erstes Buch der Essay *Pourquoi des philosophes?* (1957), tatsächlich aber hatte er zuvor bereits einen Roman veröffentlicht, *Histoire de Flore*, den er mit seinem ausgeprägten Sinn für Selbstkritik nie wieder neu auflegen ließ. Der Essay jedenfalls, fünf Jahre später fortgesetzt mit *La cabale des dévots* (1962), offenbarte der Welt einen großartigen Pamphletisten nach Art eines Voltaire – gebildet und kampfeslustig, ironisch, lapidar –, dessen Gedankenreichtum und Widerspruchsgeist in einer geschliffenen und auch mal hitzigen Prosa zur Entfaltung kam. Mehr als ein halbes Jahrhundert nach Erscheinen atmen diese Texte noch ihre Wildheit, vielleicht sogar noch stärker, denn einige der Figuren, an denen Revel sein Mütchen kühlte – Heidegger, Jacques Lacan, Claude Lévi-Strauss –, wurden später zu Fixsternen am intellektuellen Himmel.

Wie er später selber sagen sollte, war *Pourquoi des philosophes?* sein stürmischer Abschied von der Philosophie. Und von der französischen Universität und seinen geisteswissenschaftlichen Professoren, auf die er sich ebenfalls einschoss, denn in seinen Augen hinkte man dort den Universitäten in den Vereinigten Staaten und in Deutschland weit hinterher, erstarrt in Vetternwirtschaft und einer abgestandenen, immer unverständlicheren Rhetorik. Das Buch katapultierte Revel hinaus aus der akademischen Welt, in der er womöglich vor sich hin gedämmert hätte, weitab von jeder Aktualität, und machte ihn zu dem außergewöhnlichen politischen Journalisten und Denker, den wir kennen. Seine Artikel und Essays waren, ebenso wie die von Raymond Aron, ein Beispiel an Hellsicht in dieser zweiten Hälfte des zwanzigsten Jahrhunderts, das in Frankreich geprägt war von einer nahezu unangefochtenen Dominanz des Marxismus und seiner Spielarten, einer Ideologie, der sich sowohl Aron als auch Revel im Namen der demokratischen Kultur entgegenstellten. Niemand hat die beiden ersetzt, und ohne sie sind die französischen Zeitungen und Magazine, könnte man meinen, ein einziger Hort des Kleinmuts.

Das Wort Pamphlet hat heute einen unschönen Beiklang, man denkt an einen eher grobgestrickten Text, unbeholfen und beleidigend. Im achtzehnten Jahrhundert aber war das Genre ein überaus anspruchsvolles, kreatives, die berühmtesten Intellektuellen übten sich darin, um ihre Differenzen zu erörtern. Und so gehörte zu Revels zahllosen Aktivitäten eben auch, dass er in dem nonkonformistischen Verlag von Jean-Jacques Pauvert die großartige Reihe »Libertés« herausgab, in der Pamphlete von Diderot, Voltaire, Hume, Rousseau, Zola, Marx, Breton und vielen anderen erschienen. Eine Tradition, in die sich auch nicht wenige seiner eigenen Bücher einschreiben, angefangen mit *Pourquoi des philosophes?*, dieser Abrechnung mit den Denkern seiner Zeit wie auch mit der Philosophie selbst. Denn die werde, so Revel, nicht nur durch die wissenschaftlichen Erkenntnisse, sondern auch durch die mangelnde geistige Flughöhe und Originalität der modernen Philosophen, ihren ganzen Obskurantismus immer unverständlicher. Revel wusste, wovon er sprach, er kannte sich aus mit den griechischen Klassikern, was seiner 1994 erschienenen *Histoire de la philosophie occidentale (Geschichte der westlichen Philosophie)* unschwer anzumerken ist. Darin stellt er immer wieder das, was »Philosophieren« im Griechenland von Platon und Aristoteles oder im Europa von Leibniz, Descartes, Pascal, Kant und Hegel bedeutete, dem gegenwärtigen Spezialistentum gegenüber, verbannt nicht selten in die Linguistik, die dieses Geschäft längst gekapert hat.

In seinem Buch gegen die zeitgenössischen Philosophen hagelt es aber nicht nur Kritik, es gibt auch Lob. Für Sartre zum Beispiel, für *Das Sein und das Nichts*, in Revels Augen eine tiefe Reflexion von spekulativer Kühnheit. Und für Freud, den er mit aller Macht verteidigt, vor allem gegen manche Psychoanalytiker wie Jacques Lacan, der Freuds Ideen grotesk durcheinanderbringe und ihn nur benutze, um sich selbst ein Monument zu errichten. Ungerecht dagegen ist, wie er mit Claude Lévi-Strauss verfährt, dessen Buch *Die elementaren Strukturen der Verwandtschaft* Revel erörtert und den er beschuldigt, ein guter Psychologe zu sein, soziologisch gesehen aber nichts zur Erkenntnis über den primitiven Menschen beizutragen habe. Eine Behauptung, die er ausweitet auf sämtliche von Lévi-Strauss' Untersuchungen über fremde Kulturen. Sein Argument: Indem er die Analyse auf eine Beschreibung der primitiven Mentalität verkürze und sich auf die psychologische Dimension konzentriere, habe er es verabsäumt, das gesellschaftlich Bedeutendste zu untersuchen: warum die Institutionen einer traditionellen Gesellschaft eine bestimmte Ausprägung hatten, warum sie sich so sehr voneinander unterschieden und welche Bedürfnisse von den Ritualen, Glaubensvorstellungen und Institutionen einer jeden Gemeinschaft befriedigt wurden. Als Revel seinen Essay schrieb, deutete sich Lévi-Strauss' Werk gerade erst an, und er hätte den großen Anthropologen vielleicht anders bewertet, wenn er einen umfassenderen Überblick gehabt hätte.

Anlässlich einer Neuauflage von *Pourquoi des philosophes?*

schrieb Revel 1971 ein ausführliches Vorwort, in dem er zurückblickte auf die Entwicklung des französischen Geisteslebens in den vorangegangenen Jahren. Er revidierte nichts von dem 1957 Geschriebenen, im Gegenteil, er erkannte im gerade angesagten Strukturalismus die gleichen Unzulänglichkeiten und Hochstapeleien, die er schon im Existenzialismus aufgespießt hatte. Seine Kritik richtet sich gegen Althusser, mehr noch aber gegen Foucault, der – sehr en vogue seit der Veröffentlichung von *Die Ordnung der Dinge* – erklärt hatte, Sartre sei »ein Philosoph des neunzehnten Jahrhunderts«, und sich zu der Behauptung verstieg, die Geisteswissenschaften gebe es nicht, auch werde der Mensch, eine Erfindung jüngeren Datums, schon bald verschwinden. Es war der Hit in den Bistros von Saint-Germain. (Bald sollte Foucault Polizisten mit Steinen bewerfen und die Existenz von Aids leugnen.)

In seinem Vorwort wies Revel darauf hin, dass die Philosophie sich von den Moden so weit ins Künstliche und Esoterische hineinziehen lasse, dass es schon einem Selbstmord gleichkomme, angefangen mit dem Feuer, das die neuen Philosophen an den Humanismus legten. Was seinen sarkastischen Humor jedoch am meisten anstachelte, war die seltsame Allianz zwischen dem politischen Snobismus – will heißen: dem Marxismus oder, noch schlimmer, dem Maoismus – und den geschraubten Spekulationen jener »Theorien«, die den Literaten einer strukturalistischen Strömung derart locker aus der Feder flossen, dass am Ende so viele Bereiche und Genres davon durchdrungen waren, dass kein Mensch mehr verstand, worum es überhaupt ging. In dem Punkt räumte *Tel Quel* sämtliche Preise ab, die Zeitschrift, deren Schutzgeist, der feinsinnige Roland Barthes, bei seiner Antrittsvorlesung am Collège de France erklären sollte, dass die Sprache »ganz einfach faschistisch« sei. Bei der Analyse eines Sonderhefts von *Tel Quel* nimmt Revel sich die Schüler von Barthes und Derrida zur Brust, die sich einbildeten, die literarischen Theorien und sprachlichen Experimente ihrer Lehrer seien dem Proletariat hilfreich bei ihrer dereinst siegreichen Schlacht gegen die Bourgeoisie. Diese Zeilen sind so amüsant wie vernichtend.

So deutlich Revel seine Kritik an den Philosophenkollegen formulierte, so konsequent war ihm daran gelegen, in seinen eigenen Texten intellektuelle Strenge mit Klarheit im Ausdruck zu verbinden. In dem Punkt ging er noch weiter als Raymond Aron, sein Freund und Meister, von dem er die Verantwortung übernahm, über die liberalen Ideen im Land zu wachen – zumal in einem historischen Moment, als »das Opium der Intellektuellen« (wie Aron den Marxismus nannte) die französischen Denker in seinen Bann geschlagen hatte. Alle Bücher, die Revel schrieb, ohne eine einzige Ausnahme, sind einem halbwegs gebildeten Publikum zugänglich, auch wenn es in einigen um recht komplexe Sachverhalte geht, um theologische Lehren etwa, kontrovers diskutierte philologische und ästhetische Themen, wissenschaftliche Entdeckungen und Theorien zur Kunst. Doch nie verfiel er in einen Spezialistenjargon und verwechselte auch nicht Dunkelheit mit Tiefe. Er war immer klar, ohne jemals oberflächlich zu sein. Das allein ist schon ein Verdienst, umso mehr, als es der Grundton seiner Artikel für jene Magazine war, in denen er im Laufe eines halben Jahrhunderts Woche für Woche das Zeitgeschehen kommentierte: *France-Observateur, L'Express* (er selbst war lange Zeit Herausgeber) und *Le Point*.

Sozialist und Liberaler

Um ihn herabzuwürdigen, bezeichneten seine Gegner ihn oft als Konservativen. Aber das war er nie. In seiner Jugend engagierte er sich für den Sozialismus, weshalb er auch 1959, in seinem Essay *Le style du Général* (Der Stil des Generals), in aller Schärfe die Fünfte Republik unter General de Gaulle kritisierte, und noch 1968 schoss er in einem unbarmherzigen Offenen Brief an die Rechte *(Lettre ouverte à la droite)* gegen das reaktionäre Frankreich; im Jahr zuvor hatte er für die Partei von François Mitterrand bei den Parlamentswahlen kandidiert. Sein Leben lang war er ein atheistischer und antiklerikaler Republikaner, ein strenger Kritiker des dogmatischen Geists aller Kirchen und insbesondere der katholischen, ein Verteidiger des Laizismus und des Rationalismus, dieses Erbes des Jahrhunderts der Aufklärung. Hierzu schlug er sich sehr klug und humorvoll in einem 1997 erschienenen, nicht unpolemischen Buch, das er zusammen mit seinem Sohn Matthieu veröffentlichte, seines Zeichens buddhistischer Mönch und Übersetzer des Dalai Lama: *Le moine et le philosophe (Der Mönch und der Philosoph)*. Im Spektrum des Liberalismus war Revel immer auf der Seite, die dem Anarchismus am nächsten kam, ohne ihm je zu verfallen, wofür seine Memoiren eine Kostprobe bieten: »Familie habe ich immer verabscheut, sowohl die Familie, in die ich geboren wurde, als auch die Familien, die ich gegründet habe.«

Die totalitäre Versuchung

Revels Welt war die Polemik. Für einen echten Aufruhr sorgte 1976 *La tentation totalitaire (Die totalitäre Versuchung)*, ein Essay, in dem er mit Belegen, die aller Welt zugänglich waren, die zu bedenken sich die Welt nur nicht die Mühe gemacht hatte, zu einer unerwarteten Schlussfolgerung gelangte: dass das größte Hindernis für den Sieg des Sozialismus auf dem Erdball nicht der Kapitalismus sei, sondern der Kommunismus. Ein überzeugendes, anregendes Buch, denn bei aller schonungslosen Kritik an den kommunistischen Ländern und Parteien hatte es nichts von einer reaktionären Schrift oder von Zukunftsverweigerung. Im Gegenteil, es war ein einziges Ringen darum, dem weltweiten Kampf für Freiheit und Gerechtigkeit eine neue Richtung zu weisen, einem Kampf, der vom Weg abgekommen war und seine Ziele vergessen hatte, mehr aus einer inneren Schwäche der Linken, als weil der Gegner mächtiger und geschickter gewesen wäre.

Seine besten Momente hatte Revel, wenn er sich einem Geschäft hingab, dem man masochistische Züge nicht absprechen kann: der Selbstkritik. Es war eine Kritik der Defekte und Krankheiten, die sich die Linke bis zur geistigen Verknöcherung leistete, dazu gehörte ihre Faszination für die Diktatur, die Blindheit vor den Wurzeln des Totalitarismus, der Minderwertigkeitskomplex gegenüber der Kommunistischen Partei und die Unfähigkeit, sozialistische Projekte zu formulieren, die sich vom stalinistischen Modell unterschieden.

Trotz allen Pessimismus, der aus manchen Zeilen sprach, sandte Revel eine konstruktive Botschaft. Denn er stellte den Reformismus als den kürzeren, gangbareren Weg zum Erreichen der revolutionären gesellschaftlichen Ziele dar und brach eine Lanze für die Sozialdemokratie, ein System, das in der Praxis bewiesen habe, wie sich sozioökonomische Gerechtigkeit und politische Demokratie gleichzeitig auf den Weg bringen ließen. Im Peru der Siebzigerjahre tat uns die Lektüre dieses Buchs gut, gerade in dieser Zeit bekamen wir nämlich einige der Übel, die er anprangerte, am eigenen Leib zu spüren. Das diktatorische Regime des Generals Velasco Alvarado hatte 1974 die Tagespresse verstaatlicht und so den kritischen Stimmen im Land die Bühne entzogen. Die traditionelle Linke aber feierte ihn als einen Progressiven und Kämpfer für die Gerechtigkeit. Es war die Zeit, als die ins politische Exil getriebenen Anhänger anderer Parteien sich daran gehindert sahen, ihren Fall vor das in Rom tagende Russell-Tribunal über Menschenrechtsverletzungen in Lateinamerika zu bringen, da ihre Situation, ließen die Organisatoren wissen, nicht vergleichbar sei mit der Lage der Opfer von Diktaturen wie in Chile und Argentinien: War die peruanische Militärdiktatur etwa keine »fortschrittliche«?

Kein Jesus und kein Marx

In Revel steckte aber nicht nur ein Sozialdemokrat und ein Liberaler, sondern auch, gleichsam als Korrektiv, ein Libertärer, sehr schön abzulesen an seinem 1970 erschienenen, so frechen wie unterhaltsamen Buch *Ni Marx ni Jésus (Uns hilft kein Jesus und kein Marx)*. Darin machte er mit anschaulichen Beispielen deutlich, dass überall, wo in jüngerer Zeit die Gesellschaft und die Intellektuellen aufbegehrten, dies gerade abseits der linken Parteien geschah und erst recht nicht in den sozialistischen Ländern, vielmehr in den Hochburgen des Kapitalismus: in den USA und in Großbritannien. Die Revolution, in den »revolutionären« Nationen und Parteien längst der Sklerose anheimgefallen, sie lebt, so Revel, und dafür verantwortlich sind Bewegungen wie die jener jungen Menschen, die in den industrialisierten Ländern gerade solche Institutionen von Grund auf infrage stellen, die man für unantastbar hielt – Familie, Geld, Macht, Moral –, befeuert noch vom politischen Erwachen der Frauen und der kulturellen und sexuellen Minderheiten, die für ihre Rechte kämpfen und ebendeshalb an den jahrhundertealten Festen der Gesellschaft rütteln.

Auch beim Thema Information kamen Revels Analysen immer gerade recht, etwa als er befand, dass die große Schlacht am Ende des zwanzigsten Jahrhunderts, von der der Ausgang aller anderen abhänge, die Schlacht gegen die Zensur sei. Wo die Freiheit, sich in einer Gesellschaft oder Institution frei zu äußern, aufhört, da beginnt alles zu zerfallen, davon war er fest überzeugt. Denn dann verschwindet nicht nur die Kritik, ohne die jedes System und jede gesellschaftliche Ordnung erschlafft und verkommt; die Menschen verinnerlichen eine solche Deformation auch – reine Überlebensstrategie –, und in der Folge nehmen sämtliche Aktivitäten (die rein technischen vielleicht ausgenommen) ebenfalls Schaden. Für Revel erklärt sich die weltweite Krise der Linken letztlich genau daraus: dass sie sich der Ausübung der Freiheit begeben hat, nicht nur, weil der äußere Gegner sie unterdrückt, sondern weil man sich die selbstmörderische Überzeugung zu eigen gemacht hat, auf dem Weg zum Ziel sei sie bloß hinderlich. Aber jede Macht, so Revel, ist oder wird zu rechter Gewalt. Zu einer linken kann sie nur werden durch Kontrolle über die Macht. Und ohne Freiheit keine Kontrolle.

So enden die Demokratien

Das Buch, das Jean-François Revel nach *Die totalitäre Versuchung* das größte Ansehen in der Welt verschaffte, war 1983 *Comment les démocraties finissent (So enden die Demokratien).* Ich habe es auf einem Journalistenkongress im kolumbianischen Cartagena in den Pausen gelesen. Um nicht unterbrochen zu werden, flüchtete ich mich an den Hotelstrand und setzte mich unter ein paar Sonnensegel, die dem Ganzen einen beduinischen Touch verliehen. Einmal sagte jemand zu mir: »Sie lesen diese moderne Kassandra?« Es war ein Professor von der Universität Stanford, der das Buch kurz zuvor gelesen hatte. »Ich war so deprimiert«, sagte er weiter, »dass ich eine Woche lang Albträume hatte. Aber stimmt schon, man kann es nicht aus der Hand legen.«

Nein, kann man nicht. Und wie zu meiner Schulzeit, als ich im Matheunterricht Jules Verne und Salgari las, hielt ich während eines großen Teils der Kongressveranstaltungen das Buch unter Vortragskopien verborgen und vertiefte mich in Revels Argumentationen. Auch auf dem endlosen Transatlantikflug, der mich nach London brachte, las ich noch weiter. Als das Flugzeug dann landete, war ich am Schluss angelangt. Es war ein sonniger Morgen, und die englische Landschaft zwischen Heathrow und der Stadt leuchtete grüner und zivilisierter denn je. Nach England zu kommen war für mich (bis zum Brexit) immer verbunden mit einem Gefühl von Frieden und Vertrauen, von einem Leben, das zu leben sich lohnte; einem Gefühl, dass ich den Fuß in eine Welt setzte, in der trotz aller Probleme und Krisen ein Fundament der Harmonie und Solidarität dafür sorgte, dass die Institutionen funktionierten und Begriffe wie »Achtung vor dem Gesetz«, »individuelle Freiheit«,

»Menschenrechte« Substanz und Sinn hatten. Aber war das alles dazu verurteilt, in absehbarer Zukunft zu verschwinden? Sollte das England von morgen dieses Reich der Lüge und des Schreckens sein, das Orwell in *1984* beschrieb?

Nach der Lektüre von *So enden die Demokratien* will es einem scheinen, dass dieses »kurze Zwischenspiel« – vorbehaltlich eines ebenso radikalen wie unwahrscheinlichen Wandels in den liberalen Ländern – bald zu Ende sein wird; dass es vorbei sein wird mit dieser zufälligen Erscheinung, die die Demokratie für die Menschheit gewesen sein wird, und dass die wenigen Gesellschaften, die ihre Früchte kosten durften, wieder eins werden mit denen, die aus dem schändlichen, die Menschen seit Urzeiten begleitenden Despotismus niemals herausfanden.

Eine moderne Kassandra? Ganz in der Tradition der Polemiker und Ikonoklasten, für die die Enzyklopädisten standen, schrieb Revel auch in diesem Buch elegant, argumentierte solide und mit einer wachen Neugier für das Geschehen in der Welt. Überraschend war für mich trotzdem, wie fundiert er sich auf Lateinamerika bezog, wie gut dokumentiert die Beispiele waren, die er zu Venezuela, Peru, die Dominikanische Republik, Kuba und El Salvador anführte. Heterodox waren alle Bücher von Revel, aber *So enden die Demokratien* bestach nicht nur durch seine Überzeugungskraft, durch die Ironie und die scharfen Analysen, es strahlte auch etwas aus, was die anderen nicht hatten: einen erstaunlichen Pessimismus.

Die Grundthese des Buches war, dass der sowjetische Kommunismus den Krieg gegen den demokratischen Westen praktisch gewonnen hatte, indem er ihn psychologisch und moralisch zerstörte, gleichsam durch Einschleusung schädlicher Bakterien, die ihn erst lähmten und dann seine Zersetzung beschleunigten, als wäre er eine überreife Frucht. Die Verantwortung für diesen Prozess aber lag für Revel bei den Demokratien selbst, denn aus Apathie, Leichtfertigkeit, Feigheit oder Blindheit spielten sie auf unverantwortliche Weise dem Gegner in die Hände und leiteten so den eigenen Zusammenbruch ein.

Revel kartografierte die beeindruckende Ausweitung der sowjetischen Herrschaft in Europa, Asien, Afrika und Lateinamerika und was er für unumkehrbar an dieser Entwicklung hielt. Sobald ein Land in ihren Einflussbereich gerät, schrieb er, nehmen die westlichen Länder es als endgültig und unabwendbar hin, ohne die Meinung der betroffenen Bewohner auch nur im Geringsten zu berücksichtigen. Oder hätte zu Beginn der Achtzigerjahre jemand in Washington oder London davon zu sprechen gewagt, Polen zu »befreien«? Man hätte ihn als Fossil abgetan, als ewig Gestrigen, der es mit seinen Provokationen gegen die UdSSR darauf anlege, einen Nuklearkrieg heraufzubeschwören. Moskau dagegen kannte solche Skrupel nicht. Die sowjetische Politik, Ländern dabei zu helfen, sich vom Kapitalismus »zu befreien«, war in sich stimmig, auf Dauer angelegt und durch keinerlei innere Opposition gestört. Die Taktiken waren vielfältig: direkte Intervention wie beim Einmarsch in Afghanistan; indirekte über kubanische Streitkräfte oder ostdeutsche Militärhilfe wie in Angola und Äthiopien; militärische, ökonomische und propagandistische Unterstützung wie in Vietnam und in jenen Ländern, in denen es eine Guerilla und Terrorbewegungen gab, die unabhängig von ihrer jeweiligen ideologischen Linie in die globale Strategie der UdSSR passten.

Nach dem Zweiten Weltkrieg waren die westlichen Länder der Sowjetunion militärisch haushoch überlegen. In den Achtzigerjahren war es dann umgekehrt. Die sowjetische Übermacht zeigte sich in fast allen Bereichen, auch im atomaren. Diese gewaltige Aufrüstung war im Inneren nicht auf das kleinste Hindernis gestoßen, die Bürger der UdSSR hatten gar keine richtige Vorstellung von dem, was da passierte. Im Westen dagegen hatte die Friedensbewegung – gegen Atomwaffen, für einseitige Abrüstung – beträchtlich zugelegt, und manch große demokratische Partei ließ sich davon anstecken, Labour in England zum Beispiel, in Deutschland die Sozialdemokraten.

In seinen Ausführungen bezog sich Revel auf die Diplomatie, die Politik, die Kultur und den Journalismus. Am schärfsten aber urteilte er in den Passagen, in denen er beschrieb, wie effizient die UdSSR ihre Desinformationsschlacht im Westen führte. Ein Beweis dafür, dass sie ihn gewann, so Revel, waren die Hunderttausende von Demokraten, die in nordamerikanischen, englischen, französischen, skandinavischen Städten auf die Straße gingen, um gegen die »Yankee-Intervention« in El Salvador zu protestieren – wo es fünfzig US-Berater gab. Nie wäre es ihnen in den Sinn gekommen, ihre Stimme auf dieselbe Weise gegen die hundertdreißigtausend sowjetischen Soldaten in Afghanistan oder die dreißigtausend Kubaner in Angola zu erheben.

Glaubt im Westen noch jemand, dass die Demokratie zu etwas gut ist?, fragte er sich. So wie die eingesessenen Intellektuellen, politischen Führer, Gewerkschaften und Presseorgane das eigene System kritisierten, erweckte es den Anschein, als hätten sie die von den Systemfeinden formulierte Kritik längst verinnerlicht. Wie sonst ließ sich der betrügerische Gebrauch von Begriffen wie »Kalter Krieg« erklären, stets geknüpft an den Westen – obwohl die UdSSR schon militärisch überlegen war –, oder »Kolonialismus«, »Neokolonialismus«, Wörter, die einen Sinn offenbar nur erhielten, wenn man sie mit den westlichen Ländern in Verbindung brachte, niemals mit der UdSSR? Dabei schienen Begriffe wie »Befreiung«, »Antikolonialismus«, »Internationalismus« im Unterbewusstsein des Westens unauslöschlich verbunden mit dem Sozialismus und dem, wofür Moskau stand.

Das von Revel aufgeworfene Problem war im Grunde unlösbar. Die einzige Art und Weise, wie die Demokratie die Gefahr hätte bannen können, wäre gleichbedeutend gewesen mit der Aufgabe dessen, was sie gegenüber einem totalitären System auszeichnet: Recht auf Kritik, Kontrolle der Macht, Pluralismus, eine offene Gesellschaft. Und da es in ihr nun mal Pressefreiheit, politische Auseinandersetzung, Wahlen und Protest gibt, können ihre Feinde sie auch mit Leichtigkeit »infiltrieren«, Informationen manipulieren, Intellektuelle und Politiker instrumentalisieren. Andererseits gewinnen, wenn eine Demokratie zur Vermeidung dieses Risikos die Macht und die Kontrollsysteme stärkt, ihre Feinde ebenfalls, denn dann haben sich ihre Methoden durchgesetzt.

Gab es also keine Hoffnung? Sollten wir, meine Generation, die ganze Welt vereint sehen in einer raketen- und computergestützten Barbarei? Zum Glück ist es nicht so gekommen. Aus zwei Gründen, die Revel, wie mir scheint, nicht ausreichend bedacht hat. Zum einen aufgrund der wirtschaftlichen, wissenschaftlichen und technologischen Überlegenheit der westlichen Demokratien. Und dieser Vorteil trat, bei aller sowjetischen Militärmacht, umso klarer hervor, als in der UdSSR die Zensur das akademische Leben weiterhin gängelte und die bürokratische Planung weiterhin die Landwirtschaft und die Industrie erstickte. Zum anderen war das sowjetische Imperium längst in Auflösung begriffen. Wer damals die Dissidenten las oder die Manifeste der polnischen Arbeiter, stellte fest, dass sich hinter dem Eisernen Vorhang trotz Unterdrückung und aller Risiken immer lebhafter diese Liebe zur Freiheit regte, die unter den Bürgern der freien Länder niemanden mehr hinter dem Ofen hervorzulocken schien.

Die Herrschaft der Lüge

Nach dem Tod von Jean-Paul Sartre und Raymond Aron übernahm in Frankreich Jean-François Revel die intellektuelle Führungsrolle, moralisch hoch aufgeladen, wie es typisch ist für die französische Institution des »Mandarinats«. Da sein Öffentlichkeitsdrang eher gering ausgeprägt war, sein Argwohn gegenüber allem geistigen Budenzauber dafür umso größer, stelle ich mir vor, wie unbehaglich ihm in einem solch schwierigen Moment zumute gewesen sein muss. Aber er konnte es nicht verhindern, denn seine Gedanken und seine Prophezeiungen, seine Stellungnahmen und kritischen Anmerkungen hatten aus ihm einen *maître à penser* gemacht, einen Vordenker, der in der politisch-kulturellen Debatte die Themen setzt und über den die Leute sich, ob aufgrund ihrer Nähe oder ihrer Ablehnung, ethisch und ideologisch definieren. Ohne den »Mandarin« käme uns das intellektuelle Leben in Frankreich entkernt vor, gestaltlos, wie ein Chaos, das darauf wartet, dass sich etwas herauskristallisiert.

Jedes neue Buch von Revel provozierte Polemiken, die über die Welt des Fachpublikums hinausgingen, denn seine Essays rührten an einen wunden Punkt und erhoben entschieden Einspruch gegen die Totems der jeweiligen Moden und Vorurteile. Als 1988 *La connaissance inutile (Die Herrschaft der Lüge)* erschien, geriet es gleich in den Strudel von Kontroversen und Schmähungen, derart schonungslos waren seine Analysen, außerdem kamen einige »Unberührbare« des Kulturbetriebs darin nicht unbeschädigt weg. Doch das Anekdotische war das eine, viel wichtiger war, dass das Buch von Tausenden von Lesern auf der ganzen Welt gelesen und verstanden wurde, und tatsächlich ist es eins jener Werke, die aufgrund ihrer gedanklichen Tiefe, ihres moralischen Mutes und ehrgeizigen Ziels einer ganzen Epoche zum Ansporn werden.

Die These, die Revel hier entwickelt, ist folgende: Nicht die Wahrheit, sondern die Lüge ist die Kraft, die die moderne Gesellschaft antreibt. Eine Gesellschaft, die mehr als jede andere auf dem langen Weg der Zivilisierung dank Wissenschaft und Technik Information im Überfluss besitzt, was ihr in allen Lebensbereichen rationale und erfolgreiche Entscheidungen ermöglichen sollte. Dem ist aber nicht so. Denn der außerordentliche Zuwachs an Information und Erkenntnis, zugänglich für alle, die die Mühe nicht scheuen, sich diese zunutze zu machen, hat nicht verhindert, dass ausgerechnet diejenigen, die das Leben der Menschen organisieren und der Gesellschaft eine Richtung geben, nach wie vor dieselben Fehler begehen und dieselben Katastrophen auslösen. Warum? Weil ihre Entscheidungen weiterhin vom Vorurteil diktiert werden, von der Leidenschaft, vom Instinkt, mehr jedenfalls als von der Vernunft. Nicht anders als in den Zeiten, die wir (mit einer ordentlichen Portion Zynismus) immer noch »barbarisch« nennen.

Revels Plädoyer richtete sich hauptsächlich gegen die Intellektuellen in den entwickelten Ländern des Westens. Der schlimmste und auch gefährlichste Gegner der liberalen Gesellschaft ist für Revel nun mal nicht der äußere Feind – die totalitären Regime im Osten und die »progressiven« Satrapenstaaten in der Dritten Welt –, sondern diese gewaltige Melange aus Bedenkenträgern und Verweigerern im Inneren, aus denen sich die »Intelligenzija« der freien Länder zusammensetzt. Und deren vornehmliche Motivation scheint der Hass auf die Freiheit zu sein, wie sie in den demokratischen Gesellschaften verstanden und gelebt wird.

Gramscis Beitrag zum Marxismus bestand vor allem darin, der Intelligenzija die historische und soziale Funktion zuzuschreiben, die in den Texten von Marx und Lenin noch allein der Arbeiterklasse zukam. Doch in den marxistischen Gesellschaften, wo die intellektuelle Klasse – wie im Übrigen auch die Arbeiterklasse – nur mehr ein Instrument der Elite oder Nomenklatura war, die die Macht zum eigenen Vorteil an sich gerissen hatte, hatte diese Funktion ausgedient. Bei der Lektüre von Revels Essay drängte sich der Gedanke auf, dass Gramscis These von der Rolle des »Intellektuellen« als Modelleur und Wegweiser der Kultur ihre sinistre Bestätigung nur in jenen Gesellschaften erhielt, die Karl Popper »offen« nannte. Ich sage »sinistre«, weil dies, so Revel, bedeutete, dass die freien Gesellschaften die ideologische Schlacht gegen die totalitäre Welt verloren hatten und in nicht allzu ferner Zukunft womöglich auch die andere verlieren würden, die Schlacht, die sie ihres kostbarsten Guts beraubte: der Freiheit.

Derart knapp zusammengefasst, erscheint Revels These reichlich übertrieben. Doch wer damals in die brodelnden Wasser von *Die Herrschaft der Lüge* eintauchte, ein Buch, in dem schwungvolle Prosa, schneidende Intelligenz, enzyklopädische Dokumentation und funkensprühender, sarkastischer Humor so ineinandergreifen, dass die Lektüre zu einer hypnotischen Erfahrung wird; wer sich einließ auf die konkreten Belege, auf die Revel sich stützte, dem musste es kalt über den Rücken laufen. Waren *das* die maßgeblichen Exponenten der Kunst, der Wissenschaft, der Religion, des Journalismus, des Bildungswesens in der sogenannten *freien* Welt?

Revel zeigte auf, wie der Drang, die eigenen Regierungen zu diskreditieren und zu beschädigen – vor allem wenn es »rechte« Regierungen waren wie unter Reagan, Thatcher, Kohl oder Chirac –, die großen westlichen Medien dazu brachte, Informationen zu manipulieren und offensichtlichen politischen Lügen auch mal ein Mäntelchen umzuhängen, der gute Ruf war ihnen dabei hilfreich. Besonders systematisch, so Revel, betrieb man die Desinformation zu den als »progressiv« eingestuften Ländern der Dritten Welt. Das dort herrschende endemische Elend, der politische Obskurantismus, das institutionelle Chaos und die brutale Repression wurden rein aus Prinzip – ein Glaubensakt, der jeder objektiven Kenntnis vorausgeht und sich dieser verschließt – perfiden Machenschaften der westlichen Mächte zugeschrieben oder all denen, die in diesen Ländern der Dritten Welt das demokratische Modell verteidigten und gegen Kollektivismus, Einheitsparteien und staatliche Kontrolle von Wirtschaft und Information ankämpften.

Die Beispiele, die Revel brachte, waren zum Gruseln, denn die Medien, mit denen er sein Plädoyer illustrierte, schienen die freiesten und am besten gemachten der Welt zu sein: die *New York Times*, *Le Monde*, der *Guardian*, der *Spiegel* et cetera, US-Sender wie CBS oder das staatliche französische Fernsehen. Wenn diese Organe, die über alle nur erdenklichen professionellen Mittel verfügten, um die Wahrheit zu überprüfen und zu verbreiten, diese aus ideologischer Voreingenommenheit oftmals verbargen oder verzerrt darstellten, was konnte man dann erwarten von den klar auf Linie gebrachten Medien – in Ländern mit Zensur zum Beispiel – oder von Medien, die in materieller und intellektueller Hinsicht unter Bedingungen arbeiteten, die sehr viel prekärer waren? Wer in einem unterentwickelten Land lebt, weiß sehr gut, was das bedeutet: In der Praxis verflüchtigen sich die Grenzen zwischen Information und Fiktion – Wahrheit und Lüge –, und es ist unmöglich, objektiv zu erfahren, was ringsum geschieht.

In den beunruhigendsten Passagen beschreibt Revel, wie der ideologische Überschwang in der Wissenschaft dazu führt, dass man die Wahrheit mit derselben Skrupellosigkeit verfälscht wie im Journalismus. Die Art etwa, wie die Wahrheit über Aids verbogen wurde, um das Pentagon für das Virus verantwortlich zu machen (eine geniale PR-Aktion, die sich im Nachhinein als vom KGB angezettelt herausstellen sollte), war ein Beweis dafür, dass es buchstäblich kein Bollwerk des Wissens gibt – nicht einmal in den exakten Wissenschaften –, in das die Ideologie mit ihrer manipulativen Macht nicht eindringen könnte, um einer sachdienlichen Lüge zum Sieg zu verhelfen.

Für Revel gab es keinen Zweifel. Würde diese liberale Gesellschaft, die die menschlichsten oder zumindest am wenigsten unmenschlichen Formen des Daseins in der gesamten Geschichte geschaffen und so die Schlacht der Zivilisation de facto gewonnen hatte, auseinanderfallen und die Handvoll Länder, die sich Werte wie Freiheit, Toleranz, Rationalität und Legalität auf ihre Fahnen schrieben, wieder in einem Meer von politischer Despotie und materieller Armut, von Brutalität, Obskurantismus und Selbstherrlichkeit versinken, dann trüge die Hauptverantwortung die liberale Gesellschaft selbst, weil sie, und an erster Stelle ihre kulturelle und politische Avantgarde, dem totalitären Sirenengesang verfallen wäre und die freien Bürger diesen Selbstmord ohne einen Mucks hingenommen hätten.

Nicht jeder Lug und Trug, den Revel in *Die Herrschaft der Lüge* anprangerte, war politischer Natur. Manches betraf auch den kulturellen Bereich und seine innere Degeneration. Hatten nicht viele von uns nichtspezialisierten Lesern in diesen Jahrzehnten bei der Lektüre von angesagten Geistesgrößen wie Lacan, Althusser, Teilhard de Chardin oder Jacques Derrida den Verdacht, betrogen zu werden, umsponnen von einer ausgeklügelten Rhetorik, die mit ihrer Hermetik nur die Banalität und Leere kaschierte? Manche Disziplinen – die Linguistik, die Philosophie, Literatur- und Kunstkritik – scheinen besonders gut gerüstet zu sein, um dem Betrug Vorschub zu leisten, und so wird das prätentiöse Geschwätz irgendeines Parvenüs zur trendigen Wissenschaft. Um dieser Art von Täuschung entgegenzutreten, muss man nicht nur den Mut aufbringen, gegen den Strom zu schwimmen, es bedarf auch einer glaubwürdigen, viele Wissensgebiete umfassenden Kultur. Die wahre Tradition des Humanismus, für die Revel stand, ist die einzige, die ihre Beschädigung verhindern oder abmildern kann; denn all diese Verkrüppelungen – Mangel an Wissenschaft, Pseudoerkenntnisse, das Blendwerk, das sich als kreatives Denken ausgibt – sind eindeutige Symptome ihres Niedergangs.

In dem Kapitel, das bezeichnenderweise mit »Das Scheitern der Kultur« überschrieben ist, fasste Revel seine Analyse folgendermaßen zusammen: »Das große Unglück des 20. Jahrhunderts wird sein, jenes gewesen zu sein, in dem das Ideal der Freiheit in den Dienst der Tyrannei gestellt wurde, das Ideal der Gleichheit in den Dienst der Privilegien, und alles Sehnen, alle sozialen Kräfte, die ursprünglich unter dem Vokabel ›links‹ verstanden wurden, in den Dienst der Verarmung und der Unterjochung. Dieser ungeheure Schwindel hat ein ganzes Jahrhundert verfälscht, teilweise durch den Fehler einiger seiner größten Intellektuellen. Er hat die politische Sprache und die politische Aktion bis ins kleinste Detail verfälscht, die Moral umgedreht und die Lüge in den Mittelpunkt der Gedanken gerückt.«*

Revels Buch las ich mit einer Begeisterung, wie ich sie bei der Lektüre eines Romans oder Essays schon lange nicht mehr verspürt hatte. Ich bewunderte das Talent und den Intellekt des Autors, seine Zivilcourage, teilte aber auch viele seiner Befürch-

* Jean-François Revel, *Die Herrschaft der Lüge. Wie Medien und Politiker die Öffentlichkeit manipulieren*, aus dem Französischen von Heidi Dumreicher, Paul Zsolnay Verlag, Wien 1991, S. 349.

tungen und war mit ihm wütend auf all die – oft hoch angesehenen – Intellektuellen und ihre Verantwortlichkeit für die politischen Katastrophen unserer Zeit: Gewalt und Armut, wie sie mit dem Mord an der Freiheit immer einhergehen.

Wenn »der Verrat der Intellektuellen« in den entwickelten Demokratien Ausmaße angenommen hatte, wie Revel es schilderte, was sollte man dann sagen zu den armen und bildungsfernen Ländern, wo das Gesellschaftsmodell noch heute ein Fragezeichen ist? Die fixesten Verbündeten sind da gleich zur Stelle, die feigsten Komplizen und die schändlichsten Propagandisten der Feinde der Freiheit, was bei uns manchmal so weit geht, dass schon der Begriff »Intellektueller« einen erbarmungswürdigen, karikaturesken Anstrich erhält. Noch dazu ist in den unterentwickelten Ländern »der Verrat der Intellektuellen« meist nicht Folge einer ideologischen Wahl, sondern purer Opportunismus, denn »progressiv« zu sein ist die einzige Möglichkeit, im Kulturbetrieb aufzusteigen – das akademisch-künstlerische Establishment ist nun mal fast immer links – oder einfach voranzukommen (mit dem Gewinn von Preisen, dem Erhalt von Einladungen, einem Stipendium der Guggenheim Foundation, warum nicht). Es ist weder Zufall noch eine perverse Laune der Geschichte, dass in Lateinamerika die erbittertsten »antiimperialistischen« Intellektuellen in der Regel als Professoren an einer US-amerikanischen Universität enden.

Und dennoch, trotz allem bin ich, wenn es um die Zukunft der offenen Gesellschaft und der Freiheit in der Welt geht, weniger pessimistisch als Jean-François Revel in seinem Buch. Mein Optimismus stützt sich auf die Gramsci entgegenstehende Überzeugung, dass es nicht die Intelligenzija ist, die die Geschichte macht. Im Allgemeinen sind die Leute – diese Frauen und Männer ohne Gesicht und ohne Namen, »das gemeine Volk«, wie Montaigne sie nannte – nämlich besser als die meisten ihrer Intellektuellen: vernünftiger, pragmatischer, demokratischer und liberaler, wo immer es gilt, über gesellschaftliche und politische Dinge zu entscheiden. Die Reflexe des Menschen ohne Eigenschaften sind, sobald es um die Art von Gesellschaft geht, in der er leben möchte, meist rational und angemessen. Wäre dem nicht so, gäbe es in Lateinamerika nicht so viele zivile Regierungen wie heute, und man hätte in den letzten Jahrzehnten nicht so viele Diktaturen gestürzt. Auch würden sich, trotz Wirtschaftskrisen und politischer Gewalt, nicht so viele Demokratien halten. Der Vorteil der Demokratie ist, dass sich hier die Ansichten des »gemeinen Volks« früher oder später gegenüber den Meinungen der Eliten durchsetzen. Und so kann ihr Beispiel nach und nach das Umfeld anstecken und die Lage verbessern. Zeichnete sich nicht zur selben Zeit, als *Die Herrschaft der Lüge* erschien, mit der Perestroika und den ersten Anzeichen einer Öffnung in der Zitadelle des Totalitarismus genau das ab?

Es war jedenfalls nicht alles verloren für die offenen Gesellschaften, solange es dort Intellektuelle gab, die so denken und Bücher schreiben konnten wie Jean-François Revel.

Terrorismus und Demokratie

1987 erschien mit *Le terrorisme contre la démocratie* (Der Terrorismus gegen die Demokratie) ein Band, in dem Revel Artikel aus dem vergangenen Jahrzehnt versammelte. Tatsächlich ging es in allen um Anschläge, Entführungen, Morde und Geiselnahmen in verschiedenen europäischen Ländern, ausgeführt von extremistischen Kleingruppen, von denen man nicht vermutet hätte, dass sie miteinander in Verbindung standen. Auch hielt man sie, trotz der Opfer und allen Leids, für ein marginales Phänomen. Es ist interessant, mit einigem Abstand zu lesen, mit welcher Heftigkeit Revel in diesen journalistischen Texten die naive, oberflächliche und letztlich feige Einschätzung einer Bedrohung kritisiert, die immer größer werden sollte, bis sie ein paar Jahre später den Westen politisch durcheinandergewirbelt und den Terroristen zu einer zentralen Gestalt unserer Zeit gemacht hatte.

Fast alle Artikel betonen, dass das, was sich als unumstößliche Tatsache gab – die Unverbundenheit und Marginalität der Terrorakte in Italien, Deutschland, Spanien, Frankreich, Belgien –, nicht stimmte, ganz im Gegenteil, denn allen diesen Aktionen war eine eindeutige Ausrichtung zu eigen: die Demokratien anzugreifen und zu schwächen. Außerdem fand im Hintergrund eine Koordinierung der verschiedenen terroristischen Gruppen und Zellen statt, sie wurden unterstützt und ferngesteuert vom Irak, vom Iran und von Syrien, auch von der Sowjetunion, in diesem Fall über einige ihrer Satellitenstaaten wie Bulgarien, die DDR und die Tschechoslowakei.

Revel geht hart ins Gericht mit den westlichen Regierungen, weil sie im Terrorismus nicht eine geplante Strategie von Staaten erkennen, um die Demokratien in die Knie zu zwingen und dank Terror von ihnen Unterstützung, Zugeständnisse und Privilegien zu erhalten. Auch weil sie sich weigern, zusammenzuarbeiten und ihren Kampf gegen einen solch undurchsichtigen Feind zu koordinieren – im dummen Glauben, wenn sie sich fügsam und ineffizient zeigten, ließe sich der Terrorismus in andere Länder umlenken und das eigene Land schützen. Revel nennt zahlreiche Beispiele für diese mangelnde Solidarität unter den westlichen Staaten, und er hebt hervor, mit welchem Hagel an Kritik die europäischen Länder die von Reagan befohlenen Bombardierungen Gaddafis quittierten, als der amerikanische

Präsident genug hatte von den libyschen Terroranschlägen gegen Bürger und Einrichtungen der USA im Nahen Osten. Der beste Beweis dafür, dass der Terrorismus sich mit Konzessionen nicht besänftigen lässt, so Revel, ist die Tatsache, dass Frankreich trotz Weigerung, auf seinem Boden festgenommene Terroristen an Länder auszuliefern, die dies verlangt hatten, immer wieder das Ziel von Attentaten und Mordanschlägen war. Betrachtet man es aus der Perspektive von heute, zumal wenn man sieht, wie sich der Terrorismus gegenüber Frankreich hochgeschaukelt hat, dann erkennt man den prophetischen Gehalt. Revel war einer der wenigen politischen Beobachter, die seit den ersten Anschlägen der Baader-Meinhof-Bande, der Roten Brigaden, der Action Directe oder der ETA erfassten, dass wir es hier mit einer antidemokratischen, totalitären Offensive gegen die freien Gesellschaften zu tun hatten. Einer Offensive, die in den folgenden Jahrzehnten, ob aus Trägheit der Angegriffenen, mangelndem Reflex oder aufgrund von Überzeugungen, die einer Antwort auf den Terror entgegenstanden, noch erstarken sollte und schließlich in Europa zu einem Wiederaufflammen eines zutiefst antidemokratischen Nationalismus führte, zu Unruhe und Konfusion mit gravierenden Folgen für das Überleben der freien Gesellschaften.

Der Dieb im leeren Haus

Alle Bücher, die Revel schrieb, waren anregend, polemisch. Seine Memoiren aber, die er 1997 unter dem etwas rätselhaften Titel *Le voleur dans la maison vide* (Der Dieb im leeren Haus) veröffentlichte, hatten darüber hinaus etwas Heiteres. Es sind die ungezwungenen Bekenntnisse seiner kleinen Sünden, seiner

Leidenschaften, Ambitionen und Enttäuschungen, geschrieben in dem lockeren, oft amüsanten Ton des Marseillers, den die Wippe des Lebens von der universitären Karriere, die er in seiner Jugend erträumte, abbrachte und zu einem politischen Journalisten und Essayisten werden ließ.

Dieser Richtungswechsel scheint ihn im Nachhinein ein wenig traurig gemacht zu haben. Aus der Perspektive seiner Leser aber war es kein Unglück, vielmehr ein Glück, dass er wegen Sartre und einer hübschen Journalistin, mit der er in jungen Jahren ein Kind bekam, seine akademischen Projekte aufgeben musste. Er ging dann nach Mexiko, später nach Italien und unterrichtete die französische Sprache und Kultur. Dutzende von Philosophieprofessoren seiner Generation verkümmerten in den Hörsälen und lehrten ein Fach, das sich derart spezialisierte, dass das Leben der Menschen darin offenbar kaum noch eine Rolle spielte (eine rühmliche Ausnahme ist hier Raymond Aron). In seinen Büchern und Artikeln, die er, angespornt von der Historie im Werden, in Redaktionsstuben oder zu Hause schrieb, unterließ Revel es nie, Philosophie zu betreiben, allerdings nach Art eines Diderot oder Voltaire und ausgehend von einem aktuellen Thema. Sein Beitrag im Ideenstreit, immer scharfsinnig und mutig, hat – so wie José Ortega y Gasset im spanischsprachigen Raum – gezeigt, dass der Journalismus hochkreativ sein kann, ein Genre, das sich sehr wohl mit intellektueller Originalität und stilistischer Eleganz verträgt.

Anhand von Schlüsselepisoden und -figuren zeichnet Revel in seinen Memoiren ein intensives und nomadisches Leben nach, in dem Bedeutsames – der Widerstand gegen die deutsche Besatzung während des Zweiten Weltkriegs, das wechselvolle Schicksal des französischen Journalismus im letzten halben Jahrhundert – ebenso seinen Platz hat wie Skurriles, etwa wenn er in launigem Ton einen berühmten Guru beschreibt,

Gurdjieff, in dessen Anhängerkreisen er als junger Mann verkehrte. Skizziert mit dem Pinselstrich eines geschickten Karikaturisten, gibt der große Erleuchtete, der in seinem Pariser Exil zahlreiche unbedarfte Gemüter und Snobs in seinen Bann schlug, das Bild eines unwiderstehlichen Trunkenbolds ab, der seinen Anhängern tief in die Seele und in die Tasche greift. Tatsächlich waren, so erstaunlich es klingen mag, unter all den ungebildeten und ahnungslosen, leicht zu umgarnenden Menschen auch Intellektuelle und belesene Personen, die Gurdjieffs wirres Geschwätz für eine Lehre hielten, Garant für rationale Erkenntnis und den Frieden des Geistes.

Ein garstiges Porträt, keine Frage, doch wird diese Härte, wie auch bei anderen Personen, die sich in Revels Galerie aneinanderreihen, gemildert durch den aufgeräumten Ton und die verständnisvolle Haltung des Erzählers. Wenn das Opfer unter der Last der eigenen Durchtriebenheit, Gemeinheit, Dummheit oder zynischen Art schon am Boden zu liegen scheint, rettet er es im letzten Moment mit einem wohlwollenden Lächeln. Einige dieser Bilder von Freunden, Professoren und Gegnern, von bloßen Generationsgefährten oder Berufskollegen sind unerwartet liebevoll, das von Louis Althusser etwa, Revels Lehrer an der École normale supérieure, der eine sehr viel menschlichere und attraktivere Figur abgibt, als man von dem strukturalistischen, talmudistischen Kommentator des *Kapitals* hätte erwarten können. Oder von Raymond Aron, den er trotz gelegentlicher Dispute und Missverständnisse, als sie unter den Beiträgern für *L'Express* die Stars waren, immer mit Respekt behandelt, sosehr ihn dessen Unfähigkeit erboste, bei Konflikten eine geradlinige Haltung einzunehmen, zumal Aron den Streit oft selber angezettelt hatte.

Andere Male sind die Porträts derart grimmig gezeichnet, dass auch der Humor nicht ankommt gegen die ätzende Tinte.

So beim kurzen Auftritt von Jean-Pierre Chevénement, sozialistischer Minister bei Ausbruch des Golfkriegs (»frommer Provinz-Lenin der Kategorie Dummkopf mit intelligentem Gesicht, liederlicher und gefährlicher als ein Intelligenter mit dem Gesicht eines Dummkopfs«). Oder das von François Mitterrand, dem Revel vor dessen Aufstieg zur Macht nahestand und der unter all denen, die in diesem großen Erinnerungskorso vorbeidefilieren, mit Jimmy Goldsmith um den Titel des außergewöhnlichsten und jämmerlichsten Zweibeiners wetteifert.

Revel zeigt Mitterrand als einen an der Politik (wie auch an der Moral, den Ideen) hoffnungslos desinteressierten Menschen, der sich auf die Politik nur einließ, weil es die Voraussetzung schlechthin war für das Einzige, woran ihm lag: an die Macht zu kommen und sich so lange wie möglich an ihr festzuklammern. Es ist ein denkwürdiges Porträt, so etwas wie das Phantombild einer bestimmten Spezies von erfolgreichem Politiker: nach außen sympathisch, professionell charmant, oberflächlich gebildet, vertrauend auf antrainierte Gesten und Zitate, ein Geist von solcher Eiseskälte, dass es schon an Genialität grenzt, dazu ein außerordentliches Talent, je nach Konjunktur Menschen ebenso zu manipulieren wie Werte, Wörter, Theorien und Programme. Aber nicht nur die linke Prominenz wird in diesen Memoiren so witzig wie respektlos heruntergeputzt. Viele Würdenträger der Rechten, angefangen bei Valéry Giscard d'Estaing, erscheinen ebenfalls als Muster eines verantwortungslosen Demagogen, der es mit seinem kleinkarierten Politikverständnis und aus erbärmlicher Eitelkeit schafft, die demokratischen Institutionen und die Zukunft seines Landes aufs Spiel zu setzen.

Das köstlichste (auch grausamste) Porträt, ein kleines Meisterwerk, ist das des anglofranzösischen Milliardärs Jimmy Goldsmith, Eigentümer von *L'Express* in den Jahren, als Revel das

Wochenmagazin leitete. Es waren, nebenbei gesagt, Jahre, in denen die Zeitschrift ein qualitatives Niveau erreichte wie nie zuvor und auch nicht danach. Scott Fitzgerald, der Autor des *Großen Gatsby*, glaubte, dass »die Reichen anders« seien, und der brillante und attraktive, höchst erfolgreiche Jimmy schien ihm recht zu geben (1997 versüßte der sich seine Langeweile, indem er zwanzig Millionen Pfund Sterling in einer Referendum Party versenkte, um bei den anstehenden Wahlen im Vereinigten Königreich die britische Souveränität gegen die kolonialistischen Bestrebungen Brüssels und des Kanzlers Kohl zu verteidigen). Allerdings mag es hier schwerfallen, Fitzgeralds Bewunderung für die Millionäre zu teilen. Ein Mensch kann ein außergewöhnliches Talent fürs Finanzielle besitzen und gleichzeitig, so wie dieser Mann, ein lächerlicher Größenwahnsinniger sein, selbstzerstörerisch und ungeschickt bei allem anderen. Die Schilderung der irrwitzigen politischen, journalistischen und gesellschaftlichen Projekte, die Goldsmith sich ausdachte und fast auf der Stelle wieder vergaß; die Machenschaften, die er gegen sich selbst ins Werk setzte, indem er permanent ein Unternehmen sabotierte, das ihm Gewinn und Prestige einbrachte – das alles ist überaus unterhaltsam, fast könnte man meinen, die Szenen und Anekdoten seien einem Roman von Balzac entsprungen, als Leser muss man schallend lachen.

Von allen Berufen, Hobbys und Abenteuern – Revel war Lehrer, Kunstkritiker, Philosoph, Herausgeber von Anthologien, Feinschmecker, politischer Beobachter, Schriftsteller, Journalist – waren ihm die schriftstellerische und die journalistische Tätigkeit am liebsten, mit ihnen hat er auch den bleibendsten Eindruck hinterlassen. Alle Journalisten sollten lesen, was er über Glanz und Elend dieses Berufs geschrieben hat, eines Berufs, der mitreißend sein kann, aber auch geeignet ist, die Sicht auf die Welt zu verzerren und Verheerungen anzurichten. Anhand einiger Paradebeispiele schildert Revel, welchen Beitrag der Journalismus in Frankreich zur Aufklärung einer Wahrheit geleistet hat, die hinter dem »trügerischen Nebel des Konformismus und der Komplizenschaft« verborgen geblieben war. Dazu gehört der unglaubliche Fund, den eine Reporterspürnase in Mülltonnen gemacht hatte, die sich während eines Streiks der Pariser Müllabfuhr in der Nähe einer Bank türmten. So kam man den Geschäften auf die Spur, die die UdSSR zur Finanzierung der Kommunistischen Partei in Frankreich aufgezogen hatte.

Nicht weniger bemerkenswert waren die Recherchen zu Georges Marchais, Generalsekretär der KP, und seinen Eskapaden während des Zweiten Weltkriegs, als er – freiwillig – in Fabriken im nationalsozialistischen Deutschland gearbeitet hatte. Auch das war eine Topmeldung, nur fand sie nicht das Echo, das man hätte erwarten können. Es war einfach nicht der politische Moment, denn nicht nur die Linke hatte ein Interesse daran, sie unter der Decke zu halten, auch die rechte Presse unterschlug sie, weil man fürchtete, die Enthüllung der Jugendsünden des kommunistischen Führers würde seiner Präsidentschaftskandidatur schaden und seine potenzielle Wahlklientel in die Arme Mitterrands treiben, was für den Kandidaten Giscard von Nachteil gewesen wäre. Rechts wie links abgeprallt, heruntergespielt und geleugnet, verschwand die Wahrheit über Marchais' Vergangenheit in der Versenkung, und er konnte seine politische Karriere ohne jeden Schatten fortsetzen bis zum beschaulichen Ruhestand.

Die Memoiren zeigen einen Revel in Hochform: temperamentvoll, vital und streitlustig, begeistert von den Ideen wie von den Genüssen, ein neugieriger Nimmersatt und, mit seiner beinahe schon krankhaften intellektuellen Integrität und seinem Hang zur Polemik, dazu verurteilt, in ständigem Disput mit fast allem zu leben, was ihn umgab. Sein Scharfsinn, mit dem er die Mogelpackungen und schalen Selbstrechtfertigungen seiner Kollegen aufdeckte, und sein Mut, den Opportunismus und die Feigheit der Intellektuellen anzuprangern, die sich aus Fanatismus oder der Pfründen wegen in den Dienst der Mächtigen stellten, sie machten aus ihm einen modernen *maudit*. Er war ein Erbe der großen Tradition der französischen Nonkonformisten, jener Tradition, die Revolutionen auslöste und die freien Geister dazu anstachelte, alles infrage zu stellen, Gesetze, Systeme, Institutionen, ethische und ästhetische Prinzipien, selbst Kleidung und Küchenrezepte. Doch diese Tradition ist ein Auslaufmodell, und zumindest ich kann, sosehr ich auch den Horizont absuche, unter den jüngeren Jahrgängen niemanden erkennen, der sie fortführte (André Glucksmann ist leider auch schon gestorben). Ich fürchte also, dass sie mit Revel zu Ende gegangen ist. Das allerdings mit allen Ehren.

Jean-François Revels Tod hat im intellektuellen Leben Frankreichs eine große Lücke hinterlassen. Mit ihm hat die liberale Kultur einen ihrer talentiertesten und furchtlosesten Kämpfer verloren, und wir, seine betrübten Bewunderer und Freunde, fühlen uns in den Waisenstand gesetzt.

Danksagung

Ich danke Gloria Gutiérrez, Jorge Manzanilla, Carlos Granés und Álvaro Vargas Llosa für ihre intelligenten und generösen Hinweise und Anregungen zu einer ersten Fassung dieses Buchs. Sie haben mir erlaubt, es zu verbessern. Fehler, die geblieben sind, sind allein meine.

MVLL
Madrid, Oktober 2017

Inhalt